Guide du jeune enseignant

RETROUVEZ NOS OUVRAGES SUR :

www.scienceshumaines.com
http ://editions.scienceshumaines.com

Distribution : Volumen

38, rue Rantheaume
BP 256, 89004 Auxerre Cedex
Tél. : 03 86 72 07 00/Fax : 03 86 52 53 26
ISBN = 978-2-36106-378-8

Guide du jeune enseignant

Fabrice Hervieu

Éditions Sciences Humaines

Chez le même éditeur

Collection « Ouvrages de synthèse »

Éduquer et Former (nlle éd. 2016), M. Fournier (dir.)	496 pages	25,40 €
La Communication (nlle éd. 2016), J.-F. Dortier (coord.)	400 pages	25,40 €

Collection « Petite Bibliothèque de Sciences Humaines »

L'Intelligence de l'enfant (2009), M. Fournier (dir.)	256 pages	12,70 €
La Psychologie (2009), E. Demont	256 pages	12,70 €
Qu'est-ce que l'adolescence ? (2009), V. Bedin (dir.)	256 pages	12,70 €
Apprendre, Pourquoi ? Comment ? (2014), V. Bedin et M. Fournier (dir.)	144 pages	10,20 €
L'Enfant et le monde (2015), V. Bedin et M. Fournier (dir.)	128 pages	10,20 €

Collection Accent aigu

Journal intime d'un collège (à paraître en octobre 2016),
A. Quéchon, F. Kolb

SOMMAIRE

Chapitre IV. Faire la classe, transmettre, apprendre à apprendre

Chapitre V. Évaluer, orienter

Chapitre VI. Comprendre l'échec scolaire

Chapitre VII. Innover

Chapitre VIII. Accomplir sa mission de service public

Chapitre IX. Embrasser le plaisir d'enseigner

Annexes

Index

Visualiser d'un coup d'œil l'ensemble de la machine « Éducation nationale » permet de mieux en comprendre les enjeux.

LE MINISTÈRE

Premier employeur de France, le ministère de l'Éducation nationale gère un personnel de plus de 1 053 000 personnes, dont 855 000 enseignants et 12 286 000 élèves (hors étudiants). Sous l'impulsion du ministre de l'Éducation, il définit et met en œuvre les grandes orientations pédagogiques.

Le premier budget de l'État

Avec 146 milliards d'euros dépensés pour l'éducation en France y compris l'enseignement supérieur, dont 66 milliards par le seul ministère de l'Éducation, ce secteur représente 23 % du budget de l'État, soit 6,1 % du PIB. En incluant les pensions, la masse salariale globale du ministère de l'Éducation représente 50 milliards d'euros par an. Un élève coûte près de 7 760 euros par an à la nation, donc le parcours scolaire d'un bachelier coûte dans sa totalité environ 100 000 euros.

Qui paye l'éducation ?

L'État et les administrations = 63 % ; les collectivités territoriales = 20 % ; les ménages = 8 %, et les entreprises = 7 %.

L'administration centrale

La direction générale de l'enseignement scolaire élabore la politique éducative et pédagogique ainsi que les programmes d'enseignement des écoles, des collèges, des lycées et des lycées professionnels.

Le secrétaire général définit et met en œuvre les politiques de modernisation administrative. Il s'assure, au sein du ministère, de la prise en compte des objectifs de performance des programmes budgétaires.

Les inspections générales : IGEN (Inspection générale de l'Éducation nationale) ; IGAENR (Inspection générale de l'administration de l'Éducation nationale et de la Recherche) ; IGB (Inspection générale des bibliothèques).

Organismes rattachés

Le médiateur de l'Éducation nationale et de l'enseignement supérieur
Le haut fonctionnaire de défense et de sécurité

Organismes consultatifs

Conseil supérieur de l'éducation
Conseil national de la vie lycéenne
Conseil national de l'évaluation du système scolaire (CNESCO)
Le Conseil supérieur des programmes
Le Conseil national éducation-économie

Services déconcentrés

L'administration de l'Éducation nationale est présente dans chaque région et dans chaque département : ce sont les services déconcentrés du ministère de l'Éducation nationale.

L'académie est la circonscription administrative de l'Éducation nationale. Il existe 30 académies en France. Nommé par décret du Président de la République en conseil des ministres, le recteur représente le ministre de l'Éducation nationale au niveau de l'académie.

Il est responsable de la totalité du service public de l'éducation dans l'académie, de la maternelle à l'université, et exerce aussi des compétences dans le domaine de l'enseignement privé sous contrat.

Les acteurs au niveau du département

L'Inspecteur d'Académie, nommé par décret du Président de la République, sur proposition du ministre de l'Éducation nationale, représente le Recteur au niveau départemental. L'inspecteur d'académie a notamment pouvoir de décision pour l'ouverture et la fermeture des classes et des écoles et pour l'implantation des emplois d'instituteurs et de définir les secteurs des collèges et des lycées en liaison avec le recteur. Il est assisté d'un inspecteur d'académie adjoint (dans les départements de taille importante), d'inspecteurs de l'Éducation nationale (enseignement primaire, technique, information et orientation) chargés chacun d'une circonscription pour l'enseignement du premier degré.

L'ÉCOLE

52 200 écoles accueillent environ 6 789 000 élèves et sont gérées par les communes. C'est dès le niveau primaire que, pour un certain nombre d'élèves, se met en place l'échec scolaire, notamment en matière d'acquisition de la lecture.

LE COLLÈGE

Plus de 7 100 collèges accueillent environ 3 335 000 élèves et sont gérés par les départements. Même s'il ne faut pas en exagérer l'importance, c'est surtout au collège que s'expriment les manifestations de violence verbale et d'agressions physiques.

LE LYCÉE

Plus de 4 300 lycées accueillent 2 162 000 élèves et sont gérés par les régions. Si les grands lycées publics de centre-ville continuent à former des élites en se comportant comme des sociétés privées, ce sont sans doute les lycées professionnels qui ont accompli les plus grandes réussites pédagogiques de ces dernières années.

L'ENSEIGNEMENT PRIVÉ

Avec 2 070 000 élèves environ (un élève sur cinq dans le secondaire) et 137 500 enseignants, le privé sous contrat, largement déconfessionnalisé, dispense le même enseignement que le public, ses professeurs sont rémunérés par l'État. Depuis quelques années, le privé croule sous les demandes. Les parents y recherchent un bon encadrement, de la transmission de valeurs morales, des établissements à taille humaine et un lien plus étroit avec les professeurs.

LA PRÉCARITÉ

Quelque 834 000 collégiens, 498 000 lycéens et 667 000 étudiants sont boursiers.

L'UNIVERSITÉ

Plus de 80 universités accueillent environ 2 471 000 étudiants et sont contractuellement liées au ministère de l'Enseignement supérieur et de la Recherche qui emploi 92 000 enseignants. Le budget consacré à l'enseignement supérieur représente 1,5 % du PIB.

Les grands principes qui régissent l'éducation en France

Le système d'enseignement français est fondé sur de grands principes, certains inspirés de la Révolution de 1789, de lois votées entre 1881 et 1889 et sous les IVe et Ve Républiques ainsi que de la Constitution du 4 octobre 1958 : « l'organisation de l'enseignement public obligatoire gratuit et laïc à tous les degrés est un devoir de l'État ».

La liberté de l'enseignement

En France, le service public d'enseignement coexiste avec des établissements privés, soumis au contrôle de l'État et pouvant bénéficier de son aide – en contrepartie d'un contrat signé avec l'État. La liberté d'organiser et de dispenser un enseignement est une manifestation de la liberté d'expression : elle est définie par la « loi Debré » n° 59-1 557 du 31 décembre 1959 sur la liberté de l'enseignement et les rapports avec l'enseignement privé. Cependant l'État est le seul à délivrer diplômes et grades universitaires : les diplômes délivrés par les écoles privées n'ont pas de valeur officielle sauf s'ils sont reconnus par l'État. La réglementation des examens se fait à l'échelle nationale.

La gratuité

Le principe de gratuité de l'enseignement primaire public a été posé dès la fin du XIXe siècle par la loi du 16 juin 1881. La gratuité a été étendue à l'enseignement secondaire par la loi du 31 mai 1933. L'enseignement dispensé dans les écoles et les établissements publics est gratuit. Les manuels scolaires sont gratuits jusqu'à la classe de troisième, ainsi que les matériels et fournitures à usage collectif. Dans les lycées, les manuels sont le plus souvent à la charge des familles.

La neutralité

L'enseignement public est neutre : la neutralité philosophique et politique s'impose aux enseignants et aux élèves.

La laïcité

Le principe de laïcité en matière religieuse est au fondement du système éducatif français depuis la fin du XIXe siècle. L'enseignement public est laïque depuis les lois du 28 mars 1882 et du 30 octobre 1886. Elles instaurent l'obligation d'instruction et la laïcité des personnels et des programmes. L'importance de la laïcité dans les valeurs scolaires républicaines a été accentuée par la loi du 9 décembre 1905 instaurant la laïcité de l'État. Le respect des croyances des élèves et de leurs parents implique : l'absence d'instruction religieuse dans les programmes, la laïcité du personnel, l'interdiction du prosélytisme. La circulaire du 18 mai 2004 relative à l'application de la loi du 15 mars 2004 indique que : « Les convictions religieuses des élèves ne leur donnent pas le droit de s'opposer à un enseignement. »

La liberté religieuse a conduit à instituer une journée libre par semaine laissant du temps pour l'enseignement religieux en dehors de l'école.

L'obligation scolaire

Depuis la loi Jules Ferry du 28 mars 1882, l'instruction est obligatoire. Cette obligation s'applique à partir de 6 ans, pour tous les enfants français ou étrangers résidant en France. À l'origine, la scolarisation était obligatoire jusqu'à l'âge de 13 ans, puis 14 ans à partir de la loi du 9 août 1936. Depuis l'ordonnance n° 59-45 du 6 janvier 1959, elle a été prolongée jusqu'à l'âge de 16 ans révolus.

La famille a deux possibilités : assurer elle-même l'instruction des enfants (avec déclaration préalable) ou les scolariser dans un établissement scolaire public ou privé.

L'autorité
par le professionnalisme

Chapitre I

Représentant de la loi et de l'institution scolaire, le professeur est aussi un représentant du savoir, c'est donc la valeur de son enseignement qui reste le garant le plus sûr de son autorité.

1- LES FONDEMENTS DE L'AUTORITÉ

Qu'est-ce que l'autorité ?

Dans le sens courant, le mot « autorité » (qui vient du latin *auctoritas*) désigne un certain type de pouvoir qui est reconnu comme légitime. Lorsque l'on dit d'un enseignant qu'il « a de l'autorité », c'est qu'il sait se faire respecter. Lorsqu'une personne « fait autorité » dans son domaine – scientifique ou professionnel –, on suppose que ses compétences sont reconnues de tous.

Ne pas confondre « autorité » et « autoritarisme » !
L'adjectif « autoritaire » comporte une signification différente. Un style de pouvoir est dit « autoritaire » lorsqu'il ne laisse aucune place à la négociation, lorsqu'il s'impose à l'autre.

Dans *Économie et Société* (1922), le sociologue allemand Max Weber analyse les types d'autorité qui sont pour lui des formes de légitimation du pouvoir :
– la forme traditionnelle repose sur le respect sacré des coutumes et de ceux qui détiennent du pouvoir en vertu de la tradition ;
– la forme légale se fonde sur la validité de la loi, établie rationnellement par voie législative ou bureaucratique ;
– la forme charismatique repose sur le dévouement des partisans pour un chef en raison de ses talents exceptionnels[1].
Le Président de la République, par exemple, détient sa légitimité de la constitution et de l'élection (forme légale) mais aussi de la tradition, et enfin de ses qualités personnelles. Le général de Gaulle constatait, avec humour, à propos d'Albert Lebrun qui présidait aux destinées de la France en juin 1940 : « Au fond, comme chef de l'État, deux choses lui avaient manqué : qu'il fût un chef, qu'il y eût un État. »
Si on applique ces distinctions au monde de l'éducation, on peut dire que l'autorité de l'enseignant vient à la fois de l'institution à laquelle il appartient et de ses qualités propres.

1- Définitions extraites du *Dictionnaire des Sciences Humaines* de J.-F. Dortier, éd. Sciences Humaines, coll. « PBSH », 2008.

La relation maître-élève : la compétence professionnelle comme nouvelle légitimité

On ne peut donc confondre l'exercice de l'autorité avec un simple rapport de forces car elle suppose une part de légitimité reconnue de l'enseignant par l'élève.

Le philosophe Emmanuel Kant a bien résumé la relation d'autorité entre maître et élève, une relation qui s'appuie autant sur la légitimité rationnelle (qui lui vient de celle de l'institution) que sur sa légitimité personnelle :

« Il faut lui prouver qu'on lui impose une contrainte propre à le mener à l'usage de sa propre liberté, qu'on veille à sa culture pour qu'il puisse un jour être libre. » Représentant de la loi, le professeur est aussi un représentant du savoir, c'est donc la valeur de son enseignement qui reste le garant le plus sûr de son autorité. L'enseignant doit non seulement « avoir l'autorité, c'est-à-dire la détenir par l'effet d'une délégation et d'une accréditation institutionnelles, et avoir de l'autorité, cette espèce d'ascendant personnel qui permet, dans des contextes interactionnels déterminés, d'être écouté et obéi et sans lequel l'autorité légalement conférée risque de rester "lettre morte". Il doit enfin "faire autorité", c'est-à-dire disposer d'une crédibilité reposant sur la compétence disciplinaire, la maîtrise intellectuelle de la matière enseignée associée à la maîtrise pratique de la manière de l'enseigner[2] », précise Jean-Claude Forquin, professeur honoraire des universités à l'INRP.

Héritage de l'époque napoléonienne dans le secondaire et de la IIIe République dans le primaire, les enseignants s'appuyaient hier sur une double légitimité statutaire : celle de l'adulte sur les enfants et celle du représentant de l'État sur les élèves. Mais depuis les années 1960, ces deux modes de légitimation se sont affaiblis. Les enseignants se voient donc obligés de fonder leur autorité sur leur compétence professionnelle et leur capacité à contractualiser leur relation aux élèves.

! La crise de l'autorité ne date pas d'aujourd'hui. Déjà, au IVe siècle avant Jésus-Christ, dans *La République*, Platon dénonçait la perte d'obéissance au sein des régimes démocratiques où « les fils se veulent les égaux de leur père », et où « le maître a peur de l'écolier et l'écolier a le mépris du maître » !

2- J.-C. Forquin, « Autorité », *in Dictionnaire encyclopédique de l'éducation et de la formation*, Retz/Sejer, 2005.

2- DE L'IMPORTANCE DU RÈGLEMENT INTÉRIEUR DE L'ÉTABLISSEMENT

Au moment de son premier contact avec l'établissement scolaire, de façon à se donner les repères pour mieux le comprendre, l'enseignant a tout intérêt à consulter différents outils de travail et de pilotage: l'organigramme de l'établissement, le projet d'école ou projet d'établissement, les contrats éducatifs locaux (CEL), le plan de formation de l'établissement, certaines informations statistiques (cohortes d'élèves, taux de redoublement, résultats aux examens), ainsi que le budget de l'établissement.
Dans l'établissement scolaire, le règlement intérieur établit le cadre dans lequel la communauté éducative (personnel administratif, enseignants, élèves, parents...) s'organise. Dans le primaire, c'est normalement le Conseil d'école, qui comprend des représentants de tous les acteurs de l'école, qui vote le règlement intérieur de l'école. Mais c'est également au niveau du Conseil des maîtres, qu'un enseignant peut proposer de modifier le règlement intérieur. Dans le secondaire, le réglement intérieur est établi ou amendé au niveau du Conseil d'administration de l'établissement.

Mieux vivre ensemble

Trop souvent le règlement intérieur n'est vu qu'en termes de limites posées alors qu'il s'agit, pour la communauté éducative, d'établir un certain nombre de règles et de créer les meilleures conditions d'un vivre ensemble.

Un cadre de travail serein

Dès l'école primaire, les élèves apprennent les grandes valeurs de la République: liberté, égalité, fraternité, laïcité. Parmi les valeurs fondamentales portées par l'École, le respect de l'autre passe par la prévention des discriminations et l'égalité entre les filles et les garçons. La transmission de ces valeurs communes se traduit par des exercices concrets, par exemple l'étude de la Marseillaise à l'école primaire. Pour soutenir les établissements qui souhaitent prévenir et lutter contre le harcèlement scolaire, c'est-à-dire les humiliations verbales ou physiques répétées à l'École, pour maintenir un climat serein dans les établissements, chaque académie a mis en place une équipe mobile de sécurité (EMS). En cas de besoin, l'EMS assure la protection des élèves et des équipes enseignantes. Elle aide aussi à améliorer la prise en charge des élèves qui ont des conduites problématiques. De leur côté, les sanctions scolaires évoluent elles aussi: les élèves

Le règlement intérieur dans les EPLE*

A – L'objet du règlement intérieur

Le règlement intérieur permet la régulation de la vie de l'établissement et des rapports entre ses différents acteurs. Chacun des membres doit être convaincu à la fois de l'intangibilité de ses dispositions et de la nécessité d'adhérer à des règles préalablement définies de manière collective.

Ainsi que cela ressort de l'article 3 du décret du 30 août 1985, le règlement doit contenir les règles qui s'appliquent à tous les membres de la communauté éducative ainsi que les modalités selon lesquelles sont mis en application les libertés et les droits dont bénéficient les élèves.

L'objet du règlement est en conséquence double :

– d'une part, fixer les règles d'organisation qu'aucun autre texte n'a définies et qu'il incombe à chaque établissement de préciser, telles que les heures d'entrées et de sorties, les modalités retenues pour l'attente des transports scolaires devant l'établissement, ou encore les déplacements des élèves ;

– d'autre part, après avoir procédé au rappel des droits et des obligations dont peuvent se prévaloir les membres de la communauté scolaire en raison des lois et décrets en vigueur, déterminer les conditions dans lesquelles ces droits et ces obligations s'exercent au sein de l'établissement, compte tenu de sa configuration, de ses moyens et du contexte local.

S'agissant notamment des élèves, le règlement intérieur ne peut en conséquence se contenter de procéder à un simple rappel des droits et des devoirs qui s'imposent à eux et qui figurent déjà dans le décret du 30 août 1985, mais il convient qu'il précise les modalités selon lesquelles ces droits et ces obligations trouvent à s'appliquer dans l'établissement.

B – Le contenu du règlement intérieur

Normatif, le règlement intérieur est aussi éducatif et informatif : document de référence pour l'action éducative, il participe également à la formation à la citoyenneté des élèves et facilite les rapports entre les acteurs de la communauté éducative.

• Les principes qui régissent le service public d'éducation

Le service public d'éducation repose sur des valeurs et des principes spécifiques que chacun se doit de respecter dans l'établissement : la gratuité de l'enseignement, la neutralité et la laïcité, le travail, l'assiduité et la ponctualité, le devoir de tolérance et de respect d'autrui dans sa personne et ses convictions,

* Établissement public local d'enseignement.

l'égalité des chances et de traitement entre filles et garçons, les garanties de protection contre toute forme de violence psychologique, physique ou morale et le devoir qui en découle pour chacun de n'user d'aucune violence.
Le respect mutuel entre adultes et élèves et des élèves entre eux constitue également un des fondements de la vie collective.
Ces principes doivent inspirer tout règlement intérieur, tout comme ceux relatifs aux droits de l'enfant institués par la Convention internationale des droits de l'enfant du 20 novembre 1989, ratifiée par la France (cf. B.O. hors série n° 13 du 6 novembre 1997).

• Les règles de vie dans l'établissement

Le règlement intérieur doit permettre de réguler la vie dans l'établissement et les rapports entre les différents membres de la communauté scolaire par des dispositions précises.
La liste ci-dessous, qui concerne les règles de fonctionnement de l'établissement, d'organisation des études et celles qui régissent la vie quotidienne, peut être complétée utilement par d'autres points en fonction de la situation locale et de la spécificité de l'établissement.

L'organisation et le fonctionnement de l'établissement
horaires, usage des locaux et conditions d'accès, etc.

L'organisation de la vie scolaire et des études
gestion des retards et des absences, utilisation du carnet de correspondance, conditions d'accès et fonctionnement du CDI.

La sécurité
tenues incompatibles avec certains enseignements, susceptibles de mettre en cause la sécurité des personnes ou les règles d'hygiène ou encore d'entraîner des troubles de fonctionnement dans l'établissement.
Il faut rappeler en outre que toute introduction, tout port d'armes ou d'objets dangereux, quelle qu'en soit la nature, doivent être strictement prohibés.
De même, l'introduction et la consommation dans l'établissement de produits stupéfiants sont expressément interdites. Il doit en être de même pour la consommation d'alcool, excepté, pour les personnels, dans les lieux de restauration.
Il est rappelé qu'il est interdit de faire usage du tabac dans les établissements scolaires.

• L'exercice des droits et obligations des élèves

Les droits et obligations définis par la loi d'orientation sur l'éducation du 10 juillet 1989 et par le décret du 18 février 1991, ont été précisés par les circulaires n° 91-051 et 91-052 du 6 mars 1991. Ils varient selon qu'il s'agit de collégiens ou de lycéens.

Les modalités d'exercice de ces droits

Dans les collèges, les élèves disposent, par l'intermédiaire de leurs délégués du droit d'expression collective et du droit de réunion.

Dans les lycées, les élèves disposent des droits d'expression individuelle et collective, de réunion, d'association et de publication.

Ceux-ci s'exercent dans le respect du pluralisme, des principes de neutralité et du respect d'autrui. Tout propos diffamatoire ou injurieux peut avoir des conséquences graves.

L'exercice de ces droits ne doit pas porter atteinte aux activités d'enseignement, au contenu des programmes et à l'obligation d'assiduité.

Outre le rappel de leurs droits spécifiques, le règlement intérieur doit préciser également, selon qu'il s'agit de collégiens ou de lycéens :

– les modalités d'exercice du droit de réunion et notamment les conditions subordonnées à l'autorisation du chef d'établissement,

– les conditions d'affichage dans l'établissement en application du droit d'expression collective (panneau d'affichage et sa localisation, texte obligatoirement signé…),

– la diffusion dans l'établissement, pour les lycéens, de leurs publications ainsi que le rôle de conseil et d'aide du chef d'établissement en la matière,

– les conditions de création et de fonctionnement des associations déclarées qui ont leur siège dans l'établissement.

Les obligations

L'obligation d'assiduité consiste à participer au travail scolaire, à respecter les horaires d'enseignement, ainsi que le contenu des programmes et les modalités de contrôle des connaissances. Un élève ne peut en aucun cas refuser d'étudier certaines parties du programme de sa classe, ni se dispenser de l'assistance à certains cours, sauf cas de force majeure ou autorisation exceptionnelle.

Il est rappelé que les élèves doivent être informés des modalités de contrôle des connaissances, les comprendre et les respecter.

Le respect d'autrui et du cadre de vie

L'établissement est une communauté humaine à vocation pédagogique et éducative où chacun doit témoigner une attitude tolérante et respectueuse de la personnalité d'autrui et de ses convictions. Le respect de l'autre et de tous les personnels, la politesse, le respect de l'environnement et du matériel, sont autant d'obligations inscrites au règlement intérieur.

Les élèves sont associés aux décisions relatives à l'aménagement des espaces et des lieux de vie destinés à la vie scolaire.

Le devoir de n'user d'aucune violence

Les violences verbales, la dégradation des biens personnels, les brimades, les vols ou tentatives de vol, les violences physiques, le bizutage, le racket, les violences sexuelles, dans l'établissement et à ses abords immédiats, constituent des comportements qui, selon les cas, font l'objet de sanctions disciplinaires et/ou d'une saisine de la justice.

• La discipline : sanctions et punitions

Le règlement intérieur doit comporter un chapitre consacré à la discipline des élèves. Il doit faire mention de la liste des sanctions et punitions encourues ainsi que des mesures de prévention, d'accompagnement et de réparation. Toute punition ou sanction doit être individuelle et proportionnelle au manquement : elle doit être expliquée à l'élève concerné à qui la possibilité de s'expliquer, de se justifier et de se faire assister, doit être offerte.

Elle prévoit une liste de punitions ainsi que des mesures de prévention, de réparation et d'accompagnement. Un tableau de bord des sanctions prises l'année précédente dans l'établissement en application des dispositions du règlement intérieur peut également figurer en annexe.

• Les mesures positives d'encouragement

Il y a lieu de mettre en valeur des actions dans lesquelles les élèves ont pu faire preuve de civisme, d'implication dans le domaine de la citoyenneté et de la vie du collège ou du lycée, d'esprit de solidarité, de responsabilité tant vis-à-vis d'eux-mêmes que de leurs camarades. Il peut s'agir d'encourager des initiatives ou des relations d'entraide notamment en matière de travail et de vie scolaire ainsi que dans les domaines de la santé et de la prévention des conduites à risque. Dans certains lycées, par exemple, des « adolescents-relais » facilitent l'information et les échanges entre les élèves.

Ce mode de « sanction positive » sera défini par chaque établissement en relation étroite avec son projet pédagogique et associera l'ensemble des membres de la communauté éducative. Il devra constituer un élément du règlement intérieur.

La valorisation des actions des élèves dans différents domaines – sportif, associatif, artistique, etc. – est de nature à renforcer leur sentiment d'appartenance à l'établissement et à développer leur participation à la vie collective.

• Les relations entre l'établissement et les familles

Les parents d'élèves ou responsables légaux ont des droits et des devoirs de garde, de surveillance et d'éducation définis par les articles 286 à 295 et 371 à 388 du Code civil, relatifs à l'autorité parentale.

Le règlement intérieur constitue un support essentiel pour instaurer un véritable dialogue ainsi que des rapports de coopération avec les familles, notamment par les informations qu'il apporte sur le fonctionnement de l'établissement, l'organisation de contacts avec l'équipe enseignante et éducative et le calendrier des rencontres entre parents et enseignants. C'est pourquoi il doit être, en début d'année, porté à la connaissance des parents, favorisant ainsi leur intégration à la communauté éducative et leur permettant un meilleur suivi de la scolarité de leurs enfants.

Extraits du B.O. spécial n° 8 du 13 juillet 2000.

pourront être soumis à des mesures de responsabilisation, dans l'établissement. À partir de la rentrée 2011, l'exclusion temporaire de plus de huit jours est supprimée.

Pour en savoir plus sur les EMS :
http://cache.media.eduscol.education.fr/file/actus_2011/99/8/Vademecum_EMS_ouebe_203998.pdf

Faire vivre l'école du respect

Quatre principes président actuellement, selon les textes en vigueur, à la volonté de faire vivre l'« école du respect » : la légalité des sanctions et des procédures, le principe du contradictoire permettant à l'élève de se défendre en cas de sanction grave ou de doute sur sa responsabilité (notamment s'il passe en conseil de discipline), la proportionnalité (à une petite faute doit correspondre une faible réprimande) et l'individualisation (chaque faute est analysée en fonction de son responsable) des sanctions. En principe, donc, les punitions collectives sont interdites. Pour les « faire vivre » sans les laisser végéter dans les textes administratifs, ces principes peuvent être pris en main par les enseignants dès le début de l'année. Si l'on sent des réticences administratives au développement d'une telle démarche au sein de l'établissement, on peut au moins la mettre en place à l'échelle de ses classes (par exemple en y consacrant une heure par semaine pendant le premier mois suivant la rentrée).

Le règlement intérieur est évidemment l'outil essentiel pour faire vivre ces principes ; chaque année, il est élaboré ou actualisé par les acteurs de la communauté éducative au sein du conseil d'administration : il s'agit de le présenter en termes accessibles à tous en mettant l'accent sur les droits et devoirs de chaque membre, jeunes ou adultes, de l'école, du collège ou du lycée. C'est un idéal à atteindre, car peu d'établissements prennent le temps de le faire.

La création d'une échelle de sanctions plus équitable prenant la place du no man's land juridique qui existait auparavant entre l'heure de colle et l'exclusion est indispensable. Il faut ici procéder tout en finesse pour élaborer une hiérarchie des peines incluant réprimande, punition, heure de retenue, réunion du conseil pédagogique, du conseil des professeurs, du conseil de discipline, exclusion d'une journée, de deux jours... Il faut veiller à ne pas tomber dans le piège de faire correspondre une sanction précise à une faute particulière.

La mise en place d'une instance de médiation pour qu'un enseignant explicite la sanction à l'élève, et pour que ce dernier retourne en classe sans esprit d'injustice ou de vengeance est souvent nécessaire. Les acteurs de la communauté éducative doivent ainsi être présents aux deux bouts de la chaîne : « Depuis la dynamique de prévention dès l'école primaire avec une tolérance zéro dans les interstices, c'est-à-dire dans les cours de récréation, les couloirs, les toilettes et les environs immédiats de l'école... jusqu'au conseil de discipline transétablissements avec la présence d'un magistrat du parquet ou d'un juge des enfants pour les cas relevant du Code pénal[3] », affirme Jacques Pain, professeur de sciences de l'éducation à l'université Paris X/Nanterre, l'un des meilleurs spécialistes français de la violence scolaire.

Du bon usage des sanctions

Sanctionner des actes plutôt que des personnes

Pour être éducative, une sanction doit responsabiliser le contrevenant à la règle. Elle doit lui faire prendre conscience qu'il est responsable des conséquences de ses actes. Beaucoup d'enseignants ont recours aux punitions pour se faire obéir, ainsi qu'aux récompenses matérielles.

Mais attention, pour être efficace, une punition :

– doit avoir été annoncée et se montrer juste ;

– doit être immédiate dans le cas d'un incident sans gravité, pour éviter de le dramatiser ;

– peut même, selon Pierre Merle, prendre la forme d'une réflexion un peu humiliante si elle est justifiée et plutôt drôle sans toucher à l'intégrité physique ou morale de l'individu : par exemple dans le cas d'une réponse à une tentative équivalente de l'élève.

Mais ce système de punitions classiques a ses limites car il crée souvent de l'humiliation blessante chez l'enfant et parfois une culpabilité pour l'adulte.

Or, il est possible et souhaitable de trouver des sanctions constructives tout en conservant son autorité. « La punition prive de quelque chose, alors que la sanction réparatrice demande à la personne d'apporter quelque chose en plus », rappelle la psychothérapeute Aliette de Panafieu. Autrement dit, un élève empêchant la classe de fonctionner doit se voir infliger une sanction pour ce qu'il a fait et non pour ce qu'il est. Toute la subtilité et l'impact de la sanction résident à ce moment dans les mots utilisés par le prof : le « C'est faux ! » s'en tient au constat, tandis que le « C'est mal ! » ajoute un jugement de valeur. Il est donc toujours préférable de choisir des termes liés à la production de l'élève : intervention orale, contrôle, devoirs à la maison, et non à l'élève lui-même.

3- J. Pain, *La Non-violence par la violence. Une voie difficile*, Matrice, 2001.

Rendre positives les « punitions » classiques

Réparer les dommages causés, rendre des comptes quant aux règles bafouées, et réfléchir aux conséquences de ses actes pour lui-même sont les trois conditions d'un juste rapport à la loi, aux autres et à soi-même. Élisabeth Maheu, spécialiste des questions d'éducation au sein de l'Institut de recherche et de formation du mouvement pour une alternative non-violente (IFMAN) explique : « Nous ne pouvons pas toujours inventer des solutions originales. Mais en partant des "punitions classiques", en en gardant les aspects positifs, et parfois même l'idée, chacun peut imaginer des améliorations, voire des "détournements positifs de la signification", où l'humour peut même avoir sa place. » L'auteur donne dans son livre des pistes très concrètes pour trouver des alternatives à l'exclusion, aux gifles, aux punitions collectives, aux colles, aux mises au coin, et aux privations de toutes sortes[4].

Des alternatives efficaces aux punitions classiques !

Elles peuvent consister à :
– demander à l'élève de présenter des excuses orales à la personne offensée ;
– faire signer par l'élève un engagement en termes de comportement ;
– faire rédiger à l'élève un texte de réflexion sur la règle qu'il a transgressée ;
– obliger l'élève à analyser des situations et des comportements de la vie quotidienne pour ensuite construire une liste d'attitudes civiques ;
– en cas d'exclusion temporaire, faire réaliser un travail d'intérêt scolaire : une carte géographique, un exercice de mathématiques, la révision d'une poésie ou d'un contrôle (l'élève restant soumis à la scolarité obligatoire) ;
– appliquer une loi d'amnistie au bénéfice des élèves, par exemple à partir du dernier mois de l'année, avec en contrepartie un engagement de leur part d'obtenir de meilleurs résultats scolaires ;
– faire adhérer un élève à un club anti-violence ou à une Junior association (un groupe de jeunes ayant une volonté de créer une ou plusieurs activités communes peut se constituer en Junior association et demander une habilitation au Réseau national) quand ils existent au niveau du collège[1].

1- Sur le réseau Junior association : juniorassociation.org/

4- E. Maheu, *Sanctionner sans punir. Dire les règles pour vivre ensemble*, Chronique Sociale, 2005.

! Le ministère de l'Éducation nationale a édité un document de référence sur les mesures de responsabilisation des élèves : http://cache.media.eduscol.education.fr/file/Sanctions_disciplinaires/27/5/Vade-mecum_mesures-responsabilisation-etablissements-second-degre_213275.pdf

3- L'AUTORITÉ « NATURELLE » EST-ELLE UN MYTHE ?

Charisme et qualités naturelles de l'enseignant

Représentation constante de l'imaginaire enseignant, la figure de l'autorité naturelle semble trop idéalisée. Elle existe certes, mais reste souvent le produit d'un mélange entre subjectivité des élèves, bouche-à-oreille des parents, réputation véhiculée par les collègues et qualités réelles de l'enseignant. À partir du collège, dès le début de l'année scolaire, les profs sentent que leur réputation les précède. Bien entendu, « l'autorité » de l'enseignant s'appuie pour une large part sur sa personnalité, sa façon d'être présent physiquement, sa manière d'habiter son corps. Ils existent ces enseignants qui, d'entrée de jeu, savent s'imposer à leur classe, se faire écouter et respecter. Ils ont le charisme, la prestance, la voix, la poigne sans jamais utiliser la force. Ils ne font preuve ni d'autoritarisme ni de laxisme. Ils savent instinctivement maîtriser la nature de leur discours, accorder à l'élève la bonne écoute, trouver l'équilibre entre ce qu'ils exigent de lui et ce qu'ils lui concèdent. On peut alors parler d'autorité « naturelle ». Mais cette autorité s'apprend aussi, elle s'acquiert par l'expérience.

L'autorité, ça s'acquiert

Comme l'affirme le spécialiste de la pédagogie Philippe Meirieu, c'est « dans l'approfondissement de la discipline à enseigner qu'on trouve les fondements de la discipline à faire respecter[5] ». Autrement dit, c'est en préparant sa leçon ou son cours comme un orfèvre, en structurant minutieusement les relations dans la classe, en prévoyant d'affecter une place ou un rôle précis à chaque élève, en ayant pris soin d'écrire au tableau les objectifs et le déroulement de la séance, en étant tout entier concentré sur ce qui va se jouer dans l'heure qui

5- P. Meirieu, *Lettre à un jeune professeur*, ESF, 2005 : 4e édition, 2016.

suit... que les élèves accepteront de se « discipliner » aux deux sens du terme : admettre et comprendre le cours. La discipline se retrouve aussi, poursuit le pédagogue, dans cette manière très ferme que l'enseignant peut avoir à préciser les consignes. Nul besoin ici d'adopter un ton ou une forme militaire. Mais il s'agit bien pourtant d'affirmer, de convaincre, de savoir ce que l'on énonce, de s'y tenir et de le faire respecter. « Je crois, de plus en plus, que bien des choses se jouent là : dans la fermeté sereine, dans une forme d'ascèse de la parole qui refuse de délayer indéfiniment les mêmes injonctions et retient toute velléité de débordement personnel. Dans ce temps suspendu, non pas à nos lèvres, mais à ce qui, par notre bouche, renvoie à l'exigence interne du travail qui nous réunit », ajoute le pédagogue. En fait, le plus grand danger qui guette l'enseignant en matière de discipline s'appelle banalisation. Parmi les profs qui ont baissé les bras à essayer de sanctionner, nombreux sont ceux qui confient : « Si on s'arrêtait sur tout ce qu'ils font, on ne ferait plus que cela ! » Mais cette démission annonce malheureusement le début de la fin du respect des règles par les élèves. Il faut donc ici intervenir sans relâche, à chaque écart, aussi petit soit-il. Un regard, une simple phrase, un rapprochement spatial dans la classe, une main ferme posée sur l'épaule, le nom seul de l'élève fauteur de troubles, autant de gestes décisifs qui représentent les conditions de la paix scolaire.

Comment ne pas saper son autorité ?

« Se conduire plutôt en sujet qu'en objet : être réactif vis-à-vis des événements de la classe ; ne jamais faire comme si on ne voyait pas ce qui se passe ; avoir des comportements souples et bien adaptés : ne pas se conduire comme une mécanique, notamment dans les sanctions et les réprimandes ; exiger des élèves des tâches bien calibrées par rapport à leurs possibilités : ni trop faciles, ni hors de leur portée. »

(Bernard Rey, *Discipline en classe et autorité de l'enseignant. Éléments de réflexion et d'action*, Éditions De Boeck, 2004.)

Les adultes doivent être exemplaires

En matière de pédagogie ou de discipline, montrer le bon exemple est à la base de tout. Être exemplaire, pour un enseignant, est le plus sûr moyen d'asseoir son autorité. À l'école primaire, le professeur est souvent considéré par les enfants comme un substitut parental et il n'a, en général, pas trop de problème à s'imposer. Il n'en va pas de même au collège où les adolescents, en pleine recherche identitaire, jaugent et appré-

cient les enseignants en fonction de leurs comportements : les ados cherchent l'homme derrière l'enseignant[6].
Dire bonjour à ses élèves quand on entre en classe, ne pas arriver en retard en cours, ne pas être absent sans prévenir, rendre les devoirs à la date à laquelle on s'y est engagé... L'exemplarité des enseignants reste considérée, selon les spécialistes, comme une condition *sine qua non* du respect de l'institution vis-à-vis des jeunes qu'elle accueille. Et dans ce domaine, l'exigence des élèves frôle l'esprit de contremaître ! Ils ne comprennent et ne pardonnent aucun faux pas de l'adulte. Ils ont sans cesse ce mot « respect » pendu aux lèvres. « Quel modèle donnez-vous aux jeunes, quand l'ensemble des adultes d'un établissement ne se parle plus depuis des mois ? » se demande très justement une psychologue scolaire du Vaucluse.

L'effet-miroir

Une jeune prof de collège dont les élèves sont très agités témoigne d'une trouvaille :

Un jour *« Je les ai regardés, je leur ai dit : "Je suis un miroir. On ne fait plus cours, là, je suis un miroir". Et puis, spontanément, comme ça, je me suis assise à mon bureau et puis je les ai mimés, mais vraiment comme ils peuvent être à s'agiter, à jeter des stylos, à se lever, à se rasseoir... Et alors là, ça a eu un effet, mais radical ! Ils m'ont tous regardée, comme ça. Alors il y a une partie qui a été prise d'un rire un petit peu nerveux, vraiment trop nerveux pour être naturel. J'ai vraiment senti qu'ils réalisaient (...). Et donc, là, ça a été efficace pendant tout le cours. »*

(Patrick Rayou, Agnès van Zanten, *Enquête sur les nouveaux enseignants. Changeront-ils l'école ?*, Bayard, 2004.)

4- LE VÉRITABLE IMPACT DE « L'EFFET MAÎTRE »

Existe-t-il un « effet maître » sur la performance des élèves ? Peut-on mesurer la performance des enseignants ? Selon les spécialistes, les plus forts déterminants de « l'effet maître » restent le mode de gestion du temps, la répartition du temps entre les différentes matières, l'organisation ou la division du cours en phases distinctes, par petites étapes, avec un rythme soutenu.

6- Voir sur ce point N. Catheline et V. Bedin, *Les Années-collège, le grand malentendu*, Albin Michel, 2004.

L'effet maître

Même si certaines études montrent que l'efficacité des enseignants reste relative (bon ou mauvais, un prof n'interviendrait que pour 15 % dans les progrès de sa classe), le rôle de l'enseignant se montre quand même décisif, en matière d'équité, pour les élèves de catégories socioprofessionnelles inférieures ou en difficulté scolaire. « S'il fallait ne retenir qu'une priorité de la politique d'éducation prioritaire, c'est la qualité des enseignants qui devrait être retenue, parce que l'effet maître est le facteur pédagogique principal de la réussite, en Zep plus qu'ailleurs », affirme Gérard Chauveau, chercheur associé à l'Institut national de recherche pédagogique (INRP). C'est en fait dans le rapport subjectif au métier, donc aussi dans le niveau d'implication du prof dans ses activités, que se construit l'efficacité professionnelle.

Le « School mix effect »

L'enseignant ne porte pas à lui seul la responsabilité des succès scolaires. Pour preuve, « ce ne sont pas seulement l'effet maître, l'effet classe, ou l'effet établissement qui déterminent le niveau de résultats des élèves mais aussi le « school mix effect », c'est-à-dire la composition sociale des établissements scolaires », explique Romuald Normand de l'UMR Éducation & Politiques de l'université Lumière Lyon-II. Il existe un lien direct entre progression des élèves de faible niveau scolaire et présence d'élèves de niveau scolaire supérieur dans la classe. Par conséquent, ajoute le chercheur « la priorité des politiques d'éducation ne devrait pas être l'accroissement de la performance des écoles par le management ou par des stratégies d'innovation, mais par la prise en compte des effets réels de la ségrégation sociale entre écoles ». Celle-ci est renforcée par la prédominance de classes homogènes d'élèves de faible niveau dans les établissements périphériques, en raison de la concen tration résidentielle des populations défavorisées[7].

L'effet papillon

« Un battement d'ailes d'un papillon au Brésil peut-il déclencher une tornade au Texas ? », se demandent les scientifiques. Cette image est opérante pour l'enseignant car elle rappelle combien l'acte pédagogique se caractérise par son interdépendance. Vous êtes important aux yeux des élèves, vos paroles et

7- À consulter : http://hal.archives-ouvertes.fr/docs/00/14/24/30/PDF/Article_OR_Education_Administration.pdf

vos actes, si infimes soient-ils, ont sur eux un impact réel. Une petite phrase anodine censée remonter le moral d'un élève pour la journée peut lui sauver son année scolaire. Autrement dit, même les tout petits riens ont un rôle à jouer. Il s'agit souvent de déclics, de petits signes, de vocations suscitées, de bonnes paroles au bon moment, d'encouragements, de la recommandation d'un séjour en bibliothèque, d'un geste de la vie quotidienne, de liens tissés avec force, d'initiatives inédites, d'une passion pour un auteur, d'un modèle héroïque, d'un livre oublié « délibérément » sur son bureau, d'une envie de comprendre le monde... Les spécialistes de la communication démontrent que les mots ne représentent que 7 % d'un message, le ton et la voix plus du tiers, plus de la moitié relevant de ce que l'on appelle le non-verbal : les gestes, les mouvements, la posture, l'expression du visage, le regard, etc.[8]

L'effet Pygmalion

Chaque prof porte un regard sur ses élèves et renvoie automatiquement une image à chacun d'entre eux. On parle d'effet Pygmalion lorsque l'élève réussit à se conformer à cette image, quand il tient à y correspondre. C'est pourquoi, il est fortement recommandé de toujours attendre de la part des élèves, des réponses, des comportements, des actions, des travaux... positifs. Plus les attentes seront élevées, meilleurs seront donc les progrès des élèves. Très ambitieux, cet effet Pygmalion ne peut s'installer en classe qu'à condition de respecter ses élèves, de se faire respecter par eux, de pouvoir susciter l'estime, d'être épanoui personnellement, et d'être capable d'épanouir les autres.

5- LA MISE EN PRATIQUE DES RÈGLES DE VIE SCOLAIRE

Les élèves sont en demande de repères clairs de la part des enseignants. Quand l'adulte donne la limite et la respecte, ils l'acceptent et le vivent très bien. Quand il fait preuve de trop d'indulgence ou joue la négociation, ils s'engouffrent dans la brèche et prennent cela pour de la faiblesse. Nul hasard si l'on retrouve cette exigence de repères au niveau familial. Didier Pleux, le directeur de l'Institut de thérapie cognitive, le confirme : « Les jeunes que je vois en consultation en ont assez que leurs parents tergiversent ou négocient pour tout. Selon leurs propres mots, ils réclament du *feu rouge/feu vert* ! »

8- E. N. Lorenz, « Un battement d'ailes de papillon au Brésil peut-il déclencher une tornade au Texas ? », Revue *Alliage* n° 22, 1995.

Comment établir des règles dans la classe ?

Pour établir les règles de la classe, il faut à la fois :
– Se fonder sur les règles en vigueur dans l'établissement (règlement intérieur) pour éviter les dissonances avec les autres enseignants. Le niveau sonore toléré par un professeur peut, par exemple, varier en fonction de ses méthodes, de sa personnalité, de son acuité auditive, de la discipline qu'il enseigne, du nombre d'élèves dans la classe. En revanche, la réaction à l'arrivée en retard d'un élève doit d'abord être déterminée par les règles de l'établissement. Si l'on s'en éloigne trop explicitement, on crée une distorsion qui ouvre la possibilité à certains élèves de déstabiliser le fonctionnement de l'établissement, ce qui, en dernière instance, nuira aux élèves les plus fragiles.
– Fixer très clairement les règles du jeu de l'année scolaire, éventuellement en négociant pour partie avec les élèves ce qui relève du fonctionnement de la classe : prise de parole, prise de notes, absence de matériel, utilisation du micro-ordinateur, recherche à l'extérieur, bavardage, déplacement dans la classe, etc.
Dire aux élèves ce qu'ils ont le droit et ce qu'ils n'ont pas le droit de faire dans sa classe leur permet d'évaluer le seuil de tolérance de l'enseignant. Veiller à donner un peu plus de détails sur les contrôles et évaluations qui représentent les grands sujets d'inquiétude des élèves. Ceux-ci doivent savoir comment (par écrit, à l'oral, avec des devoirs à la maison) et avec quelle périodicité (chaque semaine/mois/séquence du programme) on contrôlera leur travail, s'ils seront prévenus par avance, et dans quels délais leurs devoirs leur seront restitués. Et surtout, préciser ce que l'on attend d'eux sur le fond : les élèves ont pour obligation de respecter le prof et de se respecter entre eux, ils sont tenus d'écouter en cours sachant qu'une bonne écoute représente le début de l'acquisition d'une leçon, ils doivent faire preuve de régularité dans le travail et dans l'effort.
– Rester constant et ferme dans l'application des règles, et exemplaire dans le respect de ses propres devoirs. Un enseignant qui rend par exemple les corrections des contrôles très tardivement ne se met pas en position favorable pour exiger la ponctualité de ses élèves. Il n'est pas inutile de rappeler aux élèves quelles règles, à leur tour, ils sont en droit d'attendre du prof, pour bien leur faire mesurer la dimension contractuelle de la relation. L'enseignant a pour mission de traiter le programme, de contrôler les élèves et de corriger les devoirs, de leur fournir barème et corrigés, et de porter une attention plus soutenue aux élèves en grande difficulté. Dans les classes ou les établissements particulièrement difficiles, on peut décider de mettre au

point un règlement intérieur propre à son cours, que les élèves signeront, qui sera affiché dans la classe, permettant ainsi à tout le monde de s'y référer durant l'année. Face aux enfants et aux adolescents, c'est la constance et la rigueur du comportement de l'adulte qui construit son autorité ; il faut arriver à associer calme, équité, bienveillance et capacité d'autocritique d'un côté, et fermeté sur l'application des règles collectives et constance dans l'application des sanctions, de l'autre.

Au niveau de la classe : anticiper

Le maître mot pour s'assurer d'un bon climat de classe est l'anticipation. On peut donc conseiller de :
– Rappeler les deux principales règles de toute vie scolaire en début d'année, voire à chaque rentrée de vacances : respecter autrui et s'engager dans l'apprentissage. Ces deux principes englobant tous les autres.
– Savoir comment fonctionne une classe standard avec « ses hauts et ses bas ». On sait par exemple que les comportements perturbateurs des élèves surviennent en moyenne environ toutes les quatre minutes. Seule parade ici : faire preuve de rythme, entraîner l'attention du groupe de manière soutenue, éviter les tâtonnements. Et donc se montrer capable de faire face à l'imprévu !
– Chercher les causes potentielles de tensions : Même si l'enseignant n'y peut pas toujours grand-chose, plus conscient des raisons, il peut mieux les contourner. Une tension peut parfois provenir de relations tendues entre filles et garçons pour une question précise, d'un emploi du temps qui pose problème à l'ensemble de la classe ou à un élève en particulier, ou plus trivialement de perturbations liées aux rythmes de l'élève (manque de sommeil, alimentation déséquilibrée, trajet domicile/école interminable, etc.).

Ne jamais relâcher sa vigilance

À partir du collège, dès le début de l'année scolaire, les profs ne sont pas dupes et sentent que leur réputation les précède. Sévère ou non ? Souvent absent ou jamais malade ? Ils savent que les élèves peuvent se montrer intraitables à leur égard et qu'ils sont « testés » de plus en plus longtemps. Une classe évalue le niveau de résistance du professeur en observant s'il s'en tient aux règles fixées en début d'année, et cette période peut s'étendre jusqu'à la Toussaint.
« Si l'on tient bon, cela signifie pour les élèves qu'ils vont devoir travailler toute l'année. Si l'on craque, c'est-à-dire si on a

le malheur de leur montrer la moindre faiblesse, comme par exemple pleurer devant eux, ils peuvent nous faire devenir chèvre et nous manipuler à chaque cours. Ratée sur le plan scolaire, l'année se transforme alors en un continuel rapport de force », explique Ingrid Maulavé, professeur d'histoire-géographie dans un collège rural de Vendée.

Il est donc conseillé de fixer dès le départ des règles qui déterminent le cadre général de la vie de la classe, s'y référer souvent, ne pas avoir peur de les répéter, et savoir qu'elles vont être « mises à l'épreuve » régulièrement. Et surtout, ne jamais se positionner au niveau d'un élève en entrant dans son jeu, pour ne pas perdre la distance nécessaire.

La discipline n'est pas un « sale boulot »

Gérer la discipline pour un enseignant ne s'apparente pas à prendre en charge ce que la sociologie américaine appelle le « sale boulot », c'est-à-dire l'éducation des comportements. Elle ne doit pas non plus être une défausse systématique de ce « sale boulot » sur les autres acteurs de la communauté éducative : conseillers d'éducation et chefs d'établissement. Nombreux sont ceux qui abusent de l'exclusion d'élèves de leur cours pour les envoyer au bureau de la « vie scolaire ». Cette pratique en apparence bénigne a un impact non négligeable sur l'ensemble de la vie d'un établissement. D'abord, parce qu'elle entraîne une surcharge de travail pour les conseillers principaux d'éducation (CPE), et surtout parce que la « discipline » doit être assurée conjointement par l'ensemble des acteurs de l'établissement. Certains peuvent même refuser de prendre en charge un élève exclu et le renvoyer en cours ! On imagine le discrédit porté à l'enseignant. Les tensions professionnelles latentes entre professeurs et conseillers d'éducation restent chroniquement conflictuelles au niveau national et local. On aura donc toujours intérêt à rester en bons termes avec la « vie scolaire » en privilégiant le dialogue.

Tenir un registre des incidents de classe

C'est contraignant, mais cela permet, particulièrement dans les collèges et les lycées, où les emplois du temps sont discontinus, de se rappeler ce qui s'est passé le cours précédent et de respecter les promesses faites oralement (par exemple les menaces du type « Attention, la prochaine fois... » ou bien les réponses comme « Je ne sais pas, je vous apporterai la réponse la prochaine fois » : si cette prochaine fois n'intervient jamais, le professeur se décrédibilise). Cela permet également de repérer les élèves vraiment perturbateurs, dont les interventions déstabilisantes sont récurrentes mais pas forcément violentes, et de les distinguer de certains élèves qui se révoltent sporadiquement et bruyamment contre l'autorité (parfois manipulés par les précédents) mais ne perturbent pas régulièrement la classe. Identifier les élèves vraiment perturbateurs permet de les convoquer à un entretien en fin de mois ou de trimestre, pour essayer de trouver une solution à leur comportement. Enfin, cela évite de commettre d'éventuelles injustices avec les élèves ponctuellement bavards.

La loi commence dans la cour de récréation

Si la loi n'est pas respectée dans la cour, aura-t-elle plus de chances de l'être en classe ?
Dans les collèges et lycées vraiment difficiles, la récréation peut devenir un espace de violence caractérisée avec parfois des bagarres collectives à plusieurs dizaines d'élèves, des excréments déposés dans l'escalier des professeurs et même, pour les cas extrêmes, des fellations à trente euros dans les toilettes : (entre 5 000 et 8 000 mineurs se prostitueraient en France).
De même, la récréation peut être aussi très dure à l'école primaire. Bousculades, coups de poings et coups de pieds, vols et racket, brimades et humiliations... il n'est pas rare que certains élèves, notamment les filles, n'osent même pas aller aux toilettes. Bref, la cour est souvent laissée aux seuls enfants, mais comme le rappelle très justement Eirick Prairat, professeur de sciences de l'éducation à l'université de Nancy 2 : « Abandonner la cour aux plus forts discrédite l'école et ses maîtres dans leur ensemble[9]. »
Quand les adultes, enseignants compris, réinvestissent la cour de récréation et y font respecter le règlement intérieur de l'établissement, le climat de l'établissement s'apaise. Eirick Prairat fait une suggestion aux équipes éducatives : nommer des élèves relais, deux ou trois chaque semaine par roulement, qui ont pour fonction d'intervenir pour dissiper les brouilles et s'interposer en cas de dispute, puis ensuite d'avertir les adultes. Une proposition qui a le mérite de responsabiliser les élèves à tour de rôle, de soulager les enseignants et de remettre un peu de justice où elle faisait souvent défaut.
Agir contre la prostitution des enfants : http://www.acpe-asso.org/
L'association offre la possibilité de signaler un cas de prostitution enfantine en ligne :
https://docs.google.com/forms/d/1J25DXOe2rBhFu1OQcKVe43ZepI4uZFuJB2PSAeyjWT4/viewform?c=0&w=1

9- E. Prairat, *Questions de discipline à l'école et ailleurs*, Érès, 2002.

6- LA RITUALISATION DU TRAVAIL SCOLAIRE

« L'autorité » de l'enseignant s'appuie pour une large part sur sa personnalité. Mais elle repose pour une part aussi importante sur la qualité des cours, et plus précisément sur une organisation rigoureuse du travail en classe.

Offrir une image professionnelle aux élèves

Le caractère « inoxydable » du prof doit se manifester en toutes circonstances :

Quand la classe est calme, comme adulte de référence qui énonce clairement la consigne, respecte la parole donnée et représente la mémoire de la classe ;

Et en cas de conflit ou de petits sabotages du quotidien (retards, oublis d'affaires, casse du matériel pédagogique...), comme le référent qui maîtrise la situation avec self-control, sans être déstabilisé, sans donner l'impression d'aller chercher du renfort auprès d'un assistant d'éducation ou d'un CPE.

Planifier ses cours

La capacité à une organisation vigilante du travail en classe suppose que la planification soit un moment essentiel du travail de l'enseignant. Elle suppose également que cette planification ne s'arrête pas à la « préparation des cours », c'est-à-dire au choix des savoirs que l'enseignant veut transmettre au cours de la leçon, à une réflexion didactique sur leur découpage et leurs modes de présentation aux élèves. Mais il tient aussi à la préparation des « tâches » que les élèves vont accomplir et des conditions matérielles dans lesquelles ils vont les accomplir. Selon les chercheurs nord-américains en sciences de l'éducation, il convient que cette planification soit à la fois « minutieuse » et « souple », c'est-à-dire susceptible d'être rapidement adaptée à une situation imprévue. L'enseignement restant selon le sociologue suisse Philippe Perrenoud une activité de « gestion de l'incertitude ».

Les routines positives

Les spécialistes nord-américains insistent sur « le rôle stratégique des routines dans la classe ». Le mot routine est à prendre ici dans son sens anglo-saxon, c'est-à-dire sans les connotations négatives que nous lui attribuons habituellement. Il s'agit des « habitudes » de travail qui constituent à la fois un cadre rassurant et des repères réguliers pour les élèves. En étant très attentif à l'anticipation du travail et du comportement des élèves en classe, l'enseignant met le maximum de chances de son côté. D'une part, il évite les perturbations liées à l'incompréhension du travail demandé, d'autre part il peut consacrer plus de temps à l'accompagnement individualisé du travail des élèves et à la gestion de sa relation avec la classe. L'autorité de l'enseignant tient pour une part significative à sa capacité à organiser le travail des élèves en classe de manière à ce que leur activité cognitive soit toujours correctement mobilisée.

Effets perturbateurs d'une consigne mal préparée

Dans un lycée, en seconde, un professeur de français prévoit l'utilisation par les élèves d'un document écrit (un courrier) qui comprend volontairement des erreurs.

L'intérêt de l'exercice consiste à être capable de distinguer et de classer différents types d'erreurs dans le texte, certaines étant d'ordre strictement syntaxique ou orthographique, d'autres relevant d'une mauvaise maîtrise par l'auteur du registre de langue nécessité par la nature du texte. Le travail du professeur est jusque-là très bien organisé : au tableau figure clairement sur la partie droite le titre de la leçon et le chapitre dans lequel elle s'insère.
Après lecture à haute voix du texte par une élève, le professeur donne sa consigne, qu'il écrit également sur la partie centrale du tableau très lisiblement. Mais il va alors manquer de précision en guidant les tâches : il demande aux élèves de relever les erreurs sans préciser qu'il en existe deux typologies différentes, et il ne leur donne pas d'indications précises sur la manière de repérer matériellement les erreurs sur le texte (surligner, souligner, recopier, écrire dans la marge ?).
Très vite, plusieurs élèves posent chacun leur tour des questions montrant qu'ils n'ont pas compris la consigne. Cette situation va se reproduire huit fois de suite en quinze minutes et, à l'ambiance sereine, succède un brouhaha qui oblige le professeur à élever la voix à plusieurs reprises pour rétablir le calme…
Beaucoup de jeunes enseignants attribuent ainsi aux élèves la seule responsabilité de leur agitation : bavardage, déplacements intempestifs, questions apparemment inadéquates. Elle est pourtant parfois due à une rigueur insuffisante de leur propre travail qui crée les conditions de cette agitation.

Reconstruire les repères scolaires

Réintroduire des rites et des rituels forts propres au monde scolaire pourrait donner une nouvelle force à l'enseignant, et contribuer à décupler son autorité. Ils ont été longtemps à tort laissés en jachère, car ils répondent en fait à un besoin de sécurité chez l'élève. C'est notamment grâce à eux que l'enfant se construit des repères. Dans les petites classes, il s'agit de mieux faire comprendre la structuration de l'espace et du temps (par exemple : accueil, mise en rang, appel, passage aux toilettes, temps du « Quoi de neuf ? », organisation du goûter, etc.). Dans le secondaire, on peut plus jouer sur le symbolique pour renforcer chez l'élève le sentiment d'être une partie du groupe (par exemple : construction d'un arbre généalogique, lecture collective, ateliers de débats d'idée, etc.). Les textes officiels de l'Éducation nationale indiquent d'ailleurs clairement que les rituels font partie intégrante de l'organisation de l'école dès la maternelle. Ils s'apparentent à des moments d'apprentissage réels au même titre que les activités plus disciplinaires. Ils servent, à la fois, à affirmer l'autorité du maître sans jouer la carte de la sanction, et à redonner aux élèves le goût de l'école par des gestes, des rendez-vous, des étapes, des cérémonies, des célébrations, des moments de vie en commun hauts et forts en couleur.

Changer l'atmosphère de l'établissement

Le rituel évite souvent le rapport conflictuel entre l'enseignant et l'élève. Ceux des enseignants qui les ont expérimentés le confirment, ces rendez-vous changent l'atmosphère d'un établissement, favorisent une sociabilité de travail et contribuent à l'émergence d'un sentiment d'appartenance à une communauté chez les élèves. « Dans le monde scolaire, le rituel permet de s'approcher d'une vision du monde partagée par les adultes et les élèves, vision du monde qui donne un sens et qui donne une place à chacun dans la communauté scolaire », explique Patrick Baranger, directeur de l'ex-IUFM de Lorraine. On peut ainsi soit envisager de revisiter d'anciens rituels plus ou moins vivaces : où comment l'estrade permet de rétablir la reconnaissance perdue de l'enseignant ; où comment le vouvoiement recrée un climat de civilité dans la classe ; où comment le lever des élèves à l'arrivée du maître redonne du respect à l'institution. Mais il faut surtout que chaque enseignant réfléchisse et propose à sa convenance des pistes audacieuses et inédites de rites scolaires modernes.

Quelques exemples de rituels que les enseignants peuvent mettre en place :

– Un rite de contrat : chaque élève s'envoie à lui-même une lettre d'engagement sur son travail scolaire que l'enseignant recueille pour

la lui poster en milieu d'année. Sorte de profession de foi laïque, cette pratique est très opérante dans le domaine du bilan de compétences ;
– Un rite de dépassement de soi : passer de la pédagogie du chuchotement à l'expérience intérieure du silence. L'enseignant crée un temps de quelques minutes de silence total dans la journée et/ou dans la semaine scolaire, éventuellement dans un lieu spécifique (site naturel, espace vert...), pendant lequel les élèves doivent, sans stylo ni feuille, faire le point intérieur sur leur travail scolaire ;
– Un rite de contribution : en guise de sortie scolaire, l'enseignant propose à chaque élève sans handicap, un séjour de quelques heures les yeux bandés dans une école spécialisée pour déficients visuels. Il s'agit d'éprouver dans sa chair ce qu'est « la vie au bout des doigts » et ainsi mieux comprendre les contraintes de l'enfant handicapé accueilli dans leur classe.

7- MAÎTRISER L'ESPACE-TEMPS DE LA CLASSE

La première heure de cours, on a tout intérêt à laisser les élèves s'asseoir comme ils le souhaitent dans la classe. On prend dès ce moment-là soin de leur préciser que l'on se réserve le droit de déplacer tel ou tel élève ou de modifier l'agencement général de la classe. On est autant garant de l'espace que garant de la loi, et la classe reste son outil de travail principal. Dans le primaire, on s'attachera dès le début de l'année à construire le sociogramme de sa classe, cette photographie des relations entre élèves à un moment donné, pour donner les meilleures chances de réussite scolaire à tous.

Maîtriser la géographie de la classe

Pourquoi devoir modifier l'agencement de la classe ? Jusqu'à la fin du primaire, les professeurs des écoles ont l'habitude de créer des petits espaces spécifiques conçus pour des activités dédiées (un espace pour les jeux éducatifs, un autre pour le regroupement de la classe, un troisième pour le coin informatique, etc.). Mais surtout à partir du collège, il s'agit plutôt de pouvoir disposer la classe en fonction du type d'activités pédagogiques proposé. La classe entière face au tableau pour le cours magistral. La classe en U en grand groupe pour jouer la participation de tous et l'élaboration progressive du travail collectif. La classe entière en petits groupes restreints de trois ou quatre tables pour organiser des ateliers. (Voir schémas en page 35)

Pourquoi devoir déplacer un élève ? Bien entendu en cas de perturbation il peut être bienvenu de changer les places de deux

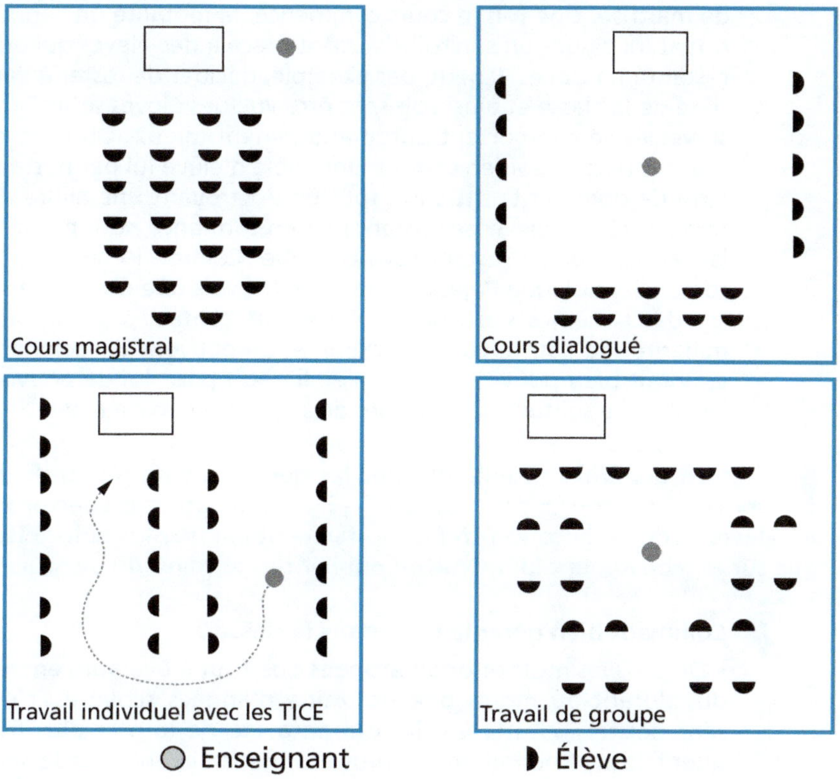

Schémas inspirés de Didier Noyé, *Réunionite : guide de survie*, Insee Consulting, 2003.

élèves trop « complices ». Mais on doit aussi veiller à ce que les garçons et les filles ne restent pas entre eux de manière trop homogène, à ce que certains élèves ne soient pas isolés du reste du groupe, à ce que les élèves porteurs de lunettes et ceux qui ont des problèmes auditifs soient assis à des endroits favorables. D'une manière générale, ne serait-ce que pour changer leur horizon et contribuer à modifier la perception qu'ils ont du cours, il demeure sain que les élèves changent périodiquement de place.

Pourquoi l'enseignant doit-il se mouvoir dans la classe ? Quand on les interroge, les profs confient tous leur tentation de vouloir faire de la classe un lieu plus personnel, ils veulent « posséder » la classe notamment avant même l'arrivée des élèves. C'est au prof d'accueillir les élèves dans « son » espace, être là en premier lui donne le contrôle visuel de l'entrée des élèves dans la classe, ce qui est tout sauf négligeable pour accroître un sentiment de maîtrise. Une fois le cours commencé, la mobilité de l'enseignant lui assure un surcroît d'autorité face à des élèves qui eux restent immobiles. Il peut, par exemple, décider de rester à l'arrière de la classe et ainsi voir sans être vu : des élèves se sentant surveillés se comportent automatiquement mieux. Ou encore, plus subtil, s'asseoir en coin sur une table d'élève lui permettant ainsi de dominer la situation tout en s'octroyant une allure de familiarité : les élèves se sentant plus en confiance pour prendre la parole tout en restant sous contrôle. Comme le rappelle la romancière Claude Pujade-Renaud : « On voit une nouvelle fois ces deux thèmes s'articuler : d'une part contact-proximité-familiarité, de l'autre contrôle-domination-pouvoir. L'enseignant voudrait bien pouvoir les concilier. Il s'agit pour lui de pouvoir sortir de sa solitude sans risquer de se perdre dans la masse[10]. »

! Il est en général conseillé d'éviter les déplacements répétitifs de type « aller-retour » et « cent pas » : ils ont le défaut d'énerver les élèves et de les déconcentrer car ils finissent par ne plus se focaliser que sur le mouvement lui-même en oubliant le contenu du discours.

Comment bien gérer le bruit dans la classe ?

« De tous les mots et onomatopées que tout élève aura entendus durant au moins une douzaine d'années scolaires, c'est sans doute « chuttt » celui qui aura été de loin le plus fréquent ! (...) Phénomène le plus étonnant : ce mot est le seul qui automatiquement génère son contraire, accélérant ainsi les murmures et bavardages qu'il est censé stopper net. À dire vrai, il les stoppe, mais quelques secondes avant que cela ne reparte de plus belle (...) Comment alors peut-on expliquer ce signe manifeste de l'impuissance d'un enseignant à se faire écouter ? Ou pire encore, comment expliquer que tous ces professeurs et instituteurs ne prennent pas conscience de l'inutilité de cette expression et du ridicule qu'ils offrent à s'escrimer à obtenir l'intérêt de leurs élèves en émettant ce son sous toutes les formes possibles ?[11] », fait très justement remarquer un inspecteur de l'Éducation nationale.

Plutôt que de réclamer le silence, il faut la plupart du temps pouvoir identifier les différents bruits de sa classe. Savoir par exemple, que la montée du bruit peut signifier un moment de fatigue et le prendre comme le signal d'un changement d'acti-

10- C. Pujade-Renaud, *Le Corps de l'enseignant dans la classe*, L'Harmattan, 2005.

11- G. Bouyssou, P. Rossano, F. Richaudeau, *Oser changer l'école*, Albin Michel, 1996.

vité. Faire la distinction entre le bruit de fond « nécessaire » du travail de groupe ou en atelier (échanges et déplacements requis), et le bruit « superflu » du bavardage intempestif. Percevoir l'utilité de donner régulièrement la parole aux élèves pour éviter qu'ils ne la prennent dans leur coin. Enfin s'appliquer l'écoute à soi-même pour alterner intelligemment les plages de prise de parole… et de silence ! Parler moins et mieux peut donner plus d'impact à son cours.

8- FAIRE FACE À LA VIOLENCE

Incivilités et violence en classe sont partout mises en avant. Non sans un goût certain du sensationnalisme, chaque rentrée voit la presse en faire ses gros titres. La violence en classe recouvre des phénomènes complexes. Il faut distinguer la violence « institutionnelle » et symbolique qui s'exerce sur les élèves (par exemple à travers les systèmes de notation), la violence des élèves contre les enseignants ou l'institution scolaire (relativement rare même si de récentes agressions graves ont été commises) et enfin la violence des élèves entre eux. Face à toutes ces formes de violence, l'enseignant se doit de réfléchir aux solutions les mieux adaptées à sa classe et à ses élèves. On estime à 4 % le nombre d'enseignants victimes de violence scolaire.

D'où vient la violence ?

Bernard Defrance distingue trois origines, trois lignes de violence à l'école :

« La première, c'est celle dont ils sont les héritiers, la violence liée à l'histoire. Les enfants, les adolescents, les élèves, sont porteurs de toutes les violences de la planète. »

« La deuxième ligne de violence dont ils sont les héritiers et qu'ils supportent encore est celle de l'école où l'on ne parle qu'en répétant, où l'on n'écrit que sous la dictée. Comment parler à l'école ? Comment parler à celui qui vous juge ? (…) » « À l'école, poursuit B. Defrance, les élèves se trouvent confrontés à des situations institutionnelles difficiles. On a beaucoup parlé de l'évaluation et, effectivement, cette évaluation est presque toujours ressentie par les élèves comme une punition : il y a confusion permanente entre sanction et punition ; on est sous un régime de pénalisation des apprentissages où être ignorant c'est être coupable, où commettre une erreur devient une faute, où une tâche à accomplir devient un devoir[12]. »

12- B. Defrance, *in Nos Enfants*, Entretiens d'Auxerre, éd. Sciences Humaines, 2008.

« La troisième ligne de violence dont les élèves sont porteurs est plus visible, elle est souvent médiatisée, c'est la vie dans les cités (...) » la violence due au chômage, à la misère, à la solitude.

Le bullying ou harcèlement entre élèves, un phénomène méconnu en France

Dans son ouvrage intitulé *Harcèlements à l'école*[13] Nicole Catheline a largement rendu compte de ce phénomène méconnu en France. Qu'il s'agisse de brutalités physiques (coups, crachats, mèches de cheveux arrachées, faire tomber quelqu'un, rosser, extorquer de l'argent de force), de violences verbales (menaces, moqueries, insultes...) de manipulations diverses (exclusion, rejet, mise en quarantaine et aujourd'hui « *cyberbullying* »...), le phénomène que les Anglo-saxons appellent *bullying* (que l'on peut traduire par « harcèlements, brimades... ») est présent dans les établissements scolaires en France. Il y a gros à parier que les chiffres sont proches de ceux des pays voisins.

Éric Debarbieux dans le rapport de l'Observatoire national de la délinquance (2006) remarque : « On sait bien que les statistiques officielles de la délinquance cachent un « chiffre noir » entre faits signalés et victimations subies. Ce chiffre noir atteint des proportions caricaturales. » Il déplore que les faits sensationnels soient toujours mis en avant par les médias alors que les « violences quotidiennes oppressives » à l'école sont bien plus importantes.

D'après l'enquête pionnière réalisée par Dan Olweus dans les années 1970, on estime à 15 % le nombre d'élèves impliqués dans des violences scolaires d'élèves à élèves, soit en tant que victime soit en tant qu'agresseur. Ce qui correspond à peu près à un enfant sur sept. Filles et garçons sont également touchés. Face à ce constat, Nicole Catheline rappelle les responsabilités de chacun dans la lutte contre cette violence : « La violence est en chacun de nous, elle est constitutive de la condition humaine et traverse toutes les classes sociales, mais tous les êtres ne deviennent pas violents. C'est précisément le rôle de l'éducation et de la culture que de canaliser les pulsions violentes. Face aux harcèlements entre élèves, une double attitude s'impose : il faut établir des règles et des sanctions très précises condamnant toute violence dans les établissements scolaires, d'une part, développer une politique éducative globale mêlant information et concertation de tous les acteurs, d'autre part. Surveiller et punir, certes, mais aussi informer, prévenir et éduquer[14]. »

13- Albin Michel, 2008.

14- N. Catheline, *Qu'est-ce que l'adolescence* ?, éd. Sciences Humaines, coll. « PBSH », 2009. Pour lutter contre les situations de harcèlement :

! Le chiffre qui parle : 20%

Sur l'ensemble des violences scolaires, on considère en règle générale qu'environ 20% concerneraient directement le champ scolaire, et 80% ressembleraient plutôt à des violences sociales, autrement dit à de la délinquance des mineurs prenant forme dans l'établissement. Les statistiques officielles de la violence scolaire dans le secondaire montrent une disparité entre les différents types d'établissements. Les lycées professionnels sont les plus exposés à la violence avec 24 incidents graves déclarés pour 1000 élèves, les collèges viennent ensuite avec 12 pour 1000, enfin les lycées d'enseignement général et technologique restent sensiblement moins concernés avec 5 faits pour 1000. Les atteintes aux personnes se manifestent à parts égales par des violences verbales et des agressions physiques. (Pour en savoir plus : http://cache.media.education.gouv.fr/file/2015/66/5/depp-ni-2015-49-sivis-2014-2015_514665.pdf)

Un accord contre le cyber-harcèlement

Le ministère de l'Éducation nationale, a signé avec l'association e-Enfance, une convention visant à prévenir et à traiter le cyber-harcèlement entre élèves. Avec cet accord, en effet, les équipes de direction disposent désormais d'une procédure de traitement de chacun de ces cas, qu'il consiste en une agression contre un élève ou à l'encontre des fonctionnaires de l'Éducation nationale. L'engagement de cette procédure, initiée à la demande des victimes ou de leurs parents, aboutira à la transmission des cas de cyber-harcèlement avérés à l'association e-Enfance qui, dans le cadre du programme « Pour un Internet plus sûr » de la Commission Européenne, a, notamment, noué des liens avec Facebook depuis août 2010. Le numéro d'appel national « Non au harcèlement » est le 3020, du lundi au vendredi de 9h à 18h.
Un accord contre le cyber-harcèlement est soutenu par Facebook.
Un guide pratique contre la cyberviolence entre élèves :
http://cache.media.eduscol.education.fr/file/11_Novembre/26/4/DP-Agir-contre-le-harcelement-a-l-ecole-Guide_284264.pdf
et aussi : http://www.nonauharcelement.education.gouv.fr/

---

http://www.education.gouv.fr/cid75274/agir-contre-le-harcelement-a-l-ecole.html

Les dérives sectaires liées à l'islam ou l'embrigadement djihadiste

Les enseignants n'ont bien entendu pas pour fonction de solutionner les dérives sectaires liées à l'islam, même pas de chercher à les identifier. Celles-ci restent très difficiles à profiler, il n'y a en effet pas de guide ou de procédé tout prêt pour repérer leurs signaux. Cela fait par exemple une vingtaine d'années que l'on voit certaines filles refuser d'assister au cours de piscine, et il y a rarement un lien avec les dérives sectaires. Même si l'on peut noter une légère augmentation des cas de « déscolarisation pour raison religieuse », le lien avec l'embrigadement djihadiste ne semble là encore pas automatique. Car, certes l'école est obligatoire, mais les familles peuvent, sur simple déclaration, choisir de faire classe à leur enfant à la maison. En outre, les élèves qui cautionnent ouvertement les attentats peuvent le faire par provocation sans appartenir à aucun réseau. Reste le discours lancinant et plus inquiétant sur la « théorie du complot » qui peut être un début de piste mais qui est partagé par une grande partie des élèves de niveau lycée (lire page 279). Au premier trimestre 2015-2016, l'Éducation nationale a effectué 617 signalements de suspicion de radicalisation et 150 atteintes aux principes de laïcité et aux valeurs de la République.

Le numéro vert et le site mis en place par le ministère de l'Intérieur pour faire le point sur une situation : 0800 00 56 96
http://www.stop-djihadisme.gouv.fr/#xtor=AD-300

Un livret pour prévenir la radicalisation des jeunes :
http://cache.media.education.gouv.fr/file/02_-_fevrier/76/8/Prevenir-la-radicalisation-des-jeunes_390768.pdf

Le Centre de prévention contre les dérives sectaires liées à l'islam : http://www.cpdsi.fr/

Le site de Dounia Bouzar, la spécialiste de la déradicalisation en France : http://www.bouzar-expertises.fr/

Les réactions à la violence en classe

Face à ces violences variées, il est nécessaire pour l'enseignant d'appliquer toujours la même procédure :

– Rester aussi calme que possible et éviter de hurler ou de donner l'impression de perdre son *self-control* ;

– Obtenir le rétablissement du calme en classe parfois en acceptant de céder sur certains points (par exemple un élève qui refuse d'obtempérer à une injonction) pour éviter que l'inci-

dent ne prenne des proportions exagérées, mais en précisant que l'élève est sorti des clous, que l'affaire n'est pas close et qu'elle aura des conséquences ;
– Traiter le problème après le cours, avec le ou les seul(s) élève(s) impliqué(s), en présence d'un tiers habilité (directeur ou collègue dans le primaire, CPE, chef d'établissement dans le secondaire) pour faire le bilan et décider des éventuelles sanctions. En effet, certains élèves « leaders » ont le don de faire basculer la classe à leur avantage pour s'opposer encore plus fortement à l'enseignant. Différer le traitement, c'est ainsi éviter l'escalade ;
– Commencer, lors de la mise au point, par essayer l'explication : ce rappel élémentaire de la règle suffit la plupart du temps. Ce peut être aussi un bon moment pour passer un contrat avec l'élève avant de chercher à le réprimander.
Faire objectivement le bilan de l'incident au début du cours suivant avec la classe, à la fois pour l'exploiter sur le plan éducatif et pour couper court aux rumeurs qui circulent inévitablement ; être éventuellement capable d'écouter les interprétations divergentes des élèves, de reconnaître ses propres erreurs, mais aussi se montrer ferme dans l'application des éventuelles sanctions.
Savoir doser et personnaliser ses réprimandes. Une remarque faite à voix basse ou normale, la main sur l'épaule de l'élève et sans agressivité peut être plus efficace qu'une interpellation à haute voix et à distance, qui peut provoquer une réaction agressive pour sauver « la face ».
Systématiquement éviter l'humiliation quelle que soit la situation. Pour la même raison, éviter l'ironie ou les remarques visant la personnalité des élèves. Ces derniers sont moins capables que les adultes d'encaisser ce qu'ils perçoivent comme une remise en cause blessante de toute leur personnalité alors qu'ils n'ont commis qu'une transgression particulière.

Les dangers de la récréation

Dès l'école primaire, certains jeux dangereux exposent parfois les élèves à des blessures, des séquelles graves, voire à la mort, en pleine cours de récréation[15]. Il est bon d'en connaître les formes les plus spectaculaires :
Le jeu du foulard appelé aussi jeu du « cosmos », de la « tomate » ou de la « grenouille », est une technique de recherche de sensations planantes par diminution de l'irrigation du cerveau en oxygène. Ce jeu provoque un évanouissement par strangulation

15- http://cache.media.eduscol.education.fr/file/violence/11/7/guide_jeux_dangereuxWEB_2011_175117.pdf

à l'aide d'un foulard ou par compression du thorax ou des carotides. Il est pratiqué seul ou à plusieurs, par des jeunes de 4 à 20 ans. La vigilance s'impose si l'on constate des traces au cou ou si l'élève se plaint régulièrement de maux de tête[16].

Le jeu de la canette appelé aussi le « cercle infernal » ou le « petit pont massacreur » consiste à passer à tabac collectivement celui qui n'aura pas su faire preuve d'adresse en maîtrisant aux pieds une canette de soda lancée au centre du cercle des participants.

Le jeu de l'aérosol est une technique de déformation de la voix qui consiste en l'inhalation du produit contenu dans un aérosol. Ce jeu comporte un risque de création d'œdème pulmonaire. Difficile d'être alerté sauf à surprendre les élèves avec un aérosol à la main, dans leurs affaires scolaires, ou en flagrant délit.

Les six règles d'or anti-violence

1. Essayer de rester plusieurs années dans le même poste pour garantir la stabilité des équipes pédagogiques.
2. Marier intelligemment sanction et gratification non matérielles (exemple : lettre de félicitations aux parents) pour restaurer l'estime de soi.
3. Favoriser les mesures alternatives à la sanction, comme les mesures de réparation à caractère éducatif.
4. Rester vigilant sur les décalages de perception de vocabulaire entre adultes et jeunes (quand un prof dit à un élève « Tu n'es pas capable de faire cet exercice », l'élève a tendance à entendre « Tu n'es pas capable » tout court).
5. Ne pas trop déléguer son pouvoir en s'appuyant seulement sur les trop jeunes aides éducateurs pour restaurer l'autorité du monde adulte.
6. Ne jamais ajouter une punition à une mauvaise note, c'est contre-productif et la plupart du temps injuste.

Pour agir sur le climat scolaire à l'école primaire :
https://www.reseau-canope.fr/climatscolaire/fileadmin/user_upload/outilspdf/GUIDE_CLIMAT_SCOLAIRE_PREMIER_DEGRE_269696.pdf

Pour agir sur le climat scolaire au collège et au lycée :
https://www.reseau-canope.fr/climatscolaire/fileadmin/user_upload/outilspdf/GUIDE_CLIMAT_SCOLAIRE_PREMIER_DEGRE_269696.pdf

16- Association pour les parents d'enfants accidentés par strangulation (APEAS), Tél. : 06 21 45 41 86, jeudufoulard.com

Une solution aux incivilités et à la violence : la médiation

Empêcher les représailles. Un enseignant sensibilisé aux questions de médiation peut, soit décider de se former lui-même à cet outil de résolution des conflits, soit proposer aux élèves les plus réceptifs de suivre une formation. Si cette formation est en général assurée par un organisme extérieur à l'établissement, elle peut voir le jour dans le cadre du Comité d'éducation à la santé et à la citoyenneté (CESC), obligatoire dans chaque collège et lycée, et dont l'un des objectifs consiste à « rendre l'élève responsable, autonome et acteur de prévention ».

La médiation est un « processus plus ou moins formel, par lequel un tiers impartial, le médiateur, tente à travers l'organisation d'échanges entre les parties de leur permettre de confronter leurs points de vue et de rechercher avec son aide une solution au conflit qui les oppose », explique Jean-Pierre Bonafé-Schmitt, chercheur en médiation sociale et scolaire[17]. Il ne s'agit donc en aucun cas d'une alternative à la sanction, mais surtout d'empêcher un phénomène de représailles. Le médiateur a pour mission, par son écoute active et empathique, par sa capacité à questionner et à reformuler, d'accompagner les personnes à passer d'un statut de victime à un statut d'acteur. Les enseignants ne doivent pas concevoir l'instance de médiation comme une perte de leur autorité ou de leur territoire, elle nécessite un savoir-faire pour lequel ils ne sont pas formés.

Des leaders négatifs devenus positifs

La médiation « par les pairs », champ le plus développé aujourd'hui, notamment aux États-Unis, consiste à former des élèves par des professionnels pour qu'ils deviennent les médiateurs de leur établissement. En France, les premières expérimentations remontent à 1993. Un collège ou lycée « sensible » a toujours intérêt à mettre en place un tel dispositif qui n'a rien de lourd : 20 à 25 élèves, choisis par l'équipe pédagogique, le plus souvent en dehors des délégués de classe, et pour certains d'entre eux parmi les élèves « violents » pour transformer à terme des leaders négatifs en leaders positifs. Une formation et une supervision par des professionnels les accompagnent tout au long de l'année. La formation comprend douze heures de sensibilisation et quatre heures d'apprentissage de la reformulation, un exercice qui représente le cœur du travail d'un médiateur. Sur le plan pratique, des ateliers peuvent être envisagés entre midi et quatorze heures, ou on peut bloquer une

17- J.-P. Bonafé-Schmitt, *La Médiation scolaire par les élèves*, ESF, 2000.

cession sur trois demi-journées après la rentrée, avant les vacances de la Toussaint et avant celles de Noël. Au bout de trois mois, les résultats sont déjà sensibles sur les résultats scolaires et les comportements.

BIBLIOGRAPHIE

Ouvrages généraux

- P. Béranger, J. Pain, « L'Autorité et l'école, fin de système », *Ville, École, Intégration*, n° 112, mars 1998.
- F. Dubet, *Le Déclin de l'institution*, Seuil, 2002.
- M. Hirschorn, *L'Ère des enseignants*, Puf, 1993.
- G. Leclerc, *Histoire de l'autorité*, Puf, 1996.
- D. Marcelli, *L'Enfant, chef de la famille. L'autorité de l'infantile*, Albin Michel, 2003.
- P. Meirieu, *Lettre à un jeune professeur*, ESF, 2005, 4e éd. 2016.
- P. Meirieu, *Pédagogie, le devoir de résister*, ESF, 2e éd. 2008.
- E. Prairat (dir.), *L'Autorité éducative : déclin, érosion ou métamorphose*, Presses universitaires de Nancy, 2010.
- B. Rey, *Discipline en classe et autorité de l'enseignant. Éléments de réflexion et d'action*, éd. De Boeck, 2004.
- A. Van Zanten, *Dictionnaire de l'éducation*, Puf, 2008.
- J.-M. Zakhartchouk, *Enseignant : un métier à réinventer. Former les citoyens de demain*, éd. Yves Michel, 2002.

Effet maître, effet classe, effet établissement

Se référer aux travaux de :

- M. Duru-Bellat, A. Minguat et D. Meuret, chercheurs à l'IREDU (Institut de recherche sur l'éducation : Sociologie et Économie de l'éducation) sur le site : iredu.u-bourgogne.fr

Voir aussi :

- P. Bressoux, « Histoire et perspective des recherches sur l'effet-maître » *in Recherche sur l'évaluation en éducation*, L'Harmattan, 2007.
- A. Grisay, « Réflexions sur "l'effet école" » *in Recherche sur l'évaluation en éducation*, L'Harmattan, 2007.

Travail enseignant, mise en pratique des règles et discipline

- N. Allamand, C. Chosallan, *Enseignants dans la tourmente. Comment gérer les situations relationnelles stressantes*, Retz, 2005.
- Y. Baunay, M. Cahouet, G. Grosse, M. Olivier, D. Rallet, *Le Travail enseignant. Le visible et l'invisible*, Syllepse, 2010.
- C. Cungi, *Savoir gérer son stress en toutes circonstances*, Retz, 2006.
- A. Davisse, J.-Y. Rochex, « *Pourvu qu'ils m'écoutent* ». *Discipline et autorité dans la classe*, CRDP de Créteil, 2001.
- B. Defrance, *Sanctions et discipline à l'école*, La Découverte, 2003. Le site de Bernard Defrance, professeur de philosophie dans un lycée technique, et personne-ressource dans le domaine de la pédagogie, fourmille d'informations : bernard-defrance.net

- C. Gauthier, J.-F. Desbiens, S. Martineau, *Mots de passe pour mieux enseigner*, Les Presses de l'université Laval, 2003.
- F. Hervieu, « 11 règles d'or pour éduquer sans punir », *Top Famille Magazine,* n° 66, mars 2006.
- B. Robbes, *L'Autorité éducative dans la classe. Douze situations pour apprendre à l'exercer*, ESF, 2016.
- M. Tardif, C. Lessard, *Le Travail enseignant au quotidien. Expérience, interactions humaines et dilemmes professionnels*, Les Presses de l'université Laval, 1999.

Ritualisation

- B. Andrieu, *Corps, peau, silences, dans l'enseignement*, Scéren/CNDP, 2003.
- P. Baranger (dir.), *Cadre, règles et rituels dans l'institution scolaire*, Presses universitaires de Nancy, 1999.
- S. Briquet-Duhazé, F. Quibel-Périnelle, *Les Rituels à l'école maternelle. De la petite section à la grande section*, Bordas/SEJER, 2006.
- F. Hervieu, *Une boussole pour la vie. Les nouveaux rites de passage*, Albin Michel, 2005.

Maîtriser l'espace temps de la classe

- G. Boussou, P. Rossano, F. Richaudeau, *Oser changer l'école*, Albin Michel, 1996.
- N. Catheline, *Psychopathologie de la scolarité,* coll. « Les âges de la vie », Masson, 3e éd. 2012.
- N. Catheline, V. Bedin, *Les Années-collège, le grand malentendu*, Albin Michel, 2004.
- C. Pujade-Renaud, *Le Corps de l'enseignant dans la classe*, L'Harmattan, 2005.

Faire face à la violence

- J-P. Bellon, B. Gardette, *Harcèlement et brimades entre élèves. La face cachée de la violence scolaire*, Fabert, 2010.
- J.-P. Bonafé-Schmitt, *La Médiation scolaire par les élèves*, ESF, 2000.
- C. Blaya, *Les Ados dans le cyberespace : prises de risques et cyberviolences*, De Boeck, 2013.
- E. Debarbieux, *Violence à l'école. Un défi mondial*, Armand Colin, 2006.
- J. Delalande, *La Récré expliquée aux parents*, Louis Audibert, 2003.
- D. Favre, *Transformer la violence des élèves*, Dunod, 2007.
- B. Mabilon-Bonfils, *L'Invention de la violence scolaire*, Erès, 2005.
- P. Merle, *L'Élève humilié, l'école un espace de non-droit ?*, Puf, 2005.
- D. Olweus, *Violences entre élèves, harcèlements et brutalités. Les faits, les solutions*, ESF éditeur, coll. Pédagogies recherche, 1999.
- M. B. Rosenberg, *Les mots sont des fenêtres. Initiation à la communication non violente*, La Découverte, 2005.

Connaître
les élèves et leurs familles

Chapitre II

L'autorité de l'enseignant s'appuie en priorité sur sa rigueur professionnelle. L'une des dimensions essentielles de cette rigueur est la capacité d'adapter son mode de transmission du savoir aux différents publics auxquels l'enseignant est susceptible de s'adresser.

1- QUI SONT LES ÉLÈVES ?

Psychologie élémentaire de l'enfant

Toutes nos connaissances sur la psychologie de l'enfant sont encore aujourd'hui fortement marquées par les travaux du psychologue Jean Piaget. Par sa célèbre théorie des stades du développement de l'intelligence, il a montré que devenir intelligent c'est d'abord accepter la permanence de l'objet, que l'objet continue d'exister même quand on ne le perçoit plus (stade sensori-moteur chez le bébé jusqu'à 2 ans). Ensuite, il s'agit pour l'enfant de classer les objets (stade des opérations concrètes, jusqu'à 12 ans). Et enfin de raisonner sur des idées (stade des opérations formelles chez l'adolescent). Cette théorie renvoie au modèle de l'escalier où chaque marche correspond à un progrès, à un stade bien défini de l'intelligence. Or, les recherches récentes tendent à prouver que le principe de l'escalier, s'il reste opérant, n'est pas le seul mode de fonctionnement possible du cerveau de l'enfant.

Le développement, jusqu'à l'âge adulte compris, est, comme le rappelle Olivier Houdé[1], professeur de psychologie cognitive à l'université Paris V, « jalonné d'erreurs, de biais perceptifs, de décalages inattendus et d'apparentes régressions cognitives. (...) L'intelligence avance de façon tout à fait biscornue ! » Et de citer les travaux du chercheur Robert Siegler qui propose de concevoir le développement de l'enfant comme « des vagues qui se chevauchent ». Selon cette métaphore, chaque stratégie cognitive est comme une vague qui approche d'un rivage, avec plusieurs vagues (ou « façons de penser ») susceptibles de se chevaucher à tout moment. La hauteur de chaque vague (la fréquence d'usage des façons de penser) change continuellement et des vagues différentes sont proéminentes à des

1- O. Houdé, *La Psychologie de l'enfant*, Puf, nouvelle édition. 2015. Voir aussi M. Fournier, R. Lecuyer (dir.), *L'Intelligence de l'enfant.*, éd. Sciences Humaines, coll. « PBSH », 2009.

moments différents. Un fonctionnement d'ailleurs confirmé par les observations de nombreux professeurs des écoles.

Psychologie élémentaire du préadolescent et de l'adolescent

« L'entrée au collège engendre un véritable big bang identitaire: durant quatre ans, l'enfant subit toutes sortes de métamorphoses, tant dans son corps que dans sa tête. Ces bouleversements sont source d'énormes tensions exacerbées par le nouveau statut social qu'il acquiert lors de son entrée au collège. Premiers bouleversements: la croissance et la puberté. Le jeune adolescent est soumis alors à des transformations corporelles incessantes (qui) constituent un facteur de déstabilisation permanent pour lui. (...) Pour conjurer cette impression d'étrangeté à soi-même, l'adolescent essaye des styles, des looks différents,(...) des identités provisoires[2]. »

L'apparition des premiers signes de sexualisation, poursuit N. Catheline, modifie fortement les relations avec les parents. « Désormais, c'est l'adolescent qui va vouloir gérer la relation. Pour se construire, il doit quitter ses repères antérieurs et abandonner les modèles parentaux. Les spécialistes parlent du processus de séparation-individuation. L'adolescent commence à prendre de la distance, au sens propre comme au figuré. »

Un adolescent se construit ainsi en s'opposant à l'autorité des adultes, mais cela ne veut pas dire qu'il n'a plus besoin de la sécurité que ceux-ci lui apportent, au contraire. Il se réfère régulièrement à un groupe d'appartenance qui le sécurise et lui permet d'apprendre la vie sociale. Cette nouvelle « famille » lui dicte souvent certaines conduites (codes vestimentaires, piercings, tatouages, etc.).

Il est souvent mal à l'aise dans son corps. Son image change, son corps se sexualise, il ne le reconnaît plus et le maîtrise mal (gestes démesurés, maladresses, embarras et tentative pour en cacher certaines parties, etc.). Il est submergé, à la puberté, par un trop-plein d'excitations nouvelles et de pulsions de toutes sortes, notamment sexuelles, qu'il ne peut ni toujours contrôler ni vraiment assouvir. Il est traversé de nombreuses angoisses qui l'obligent souvent à se réfugier soit dans une activité sportive extrême, soit dans un intensif investissement intellectuel, soit dans des conduites à risques (anorexie, drogue, exposition au danger, etc.).

2- N. Catheline, V. Bedin, « Les tempêtes de l'adolescence », *in Qu'est-ce que l'adolescence ?*, éd. Sciences Humaines, 2009.

Collège
lycée

Santé, pratiques culturelles et comportements des adolescents

➤ **85 % des adolescents se disent bien dans leur peau ;**

➤ **60 % des jeunes pratiquent un sport en dehors de l'école**, et 46 % en club ;

➤ Un jeune sur deux a participé à une manifestation dans l'année quelle qu'en soit la cause ;

➤ Un lycéen sur cinq a exercé un emploi en cours d'année scolaire ;

➤ Entre 11 et 20 ans, les jeunes lisent des magazines people et des romans de lolitas pour les filles, et plutôt des titres sportifs pour les garçons. Les mangas, bandes dessinées d'origine japonaise, sont également plébiscités avec 12 millions d'exemplaires annuels vendus en France. Ils lisent également des romans : *Harry Potter, Eragon, Chroniques de Narnia, Twilight*...

➤ **Ils sont très équipés technologiquement** et vivent de plus en plus en réseau : par exemple, avec plus de 26 millions de blogs actifs, la radio Skyrock est la première plate-forme de blogs en France ; 30 millions de Français utilisateurs du réseau Facebook **; 90 % des 13-19 ans vont sur Internet une fois par jour ;**

➤ **Appelés digital natives » ou « génération Y »**, ils ne lisent que 5 livres par an mais... lisent 5000 pages Web par an, écrivent 500 mails par mois et font 50 recherches sur Google par jour.

➤ Un jeune de 18 ans sur trois déclare avoir participé à un « événement techno » (fêtes appelées *raves* ou *free parties*) ;

➤ **L'âge du premier rapport sexuel** atteint, filles et garçons confondus, les 17 ans ½ en France. Les relations hétérosexuelles sont le plus souvent uniques avant l'âge de 14 ans (6 % pour les garçons et 3 % pour les filles), et elles deviennent régulières à partir de 18 ans pour 33 % des garçons et 38 % des filles ;

➤ **L'âge moyen de la première cigarette** se situe aujourd'hui à 11,3 ans et on dénombre 50 % de fumeurs réguliers chez les 14-19 ans. 92 % des 15-24 ans ont consommé du tabac dans le dernier mois ;

➤ Les 15-24 ans sont 80 % à avoir consommé de l'alcool au cours du mois écoulé. Les 14-19 ans sont aussi 60 % à reconnaître avoir déjà été ivres. Enfin, l'âge moyen de la première ivresse est de 15 ans et demi ; le *binge drinking* (jusqu'à la défonce) commence aussi à se développer ;

➤ Les 15-16 ans sont 38 % à avoir déjà essayé le cannabis ;

➤ 10 % des ados souffrent de troubles des comportements alimentaires ;

➤ On recense 40 000 à 50 000 tentatives de suicide par an.

! L'adolescent est très souvent marqué par l'exacerbation du sentiment et le paradoxe : irresponsabilité et désir d'autonomie, demande de protection et prise de risques, idolâtrie de certains modèles et provocation des adultes, etc. L'adulte responsable doit donc à la fois le prendre au sérieux et le considérer comme une personne, mais en même temps ne jamais prendre ce qu'il dit ou fait au pied de la lettre et résister aux provocations.

Les jeunes générations sont sujettes à un certain conformisme…

Sur le plan de la réussite scolaire : Les bons élèves sont souvent taxés de « bouffons » ou d'« intellos », et doivent, sous peine de se voir exclus du groupe, faire profil bas en refusant de montrer leur intérêt pour les cours et la scolarité. Comme le confirme le sociologue François Dubet : « Celui qui est "grand" dans le domaine scolaire est jugé "petit" dans l'univers de l'adolescence, puisque, plus on se plie aux attentes des adultes, plus on est "petit" ».

Sur le plan des préférences culturelles : Notamment au lycée, où pression du groupe et normativité influent fortement sur les choix individuels.

Comme l'analyse la sociologue Dominique Pasquier[3], « le refus du téléphone portable ou d'Internet prend des allures d'anomalie sociale (...), il est fort difficile de vivre positivement la moindre différence ». Et la sociologue de citer Hannah Arendt : « Affranchi de l'autorité des adultes, l'enfant n'a donc pas été libéré, mais soumis à une autorité bien plus effrayante et vraiment tyrannique : la tyrannie de la majorité[4]. »

Ce conformisme est vrai dans tous les domaines : Pascal Lardellier, qui étudie les pratiques numériques des jeunes, constate que « les technologies d'information et de communication évoluent, mais qu'elles restent, quand même, un creuset de conformisme, de conformation à un modèle dominant, et de confirmation de différences que d'aucun(e) s nomment inégalités…[5] »

3- D. Pasquier, *Cultures lycéennes. La tyrannie de la majorité*, Autrement, 2005.

4- H. Arendt, *La Crise de la culture*, Gallimard, 1989.

5- P. Lardellier, « Filles et garçons à l'heure d'Internet », *in Qu'est-ce que l'adolescence ?*, éd. Sciences Humaines, 2009.

2- LES REPRÉSENTATIONS MENTALES DES ÉLÈVES

Quel que soit leur univers de départ, les élèves ont tous plus ou moins les mêmes représentations mentales sur l'école et les enseignants.

L'obligation scolaire pour les élèves

Notre culture scolaire est en partie anxiogène ; les élèves développent très tôt une série d'angoisses et d'inquiétudes liées au monde de l'école qu'ils peuvent conserver jusqu'à la fin de leur scolarité. Ils ont, tout à la fois, peur de décevoir leurs parents, d'être ridiculisés devant leurs camarades, de rater le contrôle ou l'examen, de se retrouver en échec scolaire durable, d'être renvoyés de l'établissement, de certains profs sévères ou exigeants.
Notre culture privilégie en général l'épanouissement de la personnalité à celui du groupe ; chaque élève a avant tout un profond besoin de respect et de reconnaissance. En effet, les élèves « fonctionnent à l'affectif » (comme s'en plaignent souvent les profs), c'est-à-dire qu'ils ont besoin « d'être aimés » ou « d'aimer » leur prof.
Les élèves perçoivent l'établissement scolaire comme un lieu de vie où se jouent, pendant la récréation et les heures de permanence, les premières camaraderies, les relations interpersonnelles, les premiers flirts... Les élèves pensent qu'ils produisent du travail scolaire pour des raisons extérieures à eux-mêmes, par exemple pour plaire à leurs parents ou à leurs professeurs. Ils sont rarement conscients du fait qu'ils travaillent pour eux-mêmes.
L'absentéisme est une des techniques employées par les élèves pour éviter les profs qui les « ennuient ». Ils sont en effet 25 % selon une enquête de l'AFEV à s'ennuyer souvent voire tout le temps à l'école primaire, et 71 % au collège. Leur attitude de consommateurs d'école les conduirait volontiers à choisir leurs cours à la carte : une heure d'histoire-géographie parce que le prof « ne nous assomme pas de travail », une heure de lettres parce que le prof « est passionnant », une heure de maths parce que le prof « explique bien », une heure d'allemand parce que le prof « ne pense pas qu'aux notes », etc.
http://www.lemonde.fr/societe/article/2010/09/22/echec-scolaire-une-enquete-revele-la-souffrance-des-eleves-des-quartiers-populaires_1414803_3224.html

Qu'est-ce qu'un bon prof pour les élèves ?

« Je ne comprenais presque rien et je vous posais toujours beaucoup de questions, trop même, et comme vous êtes patiente, vous m'avez expliqué sans vous énerver, soit en faisant des dessins au tableau, soit en m'expliquant avec des mots simples (...). Vous avez une telle façon de faire apprendre à vos élèves, que même les plus mauvais arrivaient à comprendre la leçon. (...) Quand on commettait une faute quelconque dans nos exercices et nos devoirs, vous ne vous contentiez pas seulement qu'on la corrige bêtement, mais vous nous l'expliquiez

Pour les élèves, le bon prof est compréhensible

- il explique bien, a des talents d'orateur et sait transmettre sa passion
- il connaît bien le contenu de sa leçon ou de son cours
- il a une idée claire du chemin qu'il veut faire parcourir à ses élèves
- il utilise des supports diversifiés comme Internet ou la vidéo
- il sait mettre sa leçon en lien avec les centres d'intérêt des élèves
- il sait contrôler la temporalité et le rythme de son cours pour éviter l'ennui.

Pour les élèves, le bon prof est compréhensif

- il ne laisse aucun élève à la traîne
- il s'adresse à la fois à tous et à chacun
- il corrige d'une façon qui permet de progresser
- il exerce une juste autorité et ses cours ne connaissent pas de problèmes de discipline
- il a de vraies qualités humaines comme l'humour et la disponibilité
- il sait éveiller l'esprit critique.

(Olivier Maulini, « Le "bon maître". Compréhensible et compréhensif », *Journal de l'Institut Jacques-Dalcroze*, n° 11,1998.)

tellement bien, qu'à la fin, on se demandait pourquoi on avait fait cette faute », explique un jeune garçon de 12 ans à son enseignante de primaire.

Collège

La France pays le plus inégalitaire de l'OCDE !

Les enquêtes Pisa (Programme international pour le suivi des acquis des élèves) : depuis 2000, l'Organisation de coopération et de développement économiques (OCDE) a mis en place un dispositif d'évaluation destiné à comparer les compétences des jeunes de 15 ans. Les résultats de la dernière enquête Pisa 2016 sont connus à la fin 2016.

« En 2013, plus de 510000 élèves originaires de 65 pays ont été soumis à des épreuves portant sur la compréhension de l'écrit, la culture scientifique, la culture mathématique et la résolution de problèmes. Résultats pour la France, en mathématiques, la part des élèves très performants est restée stable par rapport à 2003 (13 %), mais la proportion d'élèves en difficulté s'est, elle, envolée (22,4 %). En compréhension de l'écrit et en sciences, les deux autres champs d'investigation de Pisa, les élèves français ne sont guère plus brillants. Ils se situent soit dans la moyenne, pour les sciences, soit à peine au-dessus, pour la lecture. Plus qu'ailleurs et plus que par le passé, les origines sociales pèsent sur la réussite scolaire. C'est en France entre un cinquième et un quart des résultats des élèves en mathématiques (22,5 %) qui sont directement imputables aux origines socio-économiques, contre 15 % en moyenne dans l'OCDE. De plus, le système français est encore plus discriminant pour les enfants issus de l'immigration, qui affichent des scores en mathématiques inférieurs de 37 points à ceux des autres jeunes, soit presque l'équivalent d'une année d'étude de perdu ! Enfin, les français se distinguent par leur peur caractérisée de la faute, un phénomène déjà remarqué dans l'enquête précédente de 2003 : les élèves, quel que soit leur niveau, en craignant de répondre faux, préfèrent ne pas répondre du tout.[6] »

Déconstruire les stéréotypes de genre

La transmission des valeurs d'égalité et de respect entre les filles et les garçons, les femmes et les hommes, est une des missions essentielles de l'enseignement. En effet, les inégalités de traitement, de réussite scolaire, d'orientation et de carrière professionnelle demeurent bien réelles entre filles et garçons. Les pratiques ordinaires dans la classe constituent des phénomènes souvent sexués, sans que les élèves et aussi les enseignants eux-mêmes en aient nécessairement conscience.

Pour lutter contre les stéréotypes :
http://www.familles-enfance-droitsdesfemmes.gouv.fr/category/prevention/

Pour trouver votre référent académique « égalité fille-garçon » :
https://www.reseau-canope.fr/outils-egalite-filles-garcons/le-reseau-national-des-charge-e-s-de-mission-academiques-egalite-filles-garcons.html

Pour le rapport « Filles et garçons sur le chemin de l'égalité, de l'école à l'enseignement supérieur » :
http://cache.media.enseignementsup-recherche.gouv.fr/file/2015/77/4/FetG_2015_407774.pdf

6- oecd.org/pisa/keyfindings/PISA-2012-results-france.pdf

3- COMMENT ENTRER EN RELATION AVEC LES ÉLÈVES ?

En début de carrière, on est souvent jeune et le décalage d'âge avec ses élèves n'est pas énorme. Bon nombre d'entre eux considèrent alors le prof comme un jeune parmi d'autres. Ils le regardent comme une personne plutôt que comme un représentant du savoir. C'est surtout vrai au collège et au lycée.

Se construire une perception objective des élèves

L'enfance est tout sauf une période calme. Au fur et à mesure de son développement, l'enfant traverse de nombreux conflits, et son principal « travail » consiste à les dépasser. Aux alentours de 4-5 ans, il doit affronter le conflit œdipien, où il adresse son amour au parent de sexe opposé et son agressivité au parent de même sexe. Toute la gestation de cette période difficile tient dans sa capacité à intégrer l'interdit de l'inceste. Essentielle pour sa vie personnelle, cette acceptation a aussi des incidences directes sur son travail scolaire, car elle « permet à l'enfant de se situer dans la lignée des générations et de s'inscrire dans le temps de ceux qui l'ont précédé et qui lui succéderont. Par cette prise de conscience de la temporalité, les liens logiques et les liens de causalité lui seront plus accessibles », précise Marc Edouard, formateur en relations humaines. Vers 7 ans, suite à l'apaisement de ce conflit œdipien, l'enfant entre dans une « période de latence » (âge de raison) à partir de laquelle il peut mieux se concentrer et raisonner en classe.
La préadolescence et l'adolescence sont des périodes principalement orientées vers la quête de soi. Fragilisation de l'estime de soi, difficulté d'être et long chemin pour intégrer le monde des adultes sont au rendez-vous de cette traversée. Bref, l'élève est aussi une personne qui doit avant tout faire progressivement le deuil de l'enfance, la découverte de la sexualité, la gestion de son apparence, la construction de son identité.
Autant de « grands chantiers » qui entrent en concurrence avec celui de l'école et des apprentissages.

Éviter les clichés ou les représentations hâtives

Le premier piège dans lequel tout enseignant tombe en début de carrière consiste à croire que ses élèves ressemblent à l'élève qu'il était lui-même quand il allait à l'école. Mais les souvenirs peuvent être trompeurs :

– D'abord parce qu'ils datent d'il y a au moins cinq ans, et, même si beaucoup de jeunes profs sont assez proches en âge de leurs élèves, le contexte social et culturel de la nouvelle génération s'est quelque peu modifié. Les établissements scolaires ne sont plus les lieux uniques de l'apprentissage. Les élèves sont aujourd'hui plus qu'hier sollicités en permanence par des types d'informations multiples et divers ; l'enseignant est un émetteur parmi d'autres, quand il était auparavant le détenteur du savoir de référence ;
– Ensuite parce que les profs ont un passé scolaire de bon élève pour 18 % d'entre eux, de très bon élève pour 54 %. Ils sont en outre pour la plupart issus de l'enseignement général : 42 % proviennent de la série S, 34 % de la série L et 19 % de la série ES. Ce profil homogène ne correspond pas au public global hétérogène auquel les profs ont affaire. Beaucoup ne comprennent pas l'attitude d'indifférence ou de rejet de l'école d'une majorité d'adolescents parce qu'ils ne l'ont pas eue lorsqu'ils étaient eux-mêmes élèves. Alors que cette attitude a toujours existé.

Établir une relation simple et claire

Formuler ses attentes sur la vie scolaire. Si l'on en voit la nécessité, on peut distribuer en début d'année une petite fiche avec ses attentes à l'égard des élèves : la présence en cours ; le respect de la parole des autres ; un savoir vivre en communauté ; une implication dans les apprentissages ; etc.
Formuler ses attentes sur le travail scolaire. « On a l'impression que ce n'est plus à la mode de faire des efforts pour comprendre un cours difficile ou réviser les leçons chez soi. J'ai de nombreux élèves, y compris parmi les terminales scientifiques, qui ne voient pas l'intérêt de se donner la peine d'obtenir une formation solide en venant au lycée », regrette Anne-Marie Bidoret, enseignante de biologie au lycée de Borda à Dax. Les enseignants sont très sensibles aux élèves capables de fournir un effort. Ils se montrent plus réceptifs à l'effort qu'à une performance ou à un bon résultat. On peut faire comprendre à ses élèves l'importance de l'effort : accepter de ne pas savoir, chercher seul sans aide, réessayer sans relâche, passer par des moments désagréables de doute ou d'erreur, renoncer à un plaisir immédiat pour obtenir une plus grande satisfaction à moyen terme. Les élèves efficaces ne négligent pas l'effort. Ce sont ceux qui parviennent à dépasser le déséquilibre créé par le fait de ne pas savoir.

Établir une grammaire relationnelle pour bien vivre avec les élèves

Oser se définir devant les élèves. Sans en abuser, et sans dévoiler son intimité et sa vie privée, en restant sur un champ professionnel, en le faisant à travers ses missions, on a le droit d'exprimer aux élèves qui l'on est, ce que l'on éprouve, ce que l'on ressent. Il s'agit d'apparaître comme une personne, de « donner chair » au personnage du prof, sans pour autant tomber dans le copinage. C'est l'équilibre entre affect et autorité dont les enfants et surtout les adolescents ont besoin.

Exprimer certains sentiments face aux élèves. Dans certaines situations, il est préférable d'apprendre à dire : « Je me sens triste lorsque je constate ton peu de réussite malgré tes efforts », ou encore : « Je suis en colère quand je vous vois agresser tel camarade. » Ces phrases sont efficaces car l'élève ne les prend pas comme un jugement sur lui, mais comme une implication directe du prof. Et s'impliquer par rapport à ses élèves, c'est, à terme, les amener à s'impliquer davantage par rapport à soi.

Parler de soi à l'autre au lieu de parler de l'autre. Au lieu de se plaindre à un collègue d'un élève qui perturbe son cours et n'évoquer que cet élève, mieux vaut parler plutôt de soi. Il peut être bénéfique de demander au collègue son avis sur sa propre perception de l'incident ou sur son éventuelle part de responsabilité. Exprimer ses difficultés, ses blocages, ses impasses, pour aider son interlocuteur à trouver une issue et répondre à la question que tous les enseignants se posent : « en quoi est-ce de ma faute ? »

Pour créer des liens de qualité avec les élèves, on peut consulter le site d'un professeur québécois en classe d'adaptation : http://gestiondeclasse.ca/index.htm

De l'art de manier les éloges

Pour qu'un compliment ou un éloge soit efficace, il doit porter sur un effort ou un succès précis. Il doit être exprimé pour reconnaître la difficulté d'une tâche effectuée ou d'une leçon apprise ; il peut aussi souligner le chemin parcouru et la valeur que cette progression prend à ses yeux.

4- LA BONNE DISTANCE AVEC LES ÉLÈVES

Entre indifférence totale et préférence marquée à l'égard de certains élèves, l'enseignant doit trouver un juste milieu. Sans jamais tomber dans l'affect, il peut conserver une certaine proximité avec les élèves tout en restant campé à sa place d'adulte.

De l'usage raisonné des affects en classe

La bonne distance :

– C'est se montrer capable d'être suffisamment proche de ses élèves sans en faire trop, sans chercher à se faire aimer, tout en restant bien à sa place hiérarchique d'adulte ;
– C'est installer la différence de génération symbolique et refuser de régresser vers son adolescence ;
– C'est modérer sa relation de fascination avec l'élève chouchou et de répulsion avec l'élève tête à claques ;
– C'est prendre conscience que l'on est exposé en permanence aux projections de ses élèves et apprendre à se protéger de ces charges, positives ou négatives, mais toujours trop lourdes à porter ;
– C'est reconnaître ses affects, les identifier et pouvoir maîtriser ses émotions en classe en cherchant à comprendre ses propres projections à l'égard des élèves ;
– C'est simplement connaître la vie de l'élève, sans entrer dans les détails, et pouvoir lui signifier que l'on est au courant, sans en rajouter, notamment quand un drame familial vient de survenir ;
– C'est savoir, quand il le faut, dialoguer avec les parents ;
– C'est savoir passer le relais aux autres professionnels dans l'établissement ou en dehors de l'établissement, au bon moment, quand cela ne relève plus de sa compétence ;
– C'est soi-même avoir le courage de faire appel à des professionnels (Points écoute, groupes d'analyse des pratiques, groupes de soutien au soutien, groupes Balint, etc.) quand son professionnalisme se voit remis en cause par un élève ou une classe, ou quand on craint de ne plus être à sa place comme prof.

école

Élaborer un sociogramme

Pour les enseignants du primaire, le sociogramme consiste en une photographie, à un moment donné, des relations qui existent entre les différents élèves de sa classe. Il permet d'optimiser l'efficacité de certains cours, notamment lors de travaux de groupes, en jouant sur la dynamique relationnelle.

Collège
lycée

Comment réagir face aux confidences d'un élève ?

Un élève qui ose franchir le mur du silence et fait l'effort de confier un secret personnel à l'enseignant a toutes les chances d'être sincère. Les cas de fabulation concernant des souffrances tragiques restent rares. Il est recommandé de le prendre au sérieux sans prendre toutes ses allégations à la lettre. L'enseignant n'est pas un psychologue et a intérêt à ne pas entrer dans le détail d'une confidence. La bonne position consiste à s'en tenir à un juste milieu entre entendre l'appel au secours de l'élève et respecter le secret qu'il demande le plus souvent.
Il faut veiller à ne jamais laisser l'élève sans réponse :

– En cas de maltraitance dans la famille (violences physiques, actes de cruauté, abus sexuels), on peut recommander à l'élève de prendre un rendez-vous avec l'assistante sociale qui fera les démarches. On peut engager soi-même une procédure de signalement au procureur de la République. On le fera, en prévenant sa hiérarchie, et avec l'accord de l'élève, en ayant pris soin de préciser à ce dernier qu'il a un droit absolu au respect de son corps, et que l'on ne peut garder le secret. La loi oblige tout adulte à porter assistance à une personne en danger.
(Contact : le 119, numéro vert, permet aux enfants de signaler eux-mêmes les mauvais traitements dont ils sont victimes.)

– En cas de grossesse ou d'infection par le VIH... il faut orienter l'élève vers l'infirmière scolaire et/ou le planning familial.
(Contact : Mouvement français pour le planning familial, Tél. : 01 42 60 93 20, planning-familial.org) Sur ce site, l'élève peut poser une question à une conseillère et obtenir une réponse personnelle et confidentielle dans les sept jours. S'il y a urgence, on peut joindre Sexualité-Contraception-IVG au : 0 800 08 11 11 (appel gratuit).

– Si un élève fait part de problèmes financiers liés aux difficultés sociales de ses parents, il faut l'orienter vers l'assistante sociale qui peut lancer des procédures d'obtention de bourses, ou faire appel au fonds social collégien ou lycéen (pour le matériel ou l'équipement scolaire), voire utiliser le fonds d'aide à la restauration (pour payer les frais de cantine).

– Enfin, si l'élève se confie sur un plan plus personnel et manifeste un besoin d'aide psychologique, on peut l'orienter vers le CPE, l'infirmière scolaire ou encore lui conseiller de se rendre à un Espace Ecoute Jeunes dont certains sont situés en collège ou en lycée.

La réforme des rythmes à l'école primaire

Le constat est connu depuis de nombreuses années: les élèves français sont parmi ceux des pays développés qui ont le moins de jours de classe et donc le plus de vacances, mais aussi le plus d'heure de cours. Ainsi de nombreux points font l'unanimité en France: la journée est trop longue et fatigante, l'amplitude est trop longue pour les plus jeunes, les temps d'apprentissage ne prennent pas en compte les temps de concentration optimale et les temps de moindre vigilance, les pauses méridiennes sont tronquées, les services de restauration trop courts.

La réforme des rythmes à l'école primaire s'est généralisée à la rentrée 2014-2015. Les nouveaux rythmes scolaires ont, avant tout, un objectif pédagogique: mettre en place une organisation du temps scolaire plus respectueuse des rythmes naturels d'apprentissage et de repos des enfants afin de favoriser la réussite de tous à l'école primaire. Les nouveaux rythmes scolaires conduisent ainsi à une meilleure répartition des heures de classe sur la semaine, à un allègement de la journée de classe de 45 minutes en moyenne et à la programmation des séquences d'enseignement aux moments où la faculté de concentration des élèves est la plus grande.

Ils permettent également une meilleure articulation des temps scolaire et périscolaire: les élèves peuvent accéder à des activités culturelles, artistiques ou sportives et demeurent pris en charge au minimum jusqu'à l'heure actuelle de fin de la classe (16 h 30 dans la plupart des écoles) si leurs parents le souhaitent.

Les préconisations générales se la réforme sont les suivantes:

- revenir à une semaine de quatre jours et demi, avec une priorité au mercredi matin scolarisé
- avoir une approche globale du temps de l'enfant prenant en compte la nature des trois temps qui composent les 24 heures de la journée, à savoir les temps familiaux, les temps scolaires et les temps récréatifs, sociaux, associatifs, sportifs, artistiques, culturels passés en dehors de la famille et de l'École
- tendre vers un système d'alternance régulière des plages scolaires et des périodes de vacances. À cet égard, l'alternance dite « 7-2 », c'est-à-dire sept semaines de classe suivies de deux semaines de vacances, fait globalement consensus
- penser l'école comme un lieu de vie et d'éducation, au-delà du lieu essentiel d'instruction qu'elle constitue

Enfin, la parution au B.O. du 21 mars 2013 de la circulaire 2013-036 consacrée à la définition du projet éducatif territorial (PEDT) ouvre la voie à l'écoute et au dialogue de tous les partenaires éducatifs afin d'aboutir à une offre éducative cohérente et complémentaire, permettant aux équipes enseignantes de connaître et d'être partie prenante des décisions locales concernant la prise en charge éducative de l'enfant.

Pour en savoir plus :
http://cache.media.education.gouv.fr/file/02_Fevrier/52/9/2013_rythmesco_guidel_elus_bdef_240529.pdf

5- MOTIVER SES ÉLÈVES

La grande majorité des élèves ont envie de savoir et soif d'apprendre. Pour que cette motivation originelle ne s'amenuise pas, l'enseignant a pour fonction de faire comprendre à l'élève le sens de ce qu'il apprend, de ce qu'il fait. Un élève est réellement motivé s'il sent que le travail qu'il doit accomplir est important pour lui. Rien de tel donc, pour l'enseignant, que d'arriver à construire des situations où l'élève prend des initiatives, où il prend des décisions sur ce qu'il va apprendre. Et comme le rappelle Anne Barrère : « La recherche d'intensité entraîne une nouvelle problématisation possible de la motivation scolaire. L'enseignant est, ou doit être source d'énergie, il doit aussi maintenir l'intensité grâce à différentes ambiances. »

Comment fonctionne la motivation ?

Toute activité de transmission fait appel à quatre besoins psychologiques de base :
– le besoin d'information : être informé avec précision sur l'ensemble des activités scolaires ;
– le besoin de progression : faire mieux à chaque nouvelle leçon ;
– le besoin de reconnaissance : être considéré et encouragé à période régulière ;
– le besoin de s'exprimer : pouvoir s'exprimer librement sur l'ensemble des activités scolaires.

Conseils pour motiver ses élèves

Commencer par épanouir sa propre motivation. Il faut soi-même se montrer convaincu de l'importance de ce que l'on propose en classe pour pouvoir communiquer sa motivation ;
Chercher ensuite à sécuriser les élèves en leur donnant le cadre précis de travail et le sens de la leçon à chaque cours ; créer un climat de confiance entre enseignant et élèves alliant, côté prof : bienveillance, patience, justice ; et côté élève : prise de risque avec droit à l'erreur sans couperet systématique de la sanction ;
S'appuyer sur le savoir informel de l'élève acquis à l'extérieur de l'école (télévision, Internet, groupe de pairs...) mais qui peut servir de point de départ d'un cours ;
Donner des responsabilités aux élèves, même ponctuelles ;
Mettre l'accent, chaque fois que possible, sur l'utilité d'un apprentissage, surtout dans le cas de savoir-faire transférable (par exemple : savoir se servir d'un mode d'emploi) ;

Toujours penser à donner des exemples vivants ou des illustrations parlantes de son discours ;
Présenter les difficultés comme toujours surmontables ;
Valoriser les réussites, même si elles sont minimes : un petit encouragement peut être le starter de l'apprentissage d'une leçon entière ;
Favoriser les occasions de travail en groupe : le travail en groupe permet de diffracter les tensions, de valoriser des qualités autres que celles exigées pour le travail personnel (capacités d'animation, de communication, sens de l'humour...) ;
Enfin, considérer comme une préoccupation à part entière, la recherche du bon document, du bon début de cours, du déclic qui va emporter l'adhésion de la classe.

! À éviter, sous peine de démotiver ses élèves

– Croire que le seul enthousiasme du prof suffit ;
– Abuser de la persuasion, des punitions et des récompenses ;
– Penser que le seul attrait de la nouveauté renforce l'intérêt ; d'ailleurs, trop de nouveauté déstabilise les élèves ;
– Ne pas tenir ses promesses, notamment en ne continuant pas jusqu'au bout la production prévue dans le cadre d'un projet pédagogique collectif ;
– Laisser de côté les élèves en difficulté.

Le voyage scolaire : pour une meilleure cohésion du groupe

Organiser un voyage scolaire peut être l'occasion de mieux se connaître. Déjà au primaire, mais surtout à l'adolescence, les voyages scolaires permettent la mise en œuvre de projets pédagogiques à la carte mais également de souder le groupe-classe. De nombreux enseignants témoignent de l'efficacité d'un voyage scolaire ou d'une classe transplantée dès la rentrée : effets garantis sur la cohésion du groupe et le renforcement de l'estime de soi des élèves pour l'année ! Chacun peut en effet exprimer son individualité en dehors d'un contexte de classe, ce qui lève les tensions potentielles et crée un véritable sentiment d'appartenance au groupe.

Pour l'organisation pratique d'un voyage scolaire :
http://www.loffice.org/fr/voyages-scolaires-educatifs/mode-demploi

6- PARENTS, UN MÉTIER DIFFICILE

Les parents sont tous anxieux pour la réussite scolaire de leur enfant. Ils véhiculent de nombreuses idées reçues sur l'école, attendent beaucoup des enseignants, et leur demandent parfois d'exercer un mandat en dehors de leur mission, comme sur les questions de discipline.

L'injonction paradoxale vécue par les parents

Les parents d'aujourd'hui sont, quel que soit leur milieu social, confrontés à une injonction paradoxale produite par la société contemporaine. Il leur faut respecter et épanouir la personnalité de leur enfant et simultanément le faire réussir à l'école pour lui permettre de réussir sa vie professionnelle.

Ce dilemme a deux conséquences. La première est psychologique pour toutes les familles : c'est l'anxiété de la réussite scolaire dans le respect de la « personnalité » de l'enfant.

La seconde est sociale : pour être supporté et éventuellement résolu, ce paradoxe nécessite un soutien familial intense que seules les familles culturellement privilégiées sont capables de fournir spontanément.

Ces contradictions viennent d'une évolution sociale et ne sont donc ni le fait des parents ni celui des enseignants. Mais elles traversent en permanence et faussent en partie la relation parent/professeur. Les enseignants eux-mêmes lorsqu'ils deviennent parents peuvent assez vite tendre à une certaine schizophrénie : exigeants sur l'école en tant que parents, et refusant cette exigence en tant que profs !

Comprendre l'anxiété scolaire de tout parent

Il existe quelques invariants de toute relation éducative. Il s'agit d'idées reçues, largement fausses ou partielles, mais qui composent l'inconscient de bon nombre de parents d'élèves. Il s'agit de les connaître surtout pour prendre du recul, ne pas juger certaines préoccupations et essayer de rester philosophe dans toute situation.

Ainsi, de nombreux parents :

– pénètrent très peu les murs de l'école. Ils pensent et agissent donc en fonction de l'école qu'ils ont connue quand ils étaient eux-mêmes scolarisés et ne savent pas comment fonctionne celle d'aujourd'hui ;

– ont la plupart du temps le sentiment de ne pas consacrer assez de temps à leurs enfants, y compris sur le plan scolaire ;

– partagent une inquiétude quant à l'avenir scolaire et profes-

sionnel de leur enfant, et souhaitent qu'il s'en sorte bien voire mieux qu'eux ;
– ressentent une certaine honte à se rendre dans l'établissement suite à de mauvais résultats, à des absences répétées ou à un mauvais comportement de leur enfant ;
– considèrent que le niveau d'exigence de l'école française a tendance à baisser ces dernières années, et que les méthodes pédagogiques « d'avant » étaient plus efficaces ;
– prennent souvent parti pour leur enfant, lorsqu'en cas d'incident, enseignant et élève donnent deux versions différentes des faits ;
– craignent en général, et en particulier dans les milieux sociaux défavorisés, la position d'expert de l'enseignant ainsi que l'entrée dans l'enceinte même de l'école.

Pour restaurer la confiance avec les parents, on peut leur suggérer d'accompagner la classe de leur enfant lors d'une sortie scolaire. Il s'agit pour eux d'une occasion unique de parler avec le prof de manière plus conviviale ; de plus, ils se rendront compte de l'énergie nécessaire face à un groupe de 25-30 élèves. Ceci ne peut qu'être profitable au professeur.

Quelles surprises vous réservent les familles ?

Il est possible que certains parents :
– se réfèrent au prof de l'année dernière soit comme responsable de tous les maux scolaires de leur enfant soit, au contraire, parce qu'il donnait de bien meilleures notes ;
– assènent des petites phrases assassines dans le cahier de correspondance du genre : « On ne comprend rien à vos méthodes pédagogiques ! » ;
– critiquent ouvertement le prof devant leur enfant ;
– acceptent que leur enfant ne fasse pas une punition donnée à faire à la maison ;
– refusent, par colère, de signer un contrôle quand la note est mauvaise, alors qu'il s'agit seulement pour le prof de s'assurer du bon suivi familial ;
– cherchent à marchander une note pour leur enfant ;
– s'adressent directement au chef d'établissement sans chercher à engager le dialogue avec le prof, par exemple en cas de contestation sur un bulletin ou d'une remarque de la part du prof ;
– demandent au prof de faire la discipline qu'ils ne sont plus capables d'imposer à la maison.

! Règles d'or de la communication

Il est préférable de garder la bonne distance avec les familles, de rester toujours un professionnel et de ne jamais chercher un rapport de personne à personne. Bref, ni empathie ni animosité.

La règle d'or pour privilégier une bonne entente à l'année avec les parents : expliquer clairement ce que l'on fait en classe et surtout leur montrer du respect. Ils se considèrent à juste titre comme co-éducateur avec l'enseignant. **La coéducation,** c'est l'acceptation par le milieu enseignant que l'élève bénéficie à la fois de l'apport éducatif de son milieu familial et de celui de l'équipe pédagogique. Elle implique donc un respect mutuel des acteurs, une confiance qui rassure l'enfant et autorise l'élève à s'impliquer davantage dans les apprentissages.

7- LES PARENTS : DES ALLIÉS INDISPENSABLES

« Aujourd'hui, les parents ont conquis leur place dans le système et le temps est révolu où l'instituteur devait plaider la cause du "bon élève" auprès de sa famille. La participation des parents à la vie scolaire, instaurée en novembre 1968, renforcée notablement en 1985, est désormais acquise (voir circulaire ci-après). C'est en 1989 que le rôle des parents comme "co-acteurs" dans le système scolaire a été inscrit dans la loi. Cependant, les habitudes ont la vie dure : la participation des parents reste encore faible (30 à 40 à % d'entre eux participent aux élections dans les établissements). Cela s'explique par la méconnaissance des enjeux liés à la vie de l'établissement et par le fait que les parents se sentent encore écartés des questions scolaires proprement dites. De plus, les changements qui affectent la famille – multiplication des familles recomposées, des familles monoparentales – ne leur facilitent pas toujours les choses, loin de là. Les enseignants quant à eux rechignent souvent à voir les parents d'élèves se mêler de ce qu'ils considèrent comme leurs affaires. Conscients de la nécessité de restaurer un rapport de confiance entre les parents et l'école, les pouvoirs publics insistent aujourd'hui sur *la nécessité de renforcer la coopération entre les parents d'élèves et les différents membres de la communauté scolaire* ou encore de développer *un partenariat durable avec les parents dans un esprit d'ouverture*[7]. »

Pour que la co-éducation puisse n'être pas un vain mot, il est nécessaire que chacun apprenne à travailler et à communiquer

7- N. Catheline, V. Bedin, *Les Années-collège, op.cit.*

avec l'autre : les réunions avec les parents ne doivent pas se réduire à des convocations au cours desquelles ces derniers sont contraints à écouter sans pouvoir vraiment établir de dialogue. À cet égard, le rôle des associations de parents d'élèves et des délégués est primordial. Trop souvent, les parents se sentent marginalisés par le « fonctionnement des associations de parents (qui) repose en partie sur la maîtrise d'une certaine langue de bois » et qui « obéit à des rituels de connivence avec l'école et les enseignants qui marginalisent de fait les parents des classes populaires[8] ».

De l'importance des réunions avec les parents

« C'est dommage, mais tous les parents d'élèves ne viennent pas aux réunions, et ceux que l'on ne voit jamais sont les parents d'enfant ayant de vrais problèmes scolaires. Pourtant on peut adopter un tout autre comportement à l'égard d'un élève difficile quand on sait ce qui se passe dans sa famille », confie Clotilde, enseignante en banlieue parisienne. Souvent, les parents attendent de l'enseignant qu'il les alerte sur une baisse du régime de travail de leur enfant.

De leur côté, les profs comptent sur les familles pour les informer d'un événement familial susceptible de perturber la progression scolaire. « Nous ne sommes pas là pour prodiguer des conseils, mais on peut parfois aider les parents à prendre conscience que par exemple la télévision dans la chambre de leur enfant ne favorise pas sa concentration. On peut aussi faire des découvertes bénéfiques : l'année dernière il m'a fallu un trimestre pour apprendre par ses parents qu'un de mes élèves était dyslexique », raconte Véronique, qui enseigne l'anglais dans un collège près d'Aix-en-Provence.

Cette réunion permet donc de faire tomber certaines méprises, à commencer par les rôles que chacun doit jouer. Les professeurs sont unanimes : à eux la charge d'instruire et aux parents le rôle d'éducateurs.

Or, se désole Anne-Marie Bidoret, enseignante à Dax : « J'ai souvent l'impression que les parents attendent de nous ce qui relève normalement de leur responsabilité, ce que j'appelle l'éducation élémentaire, le respect, la politesse, le savoir-vivre. »

8- Martine Barthélemy, citée par G. Moreau, rapport « L'école, entre famille et cité », collection «Éducation », Ville de Rennes, 2004.

Les Parents, membres à part entière de la communauté éducative

Conformément à l'article L 111-4 du code de l'éducation, « les parents d'élèves sont membres de la communauté éducative. Leur participation à la vie scolaire et le dialogue avec les enseignants et les autres personnels sont assurés dans chaque école et dans chaque établissement. Les parents d'élèves participent par leurs représentants aux conseils d'école, aux conseils d'administration des établissements scolaires et aux conseils de classe ».

Ces dispositions méritaient d'être précisées et ancrées dans un texte réglementaire notamment en prenant appui sur les bonnes pratiques déjà mises en œuvre dans les écoles et les établissements scolaires. En effet, la régularité et la qualité des relations construites avec les parents constituent un élément déterminant dans l'accomplissement de la mission confiée au service public de l'éducation. L'obligation faite à l'État de garantir l'action éducative des familles requiert de soutenir et renforcer le partenariat nécessaire entre l'institution scolaire et les parents d'élèves, légalement responsables de l'éducation de leurs enfants. L'École doit en conséquence assurer l'effectivité des droits d'information et d'expression reconnus aux parents d'élèves et à leurs représentants ainsi que, selon les procédures prévues à cette fin, leur participation aux instances collégiales de l'établissement. Elle doit également reconnaître les droits des associations de parents d'élèves. L'article D111-6 du code de l'éducation (issu du décret n° 2006-935 du 28 juillet 2006) précise que les associations de parents d'élèves regroupent exclusivement des parents d'élèves, auxquels sont assimilées les personnes ayant la responsabilité légale d'un ou plusieurs élèves, et ont pour objet la défense des intérêts moraux et matériels communs aux parents d'élèves. Les droits définis par le décret s'appliquent aux associations de parents représentées au conseil d'école ou au conseil d'administration ainsi qu'à celles représentées au Conseil supérieur de l'éducation, au conseil académique ou au conseil départemental de l'éducation nationale même si elles n'ont pas d'élus dans les instances de l'école ou de l'établissement.

La présente circulaire précise les modalités d'application du décret susmentionné du 28 juillet 2006 relatif aux parents d'élèves, aux associations de parents d'élèves et aux représentants des parents d'élèves. Elle **remplace** la circulaire n° 85-246 du 11 juillet 1985 portant mesures concernant le rôle des parents dans l'école, la note de service n° 86-265 du 16 septembre 1986 relative aux rencontres des enseignants et des parents et la circulaire n° 2001-078 du 3 mai 2001 relative à l'intervention des associations de parents d'élèves dans les établissements scolaires.

C'est au niveau local de l'école ou de l'établissement scolaire que doit se mettre en place un dialogue confiant et efficace avec chacun des parents d'élèves. L'ensemble des personnels des écoles et des établissements scolaires sont impliqués dans ces démarches. Ainsi, lors de sa première réunion, le conseil d'école ou le conseil d'administration examine les conditions d'organisation du dialogue avec les parents. Celui-ci doit en effet être renforcé, ce qui suppose de définir précisément les modalités d'information des parents d'élèves, les conditions d'organisation des rencontres avec les parents et de garantir aux associations de parents d'élèves et aux représentants des parents les moyens d'exercer pleinement leurs missions.

Les associations de parents d'élèves

Les associations de parents d'élèves doivent être en mesure de se faire connaître auprès de l'ensemble des parents d'élèves et de les informer sur leur action. Elles peuvent prendre connaissance et obtenir copie de la liste des parents d'élèves de l'école ou de l'établissement scolaire mentionnant leurs noms, adresses postale et électronique, à la condition que ceux-ci aient donné leur accord exprès à cette communication. Certains moyens sont mis à leur disposition.

Moyens matériels Affichage des coordonnées. Ainsi, dans chaque école et établissement scolaire est affichée, dans un endroit facilement accessible aux parents, la liste des associations de parents d'élèves représentées dans les instances de l'école ou de l'établissement avec les noms et adresses de leurs responsables. Est affichée, dans les mêmes conditions, la liste des fédérations, unions ou associations de parents d'élèves représentées au Conseil supérieur de l'éducation, aux conseils académiques et départementaux de l'éducation nationale. En outre, toutes ces associations de parents d'élèves doivent disposer de **boîtes aux lettres et de tableaux d'affichage.** Une association de parents d'élèves ne peut fixer son siège social dans un local scolaire. Néanmoins, la présence régulière dans l'enceinte scolaire d'une association de parents d'élèves peut s'avérer très utile et s'inscrire dans le prolongement de l'action éducative. Dès lors, en fonction des possibilités, le directeur de l'école, avec l'accord du maire de la commune, ou le chef d'établissement, après autorisation du conseil d'administration de l'établissement, peut mettre à sa disposition un local, de manière temporaire. La souscription d'une assurance par l'association de parents d'élèves est recommandée. Par ailleurs, si cela est matériellement possible et selon les mêmes procédures, une salle peut être mise en permanence à la disposition des parents d'élèves et ouverte aux associations de parents d'élèves.

Diffusion de documents La connaissance par les familles de la vie de l'école ou de l'établissement et de l'activité des associations de parents d'élèves nécessite la diffusion de documents. **Ces communications revêtent donc une importance toute particulière.**

Extrait circulaire n° 2006-137 du 25/08/2006, BOEN, 31/08/06.

! On peut à tout moment de l'année, et quel que soit le niveau scolaire de l'élève, prendre rendez-vous avec un parent. Il y a en effet très peu (pas assez !) de réunions formalisées : une à la rentrée en primaire, une à chaque fin de trimestre au collège et en seconde, puis aucune en première et terminale. Parfois aussi, une au début de l'année au collège.
Autre occasion d'échange : de plus en plus d'établissements ont mis en place la remise du bulletin de fin de trimestre en mains propres aux familles.

Favoriser le bon déroulement de la rencontre parents-professeur

Avant la rencontre, on s'est construit une image *a priori* des parents de son élève, en fonction de ses résultats et de son comportement en classe, de ce qu'il a dit de ses parents, de ce qu'un autre collègue a dit d'eux. Essayer de balayer ces représentations mentales pour être plus objectif et se faire son propre avis.
Préparer le rendez-vous en réunissant tous les documents dont on aura besoin (carnet de correspondance, notes de contrôle, copie d'un devoir sujet à commentaire, bulletin trimestriel, etc.). Les parents seront sensibles à ce professionnalisme.
Si c'est l'enseignant qui sollicite l'entretien, il doit préciser que le rendez-vous se fera toujours en présence de l'élève.
Dès le début de la rencontre, en exposer clairement le motif, les faits, et demander des explications aux parents en prenant le temps de bien comprendre leur analyse de la situation. Si l'on est sollicité par les parents, écouter tranquillement d'abord ce que les parents ont à dire, puis donner à l'élève l'occasion d'exposer son point de vue, y compris en exprimant son désaccord. Ensuite seulement, reprendre la main et orienter la discussion.
Se concentrer sur les éléments de solutions, en s'appuyant notamment sur les points forts de l'élève au lieu de revenir sans arrêt sur le problème. On peut même interroger l'élève pour lui demander ce qu'il compte faire pour améliorer la situation.
Enfin, dégager avec parents et élève des objectifs concrets et réalistes : s'engager à prendre la parole une fois par cours d'allemand, revoir chaque soir les leçons du jour en consacrant dix minutes par matière, lire un roman par mois en plus de ceux exigés au cours de français… Voilà des perspectives précises et accessibles qui réconforteront les parents d'élève.

Faire comprendre aux parents qu'ils doivent aider au travail à la maison

« On a beau répéter les consignes, on voit chaque année des élèves épuisés le matin qui ont travaillé trop tard la veille et d'autres qui apprennent chez eux par cœur sans avoir compris le cours », constate Véronique, professeur de lettres. Les enfants ne savent pas travailler seuls et certains parents n'arrangent pas les choses : « ils en font trop au point de résoudre eux-mêmes les exercices à la place de l'enfant. Complètement assisté, cet élève ne prend ensuite aucune initiative en classe », renchérit Véronique.

S'il est souhaitable que les parents suivent la scolarité de leur enfant et le soutiennent psychologiquement, les enseignants déconseillent aux parents de rester « collés » derrière lui. De plus, bien souvent « les élèves utilisent la même méthodologie de travail pour toutes les disciplines, par exemple en relisant uniquement leur leçon du jour, mais cela ne peut pas marcher. Certains jours, lire la leçon suffit, d'autres, il faut appliquer des exercices ou encore effectuer des recherches documentaires », précise Ingrid Maulavé, professeur en Vendée. En étant guidés, les parents peuvent aider à refaire certains exercices mal compris, interroger sur la leçon en proposant de chercher dans le dictionnaire les mots difficiles, faire réciter les poésies dans les petites sections... mais ne jamais donner de travail supplémentaire à celui du prof. Il faut aussi tenir compte d'un fait : les parents qui n'ont pas, ou peu, fait d'études, ne sont pas outillés pour bien accompagner leurs enfants dans leurs devoirs.

Conseils élémentaires à donner aux parents pour le travail à la maison

Il est possible de communiquer ces conseils aux parents en début d'année, ils auront une incidence bénéfique évidente sur le cours. Mais il vaut mieux le faire avec délicatesse en évoquant la co-éducation plutôt qu'en adoptant une posture hiérarchique d'autorité :

Penser à faire une coupure entre le retour de l'école et le travail à la maison : l'enfant a droit à une pause et un goûter avant de se remettre à travailler. Ce moment des leçons doit se dérouler dans un climat serein, accepté, sans perturbation sonore.

Tout faire pour lever les angoisses éventuelles liées au fait d'avoir à se remettre au travail scolaire le soir, notamment en bas âge. Toujours positiver ce moment des devoirs sans s'énerver et sans créer de stress supplémentaire par des alertes

(« Dépêche-toi ») ou des jugements (« Tu es trop lent et trop distrait »).

Aider l'enfant à travailler avec méthode et à organiser son temps, en lui conseillant de le découper à l'avance en fonction des différentes disciplines et/ou types d'exercice. Lui montrer qu'une heure de révisions avec méthode vaut mieux que trois heures perdues à lire sans aucune organisation, et que toutes les leçons ne peuvent pas s'apprendre de la même manière.

S'adapter à son enfant et s'ajuster à ses attitudes lors de l'apprentissage. Ne pas oublier qu'il a passé pratiquement toute une journée à rester assis. Il peut donc avoir besoin, pour mieux retenir sa leçon, soit de se déplacer, soit de prendre des notes, soit d'entraîner sa mémoire en écoutant, etc.

Ne pas dépasser la dose prescrite : une demi-heure de travail quotidien pendant le premier cycle du primaire, une heure au deuxième cycle, une heure et demie au collège. Au lycée l'élève est censé travailler et gérer son temps seul.

! C'est une circulaire de 1956 qui interdit formellement les devoirs écrits à la maison au niveau de l'école primaire. Même si la pratique de donner des devoirs à la maison reste très répandue et souvent réclamée par les parents, l'enseignant ne peut normalement donner que des travaux oraux, des leçons à apprendre, des lectures, des petites enquêtes ou recherches.

Le cahier de correspondance

Appelé aussi cahier de liaison, le cahier de correspondance (en primaire) puis carnet de correspondance (au secondaire) est parfois le seul lien avec les familles. Il faut donc qu'il soit régulièrement lu et signé par les parents, et bien mis à jour par l'enseignant. Il doit mentionner les informations concernant : tout type de rendez-vous pouvant intéresser les familles tel que les dates des réunions parents-professeurs, les changements d'emploi du temps, les absences de l'enseignant prévues à l'avance et son remplacement éventuel, les problèmes rencontrés par l'élève, les demandes de rencontres avec les parents, les sorties de classe et toute autre animation. En début d'année, l'enseignant, le professeur principal dans le secondaire, prend soin d'y coller le règlement intérieur de l'établissement. Au niveau du collège, le carnet contient aussi des pages réservées à la gestion des retards et des absences des élèves qui sont visés par le CPE et sont transmis par l'élève au professeur lorsqu'il se présente en classe.

! Le carnet de correspondance est un signe important du bon état psychologique de l'élève : tout changement dans ce domaine doit alerter le jeune enseignant (carnet mal tenu, taches, déchirures, carnet oublié : La famille a-t-elle des difficultés ? L'enfant subit-il des harcèlements ? etc.).

8- COMMENT LES FAMILLES POPULAIRES VIVENT L'ÉCOLE

L'origine sociale prime sur l'origine ethnique

Toutes les études sociologiques le montrent : à milieu social égal, les résultats des élèves immigrés sont les mêmes que les autres. Exception faite du barrage de la langue, ce n'est pas le fait d'être issu de parents étrangers qui est à l'origine des difficultés scolaires.

Les facteurs sociaux qui sont à incriminer relèvent, comme pour les autres familles de milieux populaires, d'un déficit culturel familial, de l'absence de suivi parental, de la trop forte influence de la culture des grands ensembles et de la rue, de l'aspiration vers le bas de ceux qui réussissent par le groupe de pairs, etc. Aujourd'hui, une grande partie du prolétariat français est d'origine maghrébine ou africaine car les immigrants maghrébins et africains sont massivement les plus pauvres et les moins diplômés de leurs pays d'origine. À l'inverse, les enfants d'origine maghrébine ou africaine dont les parents sont cadres ont les mêmes résultats que les autres enfants de cadres. Le facteur ethnique n'intervient ici qu'à la marge. Par ailleurs, les enfants de l'immigration asiatique n'ont pas de problèmes scolaires car ils sont le plus souvent issus de familles ayant fui le communisme et provenant des grandes villes, donc plutôt de parents des classes moyennes aisées et habituées aux contraintes de la vie urbaine.

Pour connaître le rapport Grande pauvreté et réussite scolaire : http://cache.media.education.gouv.fr/file/2015/52/7/Rapport_IGEN-mai2015-grande_pauvrete_reussite_scolaire_421527.pdf

Qu'indiquent les chiffres ? « À situation sociale et familiale comparable, les enfants d'immigrés ont des chances au moins égales à celles des autres élèves de préparer un baccalauréat général et présentent un risque moins élevé de sortie précoce du système éducatif que les autres élèves », constate Jean-Paul Caille, statisticien à la Direction de l'évaluation, de la prospective et de la performance. Certes, au niveau national, tous milieux sociaux confondus, seulement 27 % des enfants issus de l'immigration préparent un baccalauréat général contre 40 % des enfants issus de familles non immigrées. Mais les données s'inversent à situations sociales et familiales comparables. Ainsi, dans le cas d'une famille de deux enfants dont le père est ouvrier qualifié et la mère inactive, les élèves de parents maghrébins ont 27 % de chances d'entrer dans un lycée général contre 21 % pour les enfants de parents français. Ce chiffre est d'ailleurs identique pour les élèves originaires d'Afrique noire. Les plus grands écarts se situent entre les jeunes originaires d'Asie du Sud-Est avec 38 %, et les enfants de parents turcs avec 13 % de chances d'intégrer une filière générale.

! Attention aux idées reçues

Vis-à-vis des familles d'origine populaire en général et immigrée en particulier, les enseignants développent une série d'idées reçues dont les quatre principales sont :

– Une vision misérabiliste, infériorisante des milieux immigrés et de leurs pratiques culturelles, qui a trait à une vision inconsciente de ce que serait la « civilisation » ;
– Une forte tentation de transformer des problèmes scolaires et sociaux en problèmes ethniques ;
– Une tendance à accuser les parents de tous les maux, pour présenter les enfants comme victimes de leur famille ;
– Un net décalage entre une pratique quotidienne de classe neutre et une parole à caractère de plus en plus ethnique en salle des profs.

Ambitions et désillusions des familles immigrées

Dans les familles populaires immigrées, la préoccupation scolaire n'a jamais été aussi importante qu'aujourd'hui.

Des familles investies…

Elles privilégient le baccalauréat et les filières générales, et souhaitent que leurs enfants poursuivent des études longues ; leurs aspirations scolaires sont souvent plus élevées que celles des Français d'origine de même milieu social ; de fréquents échanges ont lieu dans la famille au sujet de l'avenir scolaire et professionnel, et les aînés se mobilisent souvent pour aider les plus jeunes dans leurs devoirs.

Dans le cadre des conventions passées entre lycées de Rep (Réseaux d'éducation prioritaire) et l'Institut d'études politiques de Paris – ou dans le cadre du programme « Une grande école pourquoi pas moi » de l'Essec – pour permettre à des jeunes défavorisés socialement mais brillants scolairement d'atteindre des parcours d'excellence, on peut constater que les résultats des élèves de Rep sont équivalents à ceux des autres jeunes de la filière[9].

... mais démunies

Ces familles ne viennent pas souvent aux réunions parents-professeurs. L'univers de l'école leur fait peur, soit parce qu'elles ne le connaissent pas, soit parce qu'ayant vécu l'échec scolaire, il leur rappelle des souvenirs douloureux ;

Elles ne s'impliquent pas dans les affaires de l'école parce qu'elles font *a priori* confiance à l'institution. Considérant qu'elles ne sont pas dans leur pays, elles ne se sentent pas autorisées à proposer ou critiquer ses décisions ;

Elles se sentent souvent dépassées dès l'école primaire où se joue l'apprentissage de la lecture et de l'écriture d'une langue qu'elles ne maîtrisent pas ou mal ;

Elles ne bénéficient pas de l'information pour appréhender et contourner la carte scolaire ;

Enfin, ces familles ont parfois besoin de leurs enfants dans leur activité ou leur commerce après leur journée scolaire.

Comment faire avec des parents qui ne parlent pas le français ?

Certaines familles d'origine étrangère qui ne parlent pas ou mal le français envoient souvent un grand frère ou une grande sœur les représenter aux réunions. Ils ont, la plupart du temps, fait des études et maîtrisent en tout cas mieux la langue que leurs parents. Mais il y a une « dérive grand frère » qui consiste à ne traiter qu'avec lui sans plus jamais voir les parents. Il faut donc à la fois refuser que toute la famille participe à la réunion, et toujours demander qu'au moins un des parents soit présent, même s'il ne comprend pas ou mal le français. Ce sont les responsables de l'élève, et ils doivent pouvoir entendre de la bouche de l'enseignant qu'il leur reconnaît cette qualité. C'est important pour installer la confiance. En cas d'absence de locuteur francophone, l'organisme Inter Service Migrants[10] offre une prestation de traduction soit sur place, soit téléphonique simultanée et immédiate, dans les établissements qui sont abonnés. Quelque 300 interprètes biculturels assurent leur prestation dans 100 langues et dialectes.

9- Y. Brinbaum, « Ambitions et désillusions des familles immigrées », *Sciences Humaines*. Hors Série n° 5, octobre-novembre 2006.

10- Contact : Inter Service Migrants, Interprétariat, 251 rue du Faubourg-Saint-Martin, 75010 Paris ; Tél. : 01 53 26 52 50 ; http://www.ism-interpretariat.fr/

9- ENSEIGNER EN CLASSE MULTICULTURELLE

Nul enseignant n'est censé ignorer certaines données interculturelles, historiques, économiques et religieuses pour faire cours dans la France d'aujourd'hui. Ce bagage lui permet à la fois de mieux connaître les élèves, et aussi, si nécessaire, d'ajuster son enseignement.

Le rôle stratégique accordé à la langue

Porter un regard éclairé sur ces jeunes Français partageant une autre culture, passe par :

La langue française. Aujourd'hui 52 500 élèves non francophones sont scolarisés en France. L'interprétation erronée d'une tournure de phrase ou d'une expression inconnue et c'est toute une leçon qui peut être perdue pour l'élève dont la langue maternelle n'est pas le français. Tout professeur, même s'il n'enseigne pas les lettres, doit prendre conscience que c'est la langue française qui conditionne l'intégration des élèves multiculturels à la culture scolaire. Or, bien souvent, pour les élèves allophones, le soutien pédagogique mis en place est commun à tous les élèves en difficulté avec la langue, qu'elle soit maternelle ou seconde. Si on cherche aujourd'hui à intégrer au plus vite les enfants allophones dans les classes ordinaires, l'enseignant a intérêt à demander à sa hiérarchie que soit étendues aux élèves qui en ont besoin les conditions favorables des classes d'initiation (CLIN) du primaire et des classes d'accueil (CLA) du secondaire : petits effectifs permettant d'accorder plus de temps à chaque élève pour leur enseigner le français langue seconde (FLS)[11].

L'interlangue. Les élèves allophones, qui vivent en outre dans une cité, parlent un mélange de leur langue maternelle et de « créole » de la cité, et restent donc souvent en décalage avec le niveau de français exigé à l'école. Cette langue des cités ne compte bien souvent que 350 mots quand il en faut 2 500 pour maîtriser le français scolaire. Les jeunes allophones passent ainsi en permanence du correct à l'impropre. L'enseignant peut faire montre d'indulgence et considérer cette synthèse comme une interlangue destinée à s'améliorer, et dans un premier temps, accepter certaines expressions approximatives pour les remplacer progressivement par celles de la langue scolaire.

11- E. Faupin, C. Théron, *Enseigner le FLS par les textes littéraires aux élèves nouvellement arrivés en France*, Crdp de l'académie de Nice, 2007. Une bibliographie concernant le Français langue seconde :
http://www.ciep.fr/sites/default/files/migration/bibliographie/bibliographie_FLS_0.pdf

L'exemple de la langue arabe. Actuellement, dans l'enseignement public, 23 000 élèves en primaire et 6 800 dans le secondaire apprennent la langue arabe. Selon les linguistes, plus on maîtrise sa langue maternelle, plus on a de chances de faire des progrès dans sa langue d'adoption. À compétences égales au départ, les enfants bilingues ont même de meilleurs résultats que les autres. Notamment si l'on en croit les succès remportés par l'école de la rue de Tanger dans le 19e arrondissement de Paris, où tous les élèves peuvent apprendre l'arabe en même temps que le français. L'enseignant peut donc encourager et valoriser ce choix d'apprendre l'arabe en rappelant les avantages du bilinguisme en général : moyen de communication supplémentaire dans plusieurs pays, ouverture d'esprit, aisance avec toutes sortes de personnes, originalité de pensée, enrichissement de la personnalité, rapport complet avec la parenté restée dans le pays d'origine de la famille[12]. Aujourd'hui, ce sont 850 professeurs étrangers en exercice (algériens, croates, espagnols, italiens, marocains, portugais, serbes, tunisiens et turcs), recrutés et payés par les pays d'origine, qui enseignent dans les ELCO (Enseignement de langue et de culture d'origine) pour toucher près de 80 000 élèves à l'école primaire et 5 000 au collège. Mais à la rentrée 2016, les ELCO disparaissent pour être transformés en sections internationales à l'école primaire.

L'intégration de données interculturelles

Ne pas faire l'impasse du passé. L'enseignant confronté à une classe multiculturelle ne peut faire l'impasse sur la connaissance d'un minimum d'histoire et de références socioculturelles de ses élèves. Il doit connaître quelques éléments de l'histoire coloniale de la France, par exemple les ressentiments accumulés dans l'inconscient collectif français depuis la guerre d'Algérie ou, concernant la communauté turque, les positions officielles de la France à l'égard du génocide arménien.

Observer les parcours exemplaires. Certains jeunes arrivent à prendre leur envol et à s'extraire de leur cité. Les dérouilleurs sont ceux qui ne « rouillent » pas sur place, qui stoppent le cycle infernal de la galère : les beurettes collectionnent les performances scolaires et inventent des manières d'être iné-

12- Sur la langue arabe au sein de l'Éducation nationale : http://www.langue-arabe.fr/
http://pedagogie.ac-toulouse.fr/arabe/Accueil01.htm
mediapart.fr/journal/france/200113/lenseignement-de-larabe-est-en-passe-de-disparaitre-du-paysage-scolaire
Sur la culture arabe, le site de l'Institut du monde arabe : imarabe.org/

dites entre imitation et bricolage ; les grands frères gardent toujours un œil sur les petits frères ; les grandes sœurs s'investissent comme éducatrices ou animatrices de mouvements de jeunesse... Autant de « modèles » susceptibles d'être utilisés dans le cours d'un enseignant en quête de héros positifs.

! On peut rappeler à ses élèves qu'un Français sur trois ou quatre a au moins un parent d'origine étrangère, et que dix millions de citoyens ont un de leurs parents ou de leurs grands-parents qui a immigré.

BIBLIOGRAPHIE

Ouvrages généraux

- F. Dubet, *Le Collège de l'an 2000*. Rapport à la ministre déléguée chargée de l'Enseignement scolaire (avec A. Bergounioux, M. Duru-Bellat, R.-F. Gauthier), La Documentation française, 1999.
- F. Dubet, D. Martuccelli, *À l'école. Sociologie de l'expérience scolaire*, Seuil, 1996.
- M. Edouard, *Premières classes. Bien débuter le métier d'enseignant en collège et en lycée*, CRDP de l'académie d'Amiens, 2005.
- O. Galland, *Sociologie de la jeunesse*, Armand Colin, 2007.
- A. Quéchon, F. Kolb, *Journal intime d'un collège*, éd. Sciences Humaines, coll. « Accent aigu », oct. 2016.

Connaître ses élèves

- A. Barrrère, *L'Éducation buissonnière. Quand les adolescents se forment par eux-mêmes*, Armand Colin, 2011.
- V. Bedin (dir.), *Qu'est-ce que l'adolescence ?*, éd. Sciences Humaines, 2009.
- B. Cabuel (dir.), *Les Nouveaux Ados : Comment vivre avec ?*, Bayard Centurion, 2006.
- N. Catheline, V. Bedin, *Les Années-collège. Le grand malentendu*, Albin Michel, 2004.
- F. Dolto, C. Dolto, C. Percheminier, *Paroles pour adolescents ou le complexe du homard*, Gallimard Jeunesse, 2003.
- M. Fournier, R. Lecuyer (dir.), *L'Intelligence de l'enfant. Le regard des psychologues*, éd. Sciences Humaines, 2006.
- O. Houdé, *La Psychologie de l'enfant*, Puf, 2005.
- D. Le Breton, *Signes d'identité. Tatouages, piercings et autres marques corporelles*, Métailié, 2002.
- D. Le Breton, *En souffrance. Adolescence et entrée dans la vie*, Métailié, 2007.
- M. Vaillant, *L'Adolescence au quotidien*, Pocket, 2003.
- « Différences entre les genres en matière de réussite scolaire : étude sur les mesures prises et la situation actuelle en Europe », Rapport Eurydice, Commission européenne, juin 2010.

Les parents, des alliés indispensables

- J.-L. Auduc, *Parents, ne restez pas sur les trottoirs de l'école*, Nathan, 2004.
- P. Meirieu, *L'École et les parents. La grande explication*, Plon, 2000.

- B. Defrance, *Les Parents, les profs et l'école*, Syros/La Découverte, 2005.

La relation avec les élèves

- J. Salomé, *Charte de vie relationnelle à l'école*, Albin Michel Jeunesse, 1995.

Comment les familles populaires vivent l'école

- A. Begag, *Les Dérouilleurs. Ces Français de banlieue qui ont réussi*, Mille et une nuits, 2002.
- J.-P. Caille, « Les projets d'avenir des enfants d'immigrés », *Insee première*, Insee, septembre 2005.
- B. Charlot, E. Bautier, J.-Y. Rochex, *École et savoir dans les banlieues... et ailleurs*, Armand Colin, 1997.
- J.-P. Terrail, *De l'inégalité scolaire*, La Dispute, 2002.

Enseigner en classe multiculturelle

- M. Abdallah-Pretceille, *L'Éducation interculturelle*, Puf, 2004.
- A. J. Akkari, A. Gohard-Radenkovic, « Vers une nouvelle culture pédagogique dans les classes multiculturelles : les préalables nécessaires », *Revue des sciences de l'éducation*, vol. XXVIII, n° 1, 2002.
- N. Bancel, P. Blanchard, S. Lemaire, *La Fracture coloniale. La société française au prisme de l'héritage colonial*, La Découverte, 2006.
- J.-P. Goudaillier, *Comment tu tchatches ! Dictionnaire du français contemporain des cités*, Maisonneuve & Larose, 2001.
- E. T. Hall, *La Dimension cachée*, Seuil, 1978.
- E. T. Hall, *Le Langage silencieux*, Seuil, 1984.
- E. T. Hall, *Au-delà de la culture*, Seuil, 1987.
- D. Lepoutre, *Cœur de banlieue. Codes, rites et langages*, Odile Jacob, 1997.
- C. Liauzu (dir.), *Dictionnaire de la colonisation française*, Larousse, 2007.
- M.-R. Moro, *Enfants d'ici venus d'ailleurs*, Hachette Littérature, 2004 ; *Les Enfants de l'immigration, une chance pour demain*, Bayard, 2012.
- B. Seguin, F. Teillard, *Les Céfrans parlent aux Français. Chronique de la langue des cités*, Seuil, 1998.

Préparer
ses cours

Chapitre III

Préparer ses cours, c'est avant tout savoir s'organiser. Un cours bien préparé permet à l'enseignant d'être plus à l'aise dans sa tête, de faire preuve d'expertise, et de mieux anticiper les réactions de la classe. Et, argument non négligeable, ce « cours expert » rassure tacitement les élèves.

1- LIRE, COMPRENDRE ET APPLIQUER LES PROGRAMMES

Ce n'est pas seulement à l'aide du manuel mais avec le programme officiel que l'on prépare ses cours. Même s'il reste peu digeste et prend plusieurs années à être maîtrisé, toute la difficulté consiste à le transformer en savoirs scolaires accessibles en classe.

Où peut-on se procurer les programmes ?

Les programmes de chaque discipline se trouvent dans le *Bulletin officiel de l'Éducation nationale* (B.O.), les établissements y sont abonnés et on peut le consulter auprès du directeur d'école dans le primaire, et au Centre de documentation et d'information (CDI) dans le secondaire. On les trouve également facilement sur le site du ministère : education.gouv.fr. On trouve aussi au B.O. les grandes circulaires de référence qui indiquent comment mettre en œuvre les programmes et qui régissent le métier d'enseignant et le système éducatif en général. Il ne faut pas les négliger, ces textes peuvent rendre des services dans l'évolution de sa carrière et font partie de la culture générale.
Il est de la responsabilité professionnelle d'un enseignant de se tenir à jour, et de celle des inspecteurs de vérifier que cette mise à jour est faite.

Comment comprendre les programmes de sa discipline

– Il est normal de mettre du temps (de quelques mois à quelques années) pour assimiler complètement et maîtriser un programme ;
– Si les programmes changent régulièrement, c'est d'abord parce qu'il paraît nécessaire de les moderniser et de tenir compte des nouveaux publics ;
– La liste des objectifs contenue dans les programmes est souvent plus copieuse et ambitieuse que ce que l'enseignant peut en appliquer dans une année ;

– Les programmes sont conçus en fonction d'une excellence scolaire calquée sur les savoirs universitaires qui les rend dans certaines circonstances difficiles d'accès ;
– La définition d'un socle commun de connaissances et de compétences (voir encadré) vise à résoudre cette difficulté et peut d'ores et déjà aider les enseignants qui y sont contraints à choisir dans les programmes ce qui leur paraît essentiel à transmettre.

Le socle commun

L'établissement d'un socle commun des savoirs indispensables répond à une nécessité ressentie depuis plusieurs décennies en raison de la diversification des connaissances. L'article 9 de la **loi du 23 avril 2005 d'orientation et de programme pour l'avenir de l'école** en arrête pour la première fois le principe en précisant que « la scolarité obligatoire doit au moins garantir à chaque élève les moyens nécessaires à l'acquisition d'un socle commun constitué d'un ensemble de connaissances et de compétences qu'il est indispensable de maîtriser pour accomplir avec succès sa scolarité, poursuivre sa formation, construire son avenir personnel et professionnel et réussir sa vie en société ». De plus, par l'article 2 de la même loi, « la nation fixe comme mission première à l'école de faire partager aux élèves les valeurs de la République ». Pour toutes ces raisons, le socle commun est **le ciment de la nation** : il s'agit d'un **ensemble de valeurs, de savoirs, de langages et de pratiques** dont l'acquisition repose sur la mobilisation de l'école et qui suppose, de la part des élèves, des efforts et de la persévérance.

La définition du socle commun prend également appui sur la proposition de recommandation du Parlement européen et du Conseil de l'Union européenne en matière de « compétences clés pour l'éducation et l'apprentissage tout au long de la vie ». Elle se réfère enfin aux évaluations internationales, notamment au Programme international pour le suivi des acquis des élèves (Pisa), qui propose une mesure comparée des connaissances et des compétences nécessaires tout au long de la vie.

Cinq générations après les lois scolaires fondatrices de la IIIe République, une génération après l'instauration du collège unique, le socle constitue **une référence commune, pour tous ceux qui confient leurs enfants à l'école, mais aussi pour tous les enseignants**.

L'enseignement obligatoire ne se réduit pas au socle commun.

Bien que désormais il en constitue le fondement, **le socle ne se substitue pas aux programmes de l'école primaire et du collège ; il n'en est pas non plus le condensé. Sa spécificité réside dans la volonté de donner du sens à la culture scolaire fondamentale**, en se plaçant du point de vue de l'élève et en construisant les ponts indispensables entre les disciplines et les programmes.

Collège lycée

Il détermine ce que nul n'est censé ignorer en fin de scolarité obligatoire sous peine de se trouver marginalisé. L'école doit offrir par ailleurs à chacun les moyens de développer toutes ses facultés. Maîtriser le socle commun c'est être capable de mobiliser ses acquis dans des tâches et des situations complexes, à l'école puis dans sa vie ; c'est posséder un outil indispensable pour continuer à se former tout au long de la vie afin de prendre part aux évolutions de la société ; c'est être en mesure de comprendre les grands défis de l'humanité, la diversité des cultures et l'universalité des droits de l'homme, la nécessité du développement et les exigences de la protection de la planète.

Un nouveau socle commun de connaissances, de compétences et de culture.

À partir de la rentrée 2016-2017, un nouveau socle commun de connaissances, de compétences et de culture est mis en place et concerne les élèves âgés de 6 à 16 ans. Il s'organise en cinq grands domaines :

- Les langages pour penser et communiquer
- Les méthodes et outils pour apprendre
- La formation de la personne et du citoyen
- Les systèmes naturels et les systèmes techniques
- Les représentations du monde et de l'activité humaine

Le socle commun s'acquiert progressivement jusqu'à la fin de la scolarité obligatoire. Chaque compétence qui le constitue requiert la contribution de plusieurs disciplines et, réciproquement, une discipline contribue à l'acquisition de plusieurs compétences.

À l'école et au collège, **tous les enseignements et toutes les disciplines ont un rôle à jouer dans l'acquisition du socle**. Dans ce cadre, les pratiques scolaires artistiques, culturelles et sportives y contribuent pleinement.

L'exigence de contenu du socle commun est indissociable d'une exigence d'évaluation.

Des paliers intermédiaires, adaptés aux rythmes d'apprentissage définis par les cycles, sont déterminés dans la maîtrise du socle. Des outils d'évaluation, correspondant notamment aux exigences des différents paliers de maîtrise du socle commun, sont mis à la disposition des enseignants.

Un livret personnel permettra à l'élève, à sa famille et aux enseignants de suivre l'acquisition progressive des compétences.

Bon à savoir

Une récente étude du Forum économique mondial identifie les compétences et les attitudes que les élèves ont besoin de maîtriser pour réussir dans la vie comme étant l'esprit critique, la créativité, la communication, la curiosité, l'initiative, la persévérance et l'adaptabilité.

1- http://www.education.gouv.fr/cid2770/le-socle-commun-de-connaissances-et-de-competences.html#Un_nouveau_socle_commun_de_connaissances_de_competences_et_de_culture_a_la_rentree_2016

Comment « optimiser » les programmes

Alléger et adapter : Même les plus fervents partisans des programmes nationaux connaissent la nécessité de devoir alléger les programmes, de devoir les adapter à la réalité de chaque classe. Cela fait donc partie des toutes premières tâches du prof de fabriquer sa propre réduction du volume des programmes pour chaque niveau de classe sous forme de synthèse de cours. Sous réserve que soient atteints les objectifs fixés et acquises les connaissances, le choix des méthodes, des démarches et des modes d'apprentissage relève de l'entière responsabilité de l'enseignant ;

Découper le programme en chapitres (ou séquences) définissant ainsi une progression sur l'année. C'est en général ce que proposent les manuels mais chaque enseignant n'est pas nécessairement en accord avec ce découpage. Un programme n'est pas rédigé dans un ordre correspondant à des activités à mener dans une classe. Il faut donc l'agencer, construire une hiérarchie et une progression ;

Opérer une transposition didactique, c'est-à-dire « transformer » en savoirs scolaires facilement assimilables et adaptés aux profils de ses classes, un programme qui se caractérise par sa culture savante, de type universitaire, utilisant de nombreux concepts et notions. C'est à ce niveau que le manuel se révèle souvent un outil indispensable ;

Utiliser les accompagnements de programmes (circulaires d'application) pour mieux se familiariser avec les programmes eux-mêmes, car ils donnent des précisions enrichissantes et des exemples précis d'activités.

La refonte des programmes

Le ministère a créé fin 2013 un Conseil supérieur des programmes dans l'optique de réformer les programmes d'enseignement. Cet organisme souhaite sortir de la logique selon laquelle, les programmes ne sont pas faits pour être appris par les élèves, mais plutôt faits pour être enseignés par les professeurs. À la lecture des nouveaux programmes, notamment ceux de cycle 2 (CP, CE1, CE2), on peut constater la place majeure accordée au lire-écrire-compter. Il est ainsi question, d'« *occasions d'écrire très nombreuses qui devraient faire de cette pratique l'ordinaire de l'écolier* » à savoir « *au moins une séance quotidienne* » en écriture ou encore, en mathématiques, d'une « *pratique quotidienne du calcul mental qui conforte la maî-*

trise des nombres et des opérations ». Du début à la fin de la scolarité obligatoire, ce sont des textes uniformisés qui sont offerts à la lecture des enseignants. Un quadruple niveau de lecture à la fois par compétences, disciplines, cycles et années, entend concrétiser en douceur la logique du nouveau socle commun. Aussi, les exemples d'activités sont bien plus détaillés qu'auparavant pour les enseignants en manque d'inspiration didactique. Par ailleurs, une place considérable est faite aux EPI, ces « enseignements pratiques interdisciplinaires », introduits par la réforme du collège. Les notions qui s'y prêtent sont à chaque fois bien identifiées. En bref, il s'agit de programmes plus lisibles, moins prescriptifs, plus axés sur les fondamentaux, sans pour autant renoncer à un certain niveau d'excellence.

Pour en savoir plus :
http://www.education.gouv.fr/cid75495/le-conseil-superieur-des-programmes.html
Pour prendre connaissance des nouveaux programmes de l'école et du collège opérationnels dès la rentrée 2016-2017 :
http://www.education.gouv.fr/pid285/bulletin_officiel.html?cid_bo=95184

Pour se faire une idée synthétique des nouveaux programmes de l'école maternelle :
http://cache.media.education.gouv.fr/file/DP_rentree/27/1/2015_rentreescolaire_fiche_05_456271.pdf

Pour prendre connaissance des programmes alternatifs à celui du ministère proposés par le SNEP-FSU, syndicat majoritaire des professeurs d'éducation physique et sportive :
http://www.snepfsu.net/ProgrammesAlternatifs/wp-content/uploads/2016/03/doc-synth%C3%A8se.pdf

Place et rôle du manuel scolaire

Outil représentant le « savoir » par excellence, le manuel joue un rôle privilégié dans la préparation des cours, ainsi que les matériels pédagogiques qui lui sont associés (livre du maître, outils de travaux pratiques, outils multimédias, etc.). Ils représentent la base de la bibliothèque du professeur. Il est recommandé de consulter plusieurs manuels, surtout au début d'année, pour avoir une vision large et comparée des offres pédagogiques proposées, même si l'établissement a déjà choisi tel ou tel manuel.
Souvent mal utilisés, les manuels ont plusieurs finalités :

Le manuel, outil d'application des programmes

S'efforçant d'être conforme au programme officiel, le manuel propose un enseignement structuré en séquences, obéissant à une certaine progression et adaptées aux élèves. Chacune d'elles – souvent présentée sous forme d'une ou deux doubles pages – rassemble tous les éléments utiles à la poursuite des objectifs définis par les instructions officielles.

Le manuel comme ressource documentaire

Les manuels d'aujourd'hui contiennent une masse importante d'images et de documents qui sont autant d'illustrations des notions étudiées. Ces documents sont d'ailleurs eux-mêmes porteurs de contenus et constituent des supports d'activités possibles, surtout à l'heure des nouvelles technologies.

Le manuel comme recueil d'exercices

Les exercices remplissent diverses fonctions : sensibilisation, application, intégration, évaluation...

Le manuel comme outil de différenciation

Grâce à des outils variés de cours, de découverte, d'application, de remédiation, de mémorisation, d'évaluation, le manuel et son guide permettent à l'enseignant de créer un enseignement adapté à ses élèves, tenant compte des différents niveaux. Voici les témoignages de deux enseignants en primaire à ce sujet[1] :

« L'utilisation différenciée des manuels a permis à certains enfants, selon leurs connaissances, leur rapidité, d'aller plus loin. »

« Je travaille actuellement sur la soustraction et la multiplication avec mes élèves de CM1. Pour certains, ces opérations sont acquises, et ils s'exercent à la division, tandis que d'autres en sont encore à la soustraction. Ils n'en sont pas tous à la même page du manuel. »

Le manuel, outil de dialogue « interactif » avec les parents et les élèves

Trop souvent les professeurs utilisent le manuel uniquement avant les cours, comme source d'information, et hésitent à s'en servir en classe ou alors ne le font que ponctuellement.

Conçu pour l'échange avec les élèves et les parents, le manuel n'est pas un livre comme les autres. Il est le lieu même d'un dialogue possible avec les parents, qui doivent comprendre que le manuel reflète ce que l'enfant apprend en classe et donc s'y reporter aussi souvent que possible pour aider leur enfant. De même, il est recommandé de faire au début de l'année un travail de « découverte du manuel » avec les élèves.

Beaucoup de manuels comportent au début (ou en deuxième

1- Interviewés pour l'étude de l'association SAVOIR LIVRE menée par M. Métoudi et H. Duchauffour, *Des manuels et des maîtres*, publiée chez Belin en 2001.

de couverture) un « guide d'utilisation ». N'hésitez pas à vous en emparer pour vérifier que les élèves ont bien tout repéré (structure des séquences, utilisation des illustrations, bilan de compétences, index, glossaire, bibliographie, etc.).

Quelques questions sur les manuels scolaires

➤ Comment sont-ils conçus et par qui ?

À partir des instructions officielles et des programmes publiés au B.O., les auteurs définissent un projet pédagogique et les différents éléments requis pour traiter le programme. Puis, ils découpent ce dernier en séquences pédagogiques et élaborent collectivement les éléments de cours, les exercices, les documents, les textes correspondants.

On croit souvent que les auteurs sont issus de l'Inspection de l'Éducation nationale. En réalité, inspecteurs généraux, inspecteurs académiques, inspecteurs de l'Éducation nationale représentent moins de 7 % des auteurs et directeurs de collection. Les éditeurs recrutent en général leurs auteurs sur le terrain. Les projets sont montés en équipe et longuement testés et validés tant par des enseignants que par les élèves. Ces différentes étapes de validation permettent de consolider la démarche pédagogique et de renforcer son adéquation aux attentes des professeurs.

➤ Qui finance l'achat des manuels ?

La notion de « gratuité » des manuels est ambiguë. Certes, les élèves n'achètent plus leurs manuels car ils leur sont prêtés par l'établissement et ils doivent les rendre à la fin de l'année. Mais les manuels scolaires sont bel et bien achetés aux éditeurs privés.

À l'école primaire, ce sont les communes qui achètent les manuels scolaires, mais elles n'ont pas l'obligation de le faire. **Au collège**, c'est l'État qui finance les manuels au niveau de chaque département. **Au lycée**, depuis 2004, ce sont les régions qui s'en chargent, mais pas toujours en totalité. Chaque collectivité a sa méthode : dotation directement versée au lycée ou chèques livres et cartes à puce permettant aux parents d'acheter les ouvrages.

Le prix d'un livre de primaire est d'environ 10 €, un livre de collège : 15 €, un livre de lycée : 25 €. Ces prix s'entendent hors remises pratiquées notamment lors des achats par les collectivités locales, puisque le manuel scolaire est une exception à la loi sur le prix unique du livre (dite loi Lang). Les manuels français sont beaucoup moins coûteux qu'aux États-Unis (il faut compter 28 € pour un livre de primaire) ou qu'en Suède (19 €). Aux Pays-Bas, le livre d'un lycéen coûte plus de 45 €.

➤ En combien de temps fait-on un manuel ?

Pour la mise en œuvre d'un nouveau manuel, les éditeurs disposent généralement d'un délai de 12 mois entre la publication d'un nouveau programme et la mise à disposition de l'ouvrage entre les mains des élèves. Ce qui n'empêche pas un travail de fond, commencé souvent en amont, et qui peut élever la durée de réalisation d'un manuel. Les manuels de langue, d'apprentissage de la lecture nécessitent souvent un minimum de 2 à 3 ans.

Il s'agit, en effet, de transposer les résultats d'une recherche pédagogique en méthode d'apprentissage.

➤ Comment sont-ils choisis ?

Au primaire, ce sont les professeurs des écoles qui font leur choix parmi les spécimens envoyés par les éditeurs. Il est conseillé d'ailleurs de prendre le temps de la concertation : un temps de réflexion et d'appréciation est nécessaire pour voir si le manuel proposé est adapté au public et facile à utiliser.
Au collège et au lycée, c'est un « conseil d'enseignement » qui réunit les professeurs d'une même discipline. Les parents n'ont aucune possibilité d'intervenir sur ces choix.

➤ Le ministère contrôle-t-il les manuels ?

En France, il n'existe aucun organe officiel d'habilitation des manuels. Le ministère de l'Éducation nationale n'intervient qu'en cas d'« atteintes à la morale, à la Constitution et aux lois ».

➤ Halte au photocopillage !

Le logo « halte au photocopillage » est désormais apposé sur tous les livres scolaires ou presque pour plusieurs raisons :
– une raison pédagogique : le texte photocopié est souvent un extrait qui s'intègre mal au cahier de l'élève. Distribué au coup par coup, de qualité souvent médiocre, plus ou moins bien collé dans le cahier, il n'offre pas à l'élève la progression structurée qu'apporte un manuel, les repères des couleurs. Par ailleurs, avec des photocopies distribuées au jour le jour, l'élève est tributaire du maître et de la classe alors qu'avec un manuel au contraire, l'enfant gagne en autonomie.
– une raison juridique : le manuel est une création relevant du Code de la propriété intellectuelle. Sa reproduction pour une utilisation collective est réglementée.
– une raison économique : le coût par page d'une photocopie est élevé. Au prix du papier, il faut ajouter celui de l'achat et de l'entretien du photocopieur. Dans la durée, le total dépasse souvent celui de l'achat d'une série de manuels pour la classe.
– une raison éthique : à l'heure de la protection de l'environnement, il faut rappeler que plus de 20 % des arbres abattus le sont pour le papier. Par ailleurs les photocopieurs consomment de l'énergie et les cartouches d'encre doivent être recyclées car elles sont très polluantes.

L'association SAVOIR LIVRE est animée par six éditeurs scolaires : Belin, Bordas, Hachette, Hatier, Magnard, Nathan. Créée en 1985, elle a pour but de faire connaître le travail des éditeurs scolaires, de promouvoir la notion de manuel scolaire et d'outil pédagogique, d'informer les utilisateurs et d'agir auprès des décideurs afin d'améliorer les conditions de travail des élèves.

(SAVOIR LIVRE, 115 boulevard Saint-Germain 75006 Paris. Tél : 01 40 46 69 80. www.savoirlivre.com)

Le livre du maître, qui l'accompagne presque toujours, est un véritable mode d'emploi du manuel destiné aux professeurs. Il explicite les choix didactiques des auteurs et les modalités d'utilisation du manuel. Il propose d'autres questionnements et des exploitations diversifiées et permet ainsi à l'enseignant de se positionner et d'adapter ses stratégies didactiques et pédagogiques aux spécificités de sa classe.

Méthodes et documentation

On ne peut préconiser aux élèves d'organiser et de rationaliser leur scolarité sans soi-même adopter de bonnes méthodes de travail. Savoir se constituer une documentation personnelle ne se résume pas à un outil mais est une démarche de culture générale.

Se constituer une documentation

– Confectionner des dossiers autour de sa discipline. Penser à varier les types de documents qui seront utiles un jour ou l'autre : extraits de presse écrite, catalogues d'éditeurs, citations, bonnes adresses, références bibliographiques, statistiques, cartes, graphiques, anecdotes, dessins humoristiques de presse, photos, etc. Ne pas hésiter parfois à photocopier un document susceptible d'être classé dans deux dossiers distincts : le jour où l'on veut s'en servir, cela évite d'avoir à le chercher longtemps ne sachant plus où on l'a rangé ;
– Indiquer lisiblement la date et la référence pour tous les documents isolés, du type citation extraite d'un livre ou articles de presse. Un document sans sources n'a pas de valeur et n'est pas utilisable en classe ;
– Pour se mettre à jour des actualités et évolutions de sa matière et ainsi en faire profiter son cours, rien de tel qu'un ou deux abonnements à des revues spécialisées de bon niveau scientifique ou à des revues disciplinaires publiées par une association d'enseignants. Certaines revues et *newsletters* ne sont accessibles que par abonnement électronique. On peut en tout cas, avec profit, être informé gratuitement et régulièrement du sommaire de ses revues préférées, dans sa discipline ou sur ses centres d'intérêt, et les recevoir directement sur son mail en s'abonnant à une lettre d'information. Le procédé est simple et toujours le même. Par exemple, pour la revue de géographie *M@ppemonde*, utile aux professeurs d'histoire-géographie, il suffit pour s'abonner d'aller sur le site : mappemonde.mgm.fr/abonnement.html, puis de remplir un formulaire, de l'envoyer et d'attendre le mail de confirmation de son inscription ;
– Une bibliothèque personnelle est sans doute l'outil le plus indispensable à l'enseignant. En veillant à avoir toujours à por-

tée de main les ouvrages usuels de tout prof (un dictionnaire orthographique, un dictionnaire des noms propres, un dictionnaire des synonymes, un atlas historique et géographique, un guide des sites Internet, et si possible une encyclopédie), ainsi que les livres de base de sa discipline (manuels scolaires, ouvrages universitaires de référence, programmes officiels, un guide de pédagogie, un livre de didactique de la discipline).

Une démarche de culture générale

Comment élargir sa culture générale ? C'est souvent nécessaire pour répondre aux questions des élèves sur des sujets connexes aux cours.

Pour obtenir des fiches de culture générale très bien faites, on peut consulter : http://www.maculturegenerale.fr/collections/all

! Des émissions libres de droits

C'est un progrès, depuis le 1er janvier 2007 et pour les émissions diffusées à partir de cette date, les enseignants peuvent passer en classe en direct, enregistrer et utiliser à des fins pédagogiques des émissions des chaînes hertziennes qui ne l'étaient pas auparavant. Ces « œuvres libérées de droits pour la classe » sont celles diffusées sur TF1, France 2, France 3, France 5, Arte, M6, les chaînes diffusées gratuitement sur la TNT (Direct 8, W9, TMC, NT1, NRJ12, La Chaîne parlementaire/Public Sénat, France 4, i Télé, Europe 2 TV, BFM TV, Gulli) et les émissions en clair de Canal +.

Pour éviter toute sanction pour cause d'illégalité, il est recommandé de ne pas conserver ces copies au-delà d'un an. Le nouvel accord signé avec les sociétés de production représente une avancée mais ne remplace pas une véritable « exception pédagogique » : la possibilité pour les enseignants d'utiliser à fin pédagogique tout support quel qu'il soit et sans limite.

Pour des répertoires de banques d'images :
http://eduscol.education.fr/cdi/res/ressource-enseignement/banques_dimages_lib

2- CONSTRUIRE LES SÉANCES DE COURS

C'est le souci du détail incluant les différentes étapes de déroulement d'une séance qui va rendre son efficacité à la préparation et sa fluidité au cours lui-même.

Comment se fabrique une situation d'apprentissage

Séance et séquence

D'abord, il est nécessaire de clarifier les enjeux de la leçon, les savoirs et notions à faire acquérir aux élèves, ainsi que la place de la leçon dans une progression ponctuelle (au sein d'une séquence pédagogique) ou annuelle en faisant notamment le point sur ce qui a été réalisé au cours d'avant ;

Construire une situation d'apprentissage complète incluant :
– Le problème posé : mise en perspective du cours, centre d'intérêt, usage courant de la (ou des) notion(s) ;
– La consigne de travail : veiller à la cohérence entre les consignes inscrites, celles figurant sur les documents distribués aux élèves et ce qui peut figurer d'équivalent dans le manuel. Le décalage entre le vocabulaire de l'enseignant et celui du manuel est une source de perplexité ou d'erreur pour les élèves lorsqu'ils travaillent chez eux ;
– Les modalités du cours : élève, groupes, classe/disposition des tables, supports prévus ;
Prévoir le cours tel qu'il doit se dérouler en détail, incluant les différentes séquences, les exercices demandés, le temps de participation des élèves, le timing (estimation souple du temps de chaque tâche), le type d'évaluation et le travail ou les devoirs qui seront à faire à la maison, avec à chaque découpage : ce que doit faire l'enseignant et ce que doivent faire les élèves ;
– En tout dernier lieu, prévoir de consacrer les cinq dernières minutes de la leçon à une sorte de bilan. Donner d'abord quelques minutes aux élèves pour qu'ils analysent eux-mêmes ce qu'ils ont fait, réussi, acquis, compris. Puis, conclure soi-même si les objectifs fixés au départ ont été ou non atteints. Enfin, trouver une phrase clé, une citation choc, ou encore un document original pour marquer la fin de la séance.
Après quelques années de pratique, il est très utile de pouvoir disposer d'un arsenal de rechange pour la leçon (c'est un idéal à atteindre) : une préparation concurrente de la préparation originale au cas où le cours « ne prend » vraiment pas, une alternative au cours magistral à l'aide des Tice, ou, au moins, un document plus attractif de réserve.

! L'être humain retient en moyenne 10 % de ce qu'il entend, 20 % de ce qu'il voit, 30 % de ce qu'il entend et voit en même temps, 80 % de ce qu'il fait et 90 % de ce qu'il fait en le commentant. Un bon cours suppose donc un minimum de discours du prof et un maximum de travail personnel de l'élève ainsi qu'une variété de supports. Par ailleurs, même une mémoire bien entraînée perd le fil d'une présentation qui dépasse sept articulations. Mieux vaut donc découper son cours en conséquence.

Connaître les supports de presse dédiés ou adaptés pour l'enseignement

➤ Publications de Canopé (ex Scéren-CNDP) :

Textes et Documents pour la Classe :
https://www.reseau-canope.fr/notice/textes-et-documents-pour-la-classe.html
Diversité : https://www.reseau-canope.fr/notice/diversite.html

➤ Publications de La Documentation française :

Cahiers français :
ladocumentationfrancaise.fr/catalogue/3303330400009/index.shtml
Documentation photographique :
http://www.ladocumentationfrancaise.fr/revues/3303333000009-documentation-photographique-abonnement-aux-dossiers-complements-numeriques

➤ Publications du groupe Le Monde :

Le Monde diplomatique :
monde-diplomatique.fr
Courrier international :
courrierinternational.com
Télérama :
telerama.fr

➤ Publications du groupe Sciences Humaines :

Le magazine Sciences Humaines et Les Grands Dossiers.
scienceshumaines.com
Le cercle psy : http://le-cercle-psy.scienceshumaines.com/

➤ Publications ou médias culturels :

La revue XXI :
revue21.fr
France Culture :
franceculture.fr
Radio France Internationale :
rfi.fr
La chaîne de télévision Arte :
http://www.arte.tv/fr
Le site d'investigation Mediapart :
https://www.mediapart.fr/

➤ Bibliothèques :

Pour se repérer dans ses recherches en bibliothèque, il faut savoir que le fichier matières regroupe les livres par thèmes indexés en général selon la Classification décimale universelle (CDU). Pour obtenir la liste de cette classification en français : http://www2.fr.ch/bcu/N/la_BCU/cooperation/Bib_uni/SCANT_Generalites.pdf

Faut-il avoir des notes de cours ?

Il vaut mieux ne pas rédiger l'ensemble du texte de son cours, ce serait anti-pédagogique. En revanche, il est très utile de procéder à la rédaction de deux plans : l'un succinct, et l'autre détaillé, qui ne mentionneront que les articulations de l'exposé. Cela permet d'avoir le plan bien en tête et de pouvoir le distribuer l'écrire au tableau ou le passer en PréAO (présentation assistée par ordinateur) durant le cours. Pour créer des relances de l'auditoire, ce plan peut inclure les moments de débat et les questions qui seront posées à la classe. À ce sujet, il faudra veiller à favoriser les questions ouvertes et non fermées.
Prévoir, le cas échéant, des notes de cours très aérées, écrites en traitement de texte avec une police de caractères et une force de corps lisibles d'assez loin, afin de pouvoir y jeter un œil si l'on est debout ou au tableau[2].

De la gestion du temps

L'organisation de son emploi du temps est impérative à l'enseignant qui, en dehors de ses heures de service dans l'établissement, se retrouve face à lui-même. À côté des cours, le temps hebdomadaire moyen alloué par un enseignant est, selon les disciplines et les niveaux, de 5 à 8 heures aux corrections de copies, de 6 à 9 heures à la préparation de cours, et de 3 à 5 heures en présence dans l'établissement (conseils, réunions pédagogiques et rencontres avec les parents).

Comment accélérer la correction de copies

Les enseignants consacrent en moyenne une heure de moins à la correction de copies qu'à la préparation de cours, soit sept heures hebdomadaires. L'exercice semble plus lourd au lycée qu'au collège, notamment parce que les types de devoirs demandés à partir de la seconde sont plus costauds (dissertation par exemple).

Deux possibilités pour réduire le temps de correction :
Éviter de la morceler en plusieurs fois dans la semaine et l'attaquer d'une traite permet d'acquérir à la longue une sorte d'automatisme, des réflexes fonctionnant comme une mécanique bien huilée.
Classer le paquet de la copie la plus longue à la plus courte permet d'aller objectivement plus vite sur la fin, et rassure psychologiquement.

2- Inspiré de C. Gauthier, J.-F. Desbiens, S. Martineau, *Mots de passe pour mieux enseigner*, Les Presses de l'université Laval, 1999 ; A. Rieunier, *Préparer un cours*, T1 et 2, ESF, 2000.

Quelques règles utiles :
– Plus on dispose de temps, plus on en perd. Un travail auquel on ne donne aucune limite a tendance à traîner et n'est pas toujours accompli. Il est donc essentiel de se donner des échéances pour chaque tâche : corriger telles copies en trois heures, par exemple.
– Il faut consacrer du temps à planifier et à noter :
Les rendez-vous de travail avec soi-même (devoirs ou contrôles difficiles à préparer ; paquets de copies à corriger ; temps de réflexion sur l'évolution de ses classes, etc.) ;
Les rendez-vous avec ses auteurs et ses choix de culture générale (émission de radio à écouter ; lecture de tel ou tel roman, etc.) ;
Les rendez-vous avec ses interlocuteurs (collègue, élève, parent d'élève, etc.).
– On gagne en efficacité en redéfinissant périodiquement ses priorités par écrit, par exemple en fin de week-end. Chaque semaine, il faut veiller à réajuster son emploi du temps en fonction de ses nouveaux besoins, de ce que l'on n'a pas eu le temps de boucler, d'un événement inattendu. On peut aussi faire la distinction entre priorité de court terme (terminer le schéma prévu pour le prochain cours), de moyen terme (préparer les bulletins trimestriels) et de long terme (se tenir au courant des avancées universitaires dans sa discipline).

! **La peau de chagrin du temps d'apprentissage scolaire.**
Selon les spécialistes, le temps d'apprentissage scolaire réel serait de seulement 1/4 du temps alloué au départ pour un cours !

3- LES OUTILS CLASSIQUES DU COURS

La salle de classe

Pour organiser une salle de classe de manière efficace, il est recommandé de l'agencer en laissant un espace vide entre son bureau et les pupitres des élèves. De la décorer avec des affiches pédagogiques ou de vie scolaire. De la nettoyer : tableau effacé, présence d'une poubelle, ouverture d'une fenêtre pour l'hygiène. Et de la préparer : toujours veiller à conserver un maximum de fournitures dans l'armoire de classe ainsi que de polycopiés de remplacement, pour pouvoir travailler même si certains élèves ont oublié leur matériel.

La salle de classe est un lieu de vie : au primaire, les enfants y passent tout leur temps ; il faut donc veiller à l'aménager de façon confortable et agréable autant qu'efficace. Au collège et au lycée, les élèves changent de classe, mais le professeur a intérêt à prêter attention également à l'environnement : les adolescents y sont très sensibles. Par ailleurs, au moment de la croissance, les ados grandissent de manière spectaculaire : il faut que les tables soient suffisamment écartées pour qu'ils aient la place de s'installer !
La disposition des tables est fondamentale et elle est fonction du type de travaux et de cours que le professeur souhaite en gager : travail en groupe, cours magistral, etc. (voir chapitre I).

! L'affichage
Déterminant en primaire car il fixe les informations les plus importantes pour les élèves (date, saison, lettres pour les plus petits ; dessins, cartes ou chronologie, mots importants pour les plus grands, etc.), l'affichage permet aussi quand on le peut au secondaire, de faire d'un espace anonyme un lieu humanisé. Sur les murs on peut installer des affiches de type réglementaire : emploi du temps, tableau de service des enseignants, consignes d'évacuation en cas d'incendie, etc. Ainsi que des affiches de type pédagogique : travaux d'élèves, cartes ou schémas didactiques, progressions, etc.

Le tableau

Le tableau (noir ou blanc) a pour principal intérêt de donner aux élèves la possibilité d'adopter un point de vue nouveau, décalé, insoupçonnable sur le cours.
Le plus logique consiste à le découper en trois zones ayant des fonctions bien distinctes. La première conserve l'information « officielle » permanente inscrite durant toute l'heure du cours : date, intitulé de la leçon, objectifs et consignes de travail. La seconde zone peut être considérée comme un brouillon collectif, facilitateur des échanges entre l'enseignant et la classe, et il peut être renouvelé régulièrement au long du cours. C'est le lieu de la pensée « en train de se faire ». La troisième zone est réservée aux explications de détail, aux mots difficiles à orthographier, aux schémas de clarification, etc.

Le tableau blanc interactif (TBI)

Associé à un ordinateur et un vidéoprojecteur, le tableau blanc

interactif[3] permet d'écrire, comme sur un tableau « classique », et de mettre en œuvre des logiciels directement depuis la surface du tableau. Par ailleurs, toutes les actions effectuées sur le tableau blanc peuvent être enregistrées.
Avec cette technologie, il faut investir beaucoup de temps au début pour préparer les cours et pour avoir l'expertise nécessaire. Se garantir un accès suffisamment sûr et régulier aux salles équipées d'un TBI de façon à s'approprier l'outil. Permettre aux élèves d'utiliser directement le tableau notamment par petits groupes. Il est ainsi possible au professeur ou à l'élève, de commenter le document projeté, de faire ressortir tel ou tel élément (surlignage, dessin, raturage). Ces annotations peuvent être sauvegardées avec ou sans le contenu d'origine.
Une large majorité d'enseignants ayant utilisé un TBI déclarent qu'il augmente la motivation des élèves et qu'il améliore leurs performances. Parce qu'ils voient en grand format toutes les manipulations qu'ils auront à effectuer ensuite sur leur poste. Parce que le TBI permet aux élèves, depuis leur place, de rajouter des annotations sur le tableau collectif en mode stylet, et au prof de commander l'ordinateur en mode souris.

Le rétroprojecteur

Il peut être exploité avec des transparents plastiques en rétroprojection simple, ou à l'aide d'un logiciel de PréAO à partir d'un ordinateur. Dans les deux cas, veiller à disposer l'appareil de rétroprojection sur une table roulante, à l'utiliser à l'aide d'un écran mural, et à se servir de feutres effaçables.
Triple avantage : on reste en lumière du jour, face aux élèves, on peut varier les supports et modes d'utilisation : pointage d'un élément précis du document à l'aide d'un crayon, rédaction d'un plan au fur et à mesure du cours, correction d'un devoir à l'aide du corrigé du prof ou d'une copie d'élève photocopiée au préalable en transparent.

La projection audiovisuelle

Sauf à faire un travail spécifique sur un documentaire de 52 minutes de très bon niveau, les documents audiovisuels les plus faciles d'utilisation en cours sont les plus courts (pas plus de 10 minutes). Une diffusion n'a de valeur pédagogique que si elle est active : toujours demander un travail à faire durant ou à la suite de la projection. Éviter les mauvaises surprises en

3- http://ici.radio-canada.ca/nouvelles/societe/2016/02/19/002-tableau-numerique-interactif-classe.html
Voir aussi : http://eduscol.education.fr/cid58415/tableau-numerique-interactif.html

ne projetant jamais un document sonore ou audiovisuel dont on n'aura pas pris connaissance à l'avance[4].

Le photocopieur

« Officiellement, le Principal est l'élément qui se trouve au sommet de la pyramide hiérarchique des personnels du collège. En réalité, il n'en est rien. Le véritable chef d'établissement, celui qui guide l'ensemble des personnels, profs et administratifs surtout, c'est la photocopieuse », ironise le professeur d'anglais Christian Muzyk dans son livre[5].

Dans la mesure où la « catastrophe nationale » pour tout prof s'appelle le « bourrage-papier », puisque ce dernier peut plomber un cours, il n'est pas inutile d'apprendre, à froid, les rudiments minimum de fonctionnement du photocopieur, notamment comment retirer délicatement et sans se brûler la ou les feuilles froissées restées à l'intérieur. Pour éviter les principales pannes, le papier doit être sec et froid, les transparents de bonne qualité et thermorésistants. Appareil très délicat, le photocopieur ne doit pas être déplacé quand il est chaud, et sera couvert après chaque utilisation pour le protéger de la poussière et de l'humidité. Il est aussi utile de le laisser refroidir après trente minutes d'utilisation ininterrompue, et de penser à ne pas l'exposer directement aux rayons du soleil.

! Mieux communiquer

Transparent simple, utilisé avec le rétroprojecteur, ou page-écran projetée sur le TBI, les règles de communication restent les mêmes : un titre et une idée par page, une police de caractères et une force de corps pouvant être lues d'assez loin, des mots-clés utilisant la couleur.

4- LES NOUVELLES TECHNOLOGIES, UNE ÉVOLUTION INÉLUCTABLE

Pour ne pas risquer la « ringardisation » de leur enseignement, les profs doivent opérer un tournant numérique en classe. Aujourd'hui, de nombreux outils et formations sont à leur disposition pour cela. Les résultats de l'utilisation des Tice sont déjà probants pour des matières comme les langues, la géométrie et la musique.

4- Voir par exemple : http://www2.cndp.fr/TICE/ressources_av/

5- C. Muzyk, *Bienvenue en salle des profs*, Albin Michel, 2006. Voir aussi, page 89, les recommandations contre le « photocopillage » des manuels.

L'obsolescence des outils

Les enseignants peuvent être comparés à des artisans : ils préparent leur lieu de travail et se fabriquent la plupart du temps leurs outils eux-mêmes. Les outils déjà conçus par d'autres tels que programmes, manuels, matériel didactique, font souvent l'objet de modifications et de réinterprétations multiples. Mais ces outils subissent une forte obsolescence et doivent donc être changés à période régulière.
Ce phénomène est dû à la lassitude des enseignants eux-mêmes face à des tâches répétées chaque heure, chaque semaine, chaque année, mais aussi aux nombreuses sollicitations extrascolaires des élèves. « Le livre, le film, l'exercice, le dessin, une fois passés aux élèves, voient habituellement s'anéantir leur valeur d'usage et sont frappés rapidement d'obsolescence », expliquent Maurice Tardif et Claude Lessard, auteurs du livre *Le Travail enseignant au quotidien*. Il est donc tout à fait indispensable de se maintenir à l'affût des nouveaux matériels, des derniers procédés, des astuces pédagogiques les plus récentes. Cette stratégie sera sans aucun doute bien perçue par les élèves parce qu'elle permet de rester dans « l'air du temps » pour mieux intéresser son auditoire.

La génération Internet

Pour les jeunes, le tournant technologique a déjà eu lieu, les enseignants sont donc obligés de s'adapter en la matière et de tenir compte des Technologies de l'information et de la communication pour l'enseignement (ou pour l'éducation, autrement appelées Tice). Cela d'autant plus que les établissements et les familles sont désormais équipés.
La déclaration du 13/01/07 des 11e Rencontres de l'Internet qui se sont tenues à Autrans et font référence en la matière, formule plusieurs demandes des jeunes à l'adresse des politiques : « Il faut mettre à disposition de chaque jeune, au moins dès l'âge de 10 ans, gratuitement, un ordinateur portable personnel. Il faut généraliser l'accès hertzien libre et gratuit aux débits moyens, y compris dans les banlieues et en zone rurale. L'enseignement doit entraîner les jeunes à devenir, non plus seulement des récepteurs de connaissances, mais des producteurs de contenus sur Internet. Les compétences acquises par des démarches personnelles créatives sur Internet doivent être reconnues et validées[6]. »

6- http://www.a-brest.net/article3763.html

Faut-il utiliser les jeux vidéo ?

« À la périphérie des activités scolaires naissent un grand nombre d'activités périscolaires utilisées ou inventées par les élèves et largement ignorées ou décriées par l'école. Il y a pourtant des gisements de compétences immenses à prendre en compte dont l'école pourrait tirer meilleur parti pour le réinvestir dans ses propres missions. Il ne s'agit pas du tout de dire : faisons des jeux vidéo à l'école, mais plutôt : utilisons dans la culture des jeux vidéo ce qui peut être une compétence reconnue par l'institution. Il y a des élèves qui sont capables d'aller jusqu'à paramétrer des jeux vidéo, d'autres qui ont compris que la possibilité de mourir plusieurs fois dans un jeu vidéo correspond au tâtonnement de la démarche expérimentale scientifique, d'autres encore qui s'offrent de la formation collective sur leurs sites de fans », explique Jean-Louis Weissberg, maître de conférences en sciences de l'information et de la communication à l'université Paris XIII.

L'impact pédagogique des Tice pour les élèves

Le regain d'intérêt pour les cours dû à l'attrait pour la nouveauté, à l'apport de l'image, du son, de l'interactivité, à un rythme différent, à des possibilités de simulation et à l'accès à des documents authentiques ;

L'individualisation des parcours, c'est-à-dire la possibilité pour chaque élève ou chaque groupe d'élèves de progresser à son rythme ;

L'interactivité et le développement de l'autonomie, c'est-à-dire que l'élève doit apprendre « à construire » son savoir et non plus seulement à « recevoir » un savoir transmis, il produit plus qu'il ne reproduit ; la compréhension de ses échecs et l'obligation à penser par soi-même, notamment en devenant « producteur » de contenus (page perso, blog, site collectif d'une classe, etc.), à l'inverse du système traditionnel qui a pour habitude de faire rédiger ou réciter la pensée des autres ;

La culture numérique consistant à tisser des liens entre des notions ou entre des sites, elle est l'outil idéal pour promouvoir ou développer la culture au sens large. Janique Laudouar, chef du projet Numedia-edu au rectorat de Paris, explique : « Quand je regarde une statue dans un musée, ce que l'on appelle ma culture, ce sont bien les liens que je suis capable de faire entre cette statue et un livre ou un monument qui font partie de mon background. La culture numérique utilise ce même réflexe en le rendant automatique : les élèves consultent sur Internet, chaque

site les renvoie à d'autres liens leur permettant soit d'enrichir leur capital culturel sur un sujet, soit de capitaliser des connaissances n'ayant rien à voir avec le sujet, trouvées au hasard des recherches, et dans ce cas d'élargir leur bagage » ;
Les résultats sont probants notamment dans des matières telles que les langues, les mathématiques (géométrie), la musique, les sciences physiques (simulations), la technologie.

! **Le dispositif e-twinning** permet à des classes de pays européens différents de coopérer pour mettre en place une activité pédagogique par le biais des nouvelles technologies.
Site du dispositif : http://www.etwinning.fr/

5- DEMAIN, UN PROF NUMÉRIQUE ?

Au milieu des années 1980, un grand débat avait agité la communauté éducative lorsqu'il s'était agi d'appliquer le plan « Informatique pour tous » : les enseignants s'étaient émus, craignant qu'on substitue l'ordinateur à l'enseignement traditionnel. Chacun sait aujourd'hui que l'ordinateur ne peut remplacer un cours dispensé par un enseignant. Les mêmes craintes se sont exprimées avec l'arrivée du « tout numérique ». Là encore, il n'est pas question de substituer une forme d'enseignement à une autre, mais bien d'utiliser des outils hyper performants de façon optimale[7].

Photographie des utilisateurs

Au niveau national, on peut dire qu'en moyenne un tiers des enseignants fait un usage régulier des Tice en classe. Cet ordre de grandeur inclut les plus férus des praticiens jusqu'aux plus faibles (n'utilisant que l'ordinateur et le vidéo projecteur). Ensuite, vient une bonne moitié de professeurs qui s'interrogent, ayant des usages ponctuels et hésitants. Enfin, environ 10 % d'irréductibles retardataires refusent d'utiliser les Tice.
Le paradoxe reste entier car bien qu'une grande majorité des professeurs de France soient aujourd'hui connectés à Internet à leur domicile, une bonne part d'entre eux ne voit pas l'intérêt de cette culture numérique pour la classe. Pourtant, selon certaines études, près d'un enfant sur trois entre 6 et 8 ans, et plus de trois sur quatre entre 13 et 14 ans utilisent Internet souvent en toute liberté à la maison. Parmi les adolescents, une fois couchés, 54 % utilisent leur portable, et la nuit, 6 %

7- http://www.edutheque.fr/accueil.html

se réveillent naturellement pour jouer sur Internet, 11% se connectent aux réseaux sociaux et 15% envoient des sms. Il semble donc temps que la figure du prof numérique émerge[8] !

Des inquiétudes fondées, mais un changement inéluctable

Le lourd passif des Tice dans l'imaginaire enseignant tient peut-être à l'héritage des années 1970-1980, durant lesquelles les premières expériences réalisées à partir de logiciels d'enseignement programmé avaient laissé planer l'idée que la machine allait se substituer au prof. Les expériences les plus récentes montrent bien qu'il n'en est rien. De plus comme le rappelle le journaliste Emmanuel Davidenkoff : « L'industrie numérique se nourrit d'horizontalité, de coopération, de confiance *a priori*. Le système éducatif, lui, réagit à une commande verticale, aux notes, à la mise en compétition des élèves, au contrôle » (http://www.scienceshumaines.com/la-revolution-numerique-aura-t-elle-lieu_fr_33131.html). Certes, la crainte que les élèves en sachent plus que soi dans ce domaine reste justifiée. Et utiliser les Tice exige, au moins dans les premiers temps, un surcroît de travail non négligeable qui n'est pas valorisé par l'institution. Mais l'intégration des Tice à sa pédagogie est une remise en cause nécessaire, sous peine d'être ringardisé. Ce que confirme Serge Pouts-Lajus, consultant du cabinet Éducation et Territoires qui conseille les collectivités en matière de politique éducative : « Sur le terrain, les enseignants souvent désemparés nous confient avoir de plus en plus de mal à faire accepter aux élèves des cours conventionnels qui n'intègrent pas les usages élémentaires du numérique. Et ainsi se creuse le décalage entre générations. »

Les élèves semblent plus respectueux du prof en phase avec la société de l'information parce qu'il appartient à leur monde, qu'il les prépare au monde tel qu'il est avec les compétences qu'il réclame. De son côté, le professeur ne peut pas accepter que l'univers de ses élèves ne lui soit pas accessible. La culture, au sens large, est en train de devenir numérique, et le système éducatif ne saurait se dispenser de donner à chaque élève, futur citoyen, la formation nécessaire à l'usage rationnel des outils numériques[9].

8- Sur les attitudes des enseignants vis-à-vis des Tice : Note évaluation de la DEP, 03-04, 2004.

9- Voir « Mémoire des usages », *Les Dossiers de l'ingénierie éducative* n° 50, Scéren/Cndp, Montrouge, mars 2005.

L'accent mis sur la formation numérique des enseignants

Le ministère a lancé, depuis plusieurs années des actions d'information et de formation auprès des collectivités locales et des inspections académiques.

La rapide évolution des technologies nouvelles a engendré au cours de ces dernières années une progression notable des équipements disponibles dans les établissements d'enseignement. Tout enseignant est désormais concerné par l'usage des outils propres à ces technologies et leur intégration dans les pratiques pédagogiques.

Pour aider les enseignants à faire évoluer leur pratique pédagogique en intégrant harmonieusement les outils numériques à leurs cours, un programme de formation à la fois initiale et continue est mis en place sur l'ensemble du territoire dès janvier 2016. Il s'agit de :

• Une formation de trois jours par an dédiée au numérique à destination des enseignants

• Des formations à distance pour tous les enseignants et les professeurs stagiaires via la plateforme de formation Magistère (https://magistere.education.fr/)

• Le développement de cours en ligne, appelés Moocs, pour les enseignants et les professeurs stagiaires sur le portail France université numérique (https://www.fun-mooc.fr/)

• À la rentrée 2016, une plateforme en ligne nationale, réalisée par Canopé, mise à disposition des enseignants permet de présenter toutes les ressources pédagogiques numériques, gratuites ou payantes, produites par les éditeurs privés ou publics (le site http://www.edutheque.fr/accueil.html existe déjà et propose des ressources pédagogiques, culturelles et scientifiques en accès gratuit pour les enseignants)

• D'ici la rentrée 2018, l'objectif consiste à doter d'équipements individuels mobiles, sous forme de tablette, tous les collégiens de France

Les évolutions salutaires du métier : l'exemple landais

« Quand, il y a sept ans, je suis entrée dans la classe et que j'ai vu ces trente têtes d'élèves rivées sur leur écran d'ordinateurs portables, j'avoue avoir été un peu déroutée. Je me suis dit, ils ne me regarderont plus, je vais être obligée d'inventer une autre manière de faire cours ! Et puis, je me suis adaptée. J'ai par exemple imposé que l'on baisse les écrans quand je prends la parole. J'ai commencé à plus circuler dans la classe, et j'en suis arrivée à une conclusion : avec l'informatique en classe, il y a moins d'élèves inattentifs, le groupe travaille plus qu'avant, chacun fait toujours appel à moi, donc mon autorité naturelle d'enseignante n'a pas été atteinte », témoigne Fabienne Saint-Germain, professeur d'histoire-géographie au collège Jean Moulin de Saint-Paul-lès-Dax. Nous sommes dans les Landes où depuis 2001 tous les élèves de 4e et 3e du département ont leur ordinateur portable personnel et rentrent tous les soirs avec à la maison. En plus de sa capacité à transmettre des connaissances, le prof doit être une personne-ressource capable d'accompagner ses élèves dans les arcannes de la culture numérique.

Personne-ressource, et pourquoi pas même créateur de contenus, catalyseur... La nature du métier est donc bien en train d'évoluer. Les uns, face à ces mutations, mettent en avant la question de l'équilibre entre deux fonctions éternelles de la profession : transmission et accompagnement. Équilibre qui risque de basculer demain un peu plus au profit de la seconde. Les autres préfèrent parler de nouveau paradigme, évoquant le passage d'un rapport vertical où le maître « sait » et les élèves « apprennent », à un rapport horizontal où prof et élèves se situeraient ensemble sur une plate-forme de collaboration. On mesure le chemin restant à parcourir [10]!

Rentrée 2016 : les écoles et collèges qui entrent dans l'ère numérique

Après une première année d'expérimentation menée dans 600 écoles et collèges, depuis fin 2015, un appel à projets, porté par les collectivités territoriales ainsi que les rectorats et doté d'un budget de 99 millions d'euros, est lancé pour faire entrer les collèges dans un dispositif massif d'équipement mobile des élèves de 5e. A l'issue d'une première phase de cet appel à projet, au printemps 2016, ont été retenus les dossiers de 738 collèges ainsi que ceux de 225 écoles associées, soit 963 établissements, représentant plus de 80 000 élèves et 11 000 enseignants. Une soixantaine de département et 23 académies se sont ainsi engagés dans ces projets numériques pour les collèges et les écoles.

Pour une étude de la DEPP sur les collèges connectés : http://cache.media.education.gouv.fr/file/2016/20/8/depp-ni-2016-02-CoCon-2014-2015_527208.pdf

Pour le dispositif D'COL destiné aux élèves les plus faibles de l'éducation prioritaire : http://cache.media.education.gouv.fr/file/2016/22/7/depp-ni-2016-03-D-COL-2014-2015_527227.pdf

10- De nombreuses expériences de ce genre sont en train de se monter (voir le site educnet à ce sujet). Sur l'expérience landaise : landesinteractives.net
Pour analyser un rapport de l'IGEN sur l'expérience landaise :
http://cache.media.education.gouv.fr/file/2013/08/3/R_2012-148_collegien_250083.pdf

L'enseignant, toujours irremplaçable

Dans cet immense champ technologique et culturel des Tice, qui d'autres que les enseignants pourraient pourtant :

aider les élèves à apprendre à faire le tri dans les résultats donnés par les moteurs de recherche, et à comparer les informations provenant de plusieurs sources ;

permettre aux élèves de s'interroger sur la façon dont les résultats de ces moteurs de recherche peuvent orienter ou limiter la pensée ;

enrayer la pratique du plagiat intellectuel développée par Internet, ou celle du copier/coller, et amener les élèves à s'interroger sur l'intérêt d'une démarche avec laquelle ils peuvent présenter des « œuvres personnelles » sans même avoir lu ce qu'ils ont écrit ;

occuper la place réelle et symbolique permettant de penser et de prendre ses distances par rapport à cette nouvelle complexité de l'information.

Cette « éducation au doute » revendiquée par François Jarraud, rédacteur en chef du site cafepedagogique.net, est indispensable : « Face aux réflexes pavloviens des élèves qui consistent à ne faire appel qu'à Google ou Wikipédia, il faut promouvoir une éducation critique sur les ressources, pour laquelle l'école reste la mieux placée. »
En quelque sorte, face à toute la masse d'informations véhiculée par les médias à travers les nouvelles technologies, le professeur doit donner des clés, il doit être le « surcodeur » qui permet de comprendre et de s'y retrouver.

Comment parfaire sa culture numérique ?

Transdisciplinarité

Il s'agit d'approfondir les nouveaux enjeux éducatifs liés à l'impact des Tice, incluant la manière dont la prolifération des réseaux et la production Internet des connaissances supposent l'avènement de la transdisciplinarité. Il faut également se prémunir contre ce qu'Edgar Morin nomme « l'esprit propriétaire » qui guette certains spécialistes trop refermés sur leur territoire disciplinaire et développer la transdisciplinarité[11].

Communautés virtuelles

Les échanges de courriers électroniques entre enseignants et la consultation de sites spécialisés favorisent une mutualisation des pratiques et des expériences qui stimule la

11- P.-L. Harvey, G. Lemire, *La Nouvelle Éducation. NTIC, transdisciplinarité et communautique*, Les Presses de l'université Laval/L'Harmattan, 2001.

réflexion de chacun et permet d'optimiser certains supports ou préparations de cours. Pour échanger, débattre, travailler avec des équipes virtuelles d'enseignants, accéder à des ressources, des services et à la dernière actualité dans le domaine des Tice, des sites font référence :

Pour la formation continue des professeurs des écoles :
https://magistere.education.fr/

Pour les professeurs de collège :
http://www.edutheque.fr/accueil.html

Pour les professeurs de lycée :
http://eduscol.education.fr/prep-exam/

Pour tous les enseignants :
http://www.cafepedagogique.net/Pages/Accueil.aspx
Grâce à ce site, vous pouvez recevoir par mail, comme 250 000 collègues, un flash d'informations pédagogiques quotidien gratuit en vous abonnant à L'Expresso.

6- L'APPORT DES TICE POUR PRÉPARER SES COURS ET EN CLASSE

Une économie de temps

« Les tâches les plus répétitives, la préparation des cours et le transfert des connaissances, tout comme le traitement des piles de copies, seront largement prises en charge par l'ordinateur. Autant de temps et d'énergie économisés par l'enseignant, qu'il pourra mettre au service d'une pédagogie prenant en compte le rythme d'apprentissage de chaque élève », écrit le journaliste du *Monde*, Michel Alberganti. La culture numérique rompt radicalement avec le « tout présentiel ». Elle introduit une notion de plus grande disponibilité des enseignants à l'égard des élèves hors temps scolaire. Elle rend le temps scolaire plus élastique pour les élèves comme pour les professeurs. Or, ces derniers ne semblent pas disposés à accepter de telles modifications sans compensations d'ordre financier ou sans reconnaissance. Le ministère de l'Éducation nationale, pour accom pagner les professeurs, sera contraint de suivre ces évolutions.

À quoi sert « l'espace numérique de travail » (ENT) ?

Dans leur semaine de travail, les enseignants manquent de plus en plus de temps. En plus des cours, les plages horaires consacrées aux tâches administratives, à la coordination au sein de l'équipe pédagogique, aux relations avec les familles sont en augmentation constante. L'espace numérique de travail représente de formidables réservoirs de productivité faisant gagner un temps précieux.

L'espace numérique de travail[12], parfois aussi appelé cartable électronique, cartable numérique ou bureau virtuel, est une plate-forme d'échanges qui rassemble tous les membres de la communauté éducative d'un établissement, et leurs interlocuteurs au sein de l'académie et de la collectivité. C'est le prolongement numérique de l'établissement, accessible 7 jours sur 7. L'ENT est un « portail de service en ligne », c'est-à-dire un site web sécurisé, offrant un point d'accès unique où l'enseignant, l'élève et les autres membres de la communauté pédagogique, peuvent trouver les informations, contenus, outils et services numériques dont ils ont besoin. L'ENT est également destiné aux parents d'élèves, et leur donne les informations concernant leur enfant et son établissement, ainsi que les moyens de communiquer avec le personnel éducatif.

Grâce à l'ENT, lors de l'ouverture de son espace personnel, l'utilisateur bénéficie d'une identification unique, commune à toutes les applications et ressources, locales et distantes.

À chaque enseignant de choisir ses outils

Alain Jaillet, enseignant-chercheur à l'université Louis-Pasteur de Strasbourg rappelle : « Les professeurs ont tendance à faire comme si l'ordinateur était un outil comme les autres à l'image d'un stylo ou d'un manuel. Or, ce n'est pas en banalisant l'outil

Les 10 questions clés à se poser pour mettre en place son projet ENT

Un projet d'ENT est avant tout de nature partenariale, mais il est nécessaire qu'il soit porté par un promoteur ayant une vision claire de ce qu'il veut faire.

1. Imaginer, lancer le projet
2. Qui mobiliser, associer au projet ?
3. L'état des lieux : d'où part-on ?
4. Le cadrage stratégique : quels enjeux, quels objectifs ?
5. Le plan d'action : où faire porter l'effort ?
6. L'étude de définition et de faisabilité
7. Comment organiser les partenariats et le financement ?
8. La mise en œuvre
9. Le lancement et le déploiement
10. Et après ?

12- Sur les ENT : http://eduscol.education.fr/cid55726/qu-est-ent.html
« Du cartable électronique aux espaces numériques de travail », *Les cahiers pratiques du développement numérique des territoires*, n° 5, La Documentation française, 2004.

mais en l'adoptant, en essayant d'en tirer parti au mieux qu'ils peuvent s'en faire un allié. » Ainsi, grâce à l'ENT, l'enseignant a accès à de nombreux services :
– liés à la vie scolaire : emploi du temps, notes, bulletins, absences, réservations de salles et de matériel, informations administratives ;
– liés à la pédagogie : suivi individuel, tutorat, cahier de texte, logiciels pédagogiques ;
– liés à la documentation : catalogues, dictionnaires, bases de données ;
– liés à l'administration : annuaire des élèves, enseignants, personnels administratifs, parents, intervenants extérieurs ;
– liés à la communication : courrier électronique, accès Internet, listes de diffusion, discussion en direct (« chat »).

Dans la forêt des **ressources documentaires en ligne** à destination des enseignants, trois dispositifs standardisés permettent d'accéder à des contenus de différents éditeurs ayant mutualisé leurs services et proposant un classement par discipline, par niveau, par type de ressource, par support et par éditeur :
– L'Espace éducation de la Maif : http://www.assistancescolaire.com/
Pour les enseignants qui préparent le concours d'admission : accès aux annales corrigées et à des clips pédagogiques, etc.
Pour les enseignants en fonction : outils pédagogiques d'assistance scolaire, fiches pédagogiques, base documentaire, etc.
– Le canal numérique des savoirs : cns-edu.com
– Le kiosque numérique de l'éducation : kiosque-edu.com/
Pour les enseignants qui souhaitent se former eux-mêmes à de nouveaux savoirs pour optimiser leurs connaissances, il existe aujourd'hui de très nombreux cours en ligne appelés MOOC, pour Massive Online Open Course. Le ministère de l'Enseignement supérieur et de la Recherche a mis en place une plateforme dédiée entre autre aux enseignants: France Université Numérique (FUN). https://www.fun-mooc.fr/
Il existe aussi un répertoire des MOOC francophones:
http://mooc-francophone.com/liste-mooc-en-francais/
Le site de référence qui liste plus de 1000 cours gratuits en ligne: http://fr.openclassrooms.com/

Comment créer un cours en ligne ?

Les enseignants ont la possibilité de créer des supports parfaitement adaptés aux difficultés de leurs élèves à un instant T, et proposer par exemple leur support de cours en ligne accessible à tous leurs élèves, ou à des élèves absents pour leur permettre de rattraper leur retard dans de bonnes conditions. Certains logiciels permettant de concevoir des supports d'auto-apprentissage peuvent être enregistrés, éventuellement enrichis d'images, de séquences audio, de liens, et ensuite distribués sur CD-Rom, placés en ligne ou podcastés[13].

Pour mettre à la disposition des élèves des contenus articulés selon une logique d'apprentissage, il est nécessaire de faire appel aux bons outils et de s'informer[14].

Voici une sélection de logiciels Open Source. C'est-à-dire des programmes dédiés à l'enseignement pouvant être modifiés ou améliorés par n'importe quel utilisateur :

Gimp : gimp.org
Scribus : cndp.fr/crdp-dijon/-PAO-avec-Scribus-.html
Sankore : http://open-sankore.org/fr
OpenOffice : openoffice.org/fr/

L'apport des Tice en classe : quelques exemples

Les usages des Tice sont très variés. En connaître quelques expérimentations ne peut qu'enrichir les pratiques de classe.

Garantir la gestion pédagogique de la classe par l'ENT

Destiné aux enseignants de maternelle, d'élémentaire, de l'enseignement spécialisé ou d'anglais intervenant dans le primaire, C@jou est un ENT d'aide au travail quotidien. Il est conçu pour donner de la rigueur dans la gestion de l'acquisition des compétences des élèves. Il permet à l'enseignant de mettre en regard les ressources avec les compétences qu'il veut faire passer. De créer ou de trouver des programmations en fonction des objectifs qu'il s'est fixés et d'y remédier à tout moment, y compris à l'issue de chaque séquence, grâce à un outil d'évaluation instantané, ciblé et individuel. Il est par ailleurs possible à chaque instant, pour un élève donné, de connaître l'état de ses acquisitions[15].

Travailler à l'aide d'un manuel scolaire électronique évolutif

Certaines classes travaillent avec des manuels électroniques fournis sur une tablette PC à écran tactile qui évoluent en fonction des besoins exprimés par les enseignants qui en font l'expérience. Les éditeurs peuvent en effet personnaliser l'outil pour les enseignants (création de parcours à la carte, apport de documents *via* Internet...) et pour l'élève (cahier, palette

---

13- Sur le podcasting (baladodiffusion) dans l'enseignement : http://polenumerique.ac-creteil.fr/Baladodiffusion-s-enregistrer-en

14- Un guide très complet pour les enseignants qui veulent se lancer dans la formation en ligne : http://www.fao.org/docrep/015/i2516f/i2516f.pdf

15- epi.asso.fr/revue/sites/s0405i.htm

graphique...). Les possibilités sont très larges : navigation par hypertexte systématique, nouveaux médias (audio, vidéo, animations), fonctions de prise de notes, d'ajout de calques sur tous documents ou de réorganisation des ressources du cartable... et demain, d'autres enrichissements pédagogiques quel que soit le terminal de lecture dont disposera l'élève : PC, portable, Internet *via* la télévision, PDA (« assistant numérique personnel » ou ordinateur de poche)[16]...

Assurer l'accompagnement à la scolarité en réseau : l'exemple de Brest

Le réseau d'aide à la scolarité par Internet (Rasi) a été créé en 2001 par une équipe d'enseignants du collège Keranroux situé dans une Zep de la banlieue de Brest. Son objectif consiste à développer le travail personnel et coopératif des élèves en leur apportant une aide hors de la classe. Le Rasi fournit des liens vers des sites classés par thème et par matière, des exercices, des corrigés, etc. Il cherche aussi à attirer les enfants vers les lieux culturels locaux et à susciter, en dehors du temps scolaire, des liens entre collégiens d'une part, entre adultes et adolescents d'autre part[17].

Enrichir les mathématiques à travers des animations multimédias inédites

Les enseignants de mathématiques peuvent désormais enfin répondre plus facilement à l'éternelle question posée par leurs élèves : « À quoi servent les mathématiques ? » Grâce à la richesse de l'offre Internet, on peut aujourd'hui avec beaucoup plus d'ouverture qu'hier, illustrer le cours à l'aide d'une panoplie d'images, encourager les recherches, évoquer les problèmes historiques de la discipline, s'intéresser à la genèse d'un concept, montrer les applications pratiques des mathématiques... Certains serveurs de contenus proposent des exercices de tous niveaux, apparaissant selon un tirage aléatoire de façon à ce que chaque élève planche sur un exercice différent de celui de son voisin. D'autres donnent la possibilité de réaliser du calcul formel, des graphiques et des animations en géométrie. Certains invitent même à faire, au travers de certaines illustrations mathématiques, des rapprochements entre arts et mathématiques, notamment pour rendre les cours plus attractifs[18].

16- http://eduscol.education.fr/numerique/dossier/lectures/manuel
Sur l'accompagnement à la scolarité : http://media.education.gouv.fr/file/06/7/6067.pdf

17- Sur l'expérience du Rasi :
cndp.fr/archivage/valid/39695/39695-5363-5144.pdf
Sur l'accompagnement à la scolarité : http://www.a-brest.net/article1786.html

18- Sur les animations graphiques et géométrie en ligne : http://geodyn.mathablette.fr/

Produire de la langue écrite à travers une simulation globale

« Une simulation globale est un protocole ou un scénario cadre qui permet à un groupe d'apprenants pouvant aller jusqu'à une classe entière d'une trentaine d'élèves, de créer un univers de référence – un immeuble, un village, une île, un cirque, un hôtel – de l'animer de personnages en interaction et d'y simuler toutes les fonctions du langage que ce cadre, qui est à la fois un lieu-thème et un univers de discours, est susceptible de requérir », explique Francis Debyser, le fondateur du concept d'Immeuble électronique. Dans cet « immeuble », les élèves donnent vie aux habitants, inventent des identités fictives, des lieux imaginaires et des événements qui viennent modifier leur existence. Certains enseignants utilisent cette approche par la mise en place d'un wiki, c'est-à-dire un site web dynamique dont tout utilisateur peut modifier les pages à volonté, bien entendu selon les autorisations accordées. Les élèves essayent ainsi les différentes combinaisons du code typographique, la création de nouvelles pages, l'intervention sur les pages des autres élèves et sont très motivés, notamment de savoir leurs productions publiques. Et l'expérience fonctionne, y compris pour des élèves non francophones répartis sur plusieurs lieux géographiques comme c'est le cas pour cet enseignant nommé professeur des écoles itinérant de l'Ariège[19].

Impliquer sa classe dans une communauté apprenante

Les communautés distantes, classes ou établissements, apprenants d'un travail mené en commun se développent au sein des systèmes éducatifs. Mené au Canada, un projet pédagogique baptisé « Opération crocus », permet à des classes du primaire réparties dans toute la province de Québec de cultiver des crocus, d'observer leur floraison et grâce à un site web, d'enregistrer leurs données. En comparant les zones géographiques, les élèves peuvent ainsi « mesurer » en direct l'impact du printemps. « Dans un tel projet, chaque communauté locale est investie, avec ses particularismes et ses apports spécifiques ; ceux-ci se trouvent enrichis par la confrontation avec d'autres et valorisés par une production collective de plus large envergure », comme le rappelle Serge Pouts-Lajus et Anne-Marie Bardi, auteurs d'un article intitulé « Communautés éducatives imbriquées »[20].

19- Sur les simulations globales : Francis Debyser, *L'Immeuble*, Hachette, 1996. Francis Yaiche, *Les Simulations globales mode d'emploi*, Hachette, 1996.

20- « Communautés et réseaux locaux », *Les Dossiers de l'ingénierie éducative,* n° 41, Scéren/Cndp, décembre 2002.

Renforcer les voies technologique et professionnelle par un projet d'établissement autour des Tice

Situé à côté de Toulouse, le lycée Charles-de-Gaulle de Muret s'est résolument tourné vers les Tice de pointe avec la mise en place de cartes à puce, de cartables virtuels et d'accès Internet pour tous les élèves et tous les personnels. Chaque porteur de carte à puce dispose d'un code d'accès associé utilisable pour ouvrir son cartable électronique à chaque poste de l'établissement. Dans celui-ci, l'élève retrouve son environnement informatique personnel : accès aux logiciels couramment utilisés et partagés sur le réseau, fichiers personnels, éventuellement logiciels personnels. Labellisé « Lycée des métiers de l'énergétique et de la domotique », l'établissement tente de réaliser, grâce à cet investissement et à cette image à l'extérieur, une rénovation des voies technologique et professionnelle industrielle et tertiaire notamment par des partenariats réels avec les entreprises de la région. De plus, les équipes pédagogiques déterminent avec chaque élève des projets d'enseignement individualisé, et travaillent en interdisciplinarité[21].

7- DU BON USAGE DE L'INTERNET

Priorité nationale, le développement de l'utilisation d'Internet doit s'accompagner de mesures de formation et de contrôle pour assurer la sécurité des citoyens, notamment des mineurs. Les mesures mises en œuvre dans les établissements scolaires concernent à la fois : l'information et la formation des usagers ; la mise en place de dispositifs techniques de filtrage.

Le gouvernement a mis en ligne le site http://www.internetsanscrainte.fr/ qui recense l'ensemble des informations et projets sur la protection et la responsabilisation des mineurs sur Internet. La mise en place de chartes d'usage des Tice permet d'impliquer l'ensemble des acteurs de la communauté éducative (enseignants, élèves, personnels, parents d'élève). L'Éducation nationale doit impérativement éviter la fréquentation de sites portant atteinte à l'intégrité morale des élèves. Chaque établissement a donc pour obligation de mettre en place un système de filtrage des sites Internet.

Les filtres, mode d'emploi

Trois règles d'or président à l'utilisation des filtres :

S'assurer que son établissement connaît la liste noire. Le minis-

21- http://charles-de-gaulle.entmip.fr/

tère a opté pour une politique de liste noire consistant à répertorier une liste exhaustive de sites interdits à la consultation. Cette liste, établie depuis février 2004 par l'université Toulouse I, adaptée aux différents niveaux scolaires (école, collège, lycée), téléchargeable et officiellement recommandée à tous les établissements, est facilement consultable[22].

Transmettre au ministère l'adresse de tout nouveau site litigieux (violent, pornographique, pédophile, raciste, intégriste, sectaire, djihadiste etc.), comme chaque enseignant en a le devoir.

Ne pas s'en tenir aux aspects techniques du filtre et considérer les yeux fermés que l'on est protégé. Les élèves sont toujours susceptibles de tomber un jour ou l'autre sur un site douteux, ne serait-ce que parce qu'ils auront cherché eux-mêmes à en contourner les verrouillages. Il y a donc une dimension pédagogique dans le fait de sélectionner des sites à laquelle il faut sensibiliser les élèves. Il faut les amener à s'interroger sur les raisons :
– de ne pas accéder à tel ou tel site ;
– de ne pas donner ses coordonnées personnelles sur Internet ;
– de rester méfiant envers les sites personnels ;
– de ne pas utiliser des œuvres qui ne nous appartiennent pas ;
– de ne pas espionner ce que fait le voisin ;
– de ne pas diffamer[23].

Les animateurs Tice dans l'académie

A disposition de l'enseignant, en matière de dépannage technique, de conseils ou de formation, des personnels sont mobilisés par les académies. Pour mettre en œuvre un projet Tice à l'échelle de sa classe, recevoir des conseils éclairés, et contribuer à le faire valider au niveau institutionnel, contacter :
– au niveau primaire, le chargé de mission Tice, en général un conseiller pédagogique ou un Ien ;
– au niveau secondaire, l'inspecteur d'académie-inspecteur pédagogique régional (IA-IPR) chargé de la recherche pédagogique, de la généralisation des expérimentations et de la validation des savoirs, ou le professeur spécialisé Tice bénéficiant d'une décharge horaire. Le chef d'établissement peut aider à sensibiliser l'Inspecteur, et l'on donne ainsi à son projet toutes les chances de voir le jour. Leurs coordonnées se trouvent sur le site du rectorat.

22- Pour les professionnels : http://dsi.ut-capitole.fr/blacklists/
Pour les particuliers :
http://dsi.ut-capitole.fr/documentations/cache/protection_enfance.html

23- http://eduscol.education.fr/internet-responsable/

Se protéger des blogs diffamatoires

Les agressions informatiques des élèves à l'égard de leurs profs se multiplient sur les « blogs » ou « blocs-notes sur Internet ». Des propos diffamatoires, injures et autres insultes accompagnent souvent la photo de l'enseignant et mettent en cause sa vie privée.

Dans un lycée de Picardie par exemple, des adolescentes ont publié sur leur blog une sorte de roman-photo où elles se transforment en prostituées dans une « roulotte enchantée » dans laquelle elles accueillent leurs profs, hommes ou femmes, avec photos à l'appui...

Par une note administrative diffusée aux établissements le 26 avril 2005, le ministère de l'Éducation nationale précise qu'en cas « de découverte d'un contenu problématique sur le blog d'un élève, l'action devant les juridictions n'est pas nécessairement la meilleure réponse, notamment lorsque le jeune n'a pas perçu la réalité du caractère déviant de son comportement. Il appartient aux adultes en charge de l'enfant mineur d'intervenir de toute urgence auprès de lui pour qu'il retire de son blog tout contenu illicite ou préjudiciable, et d'organiser avec lui, et le cas échéant avec ses camarades de classe, un travail de sensibilisation et d'information sur les enjeux et les risques de l'Internet et des blogs en particulier ». Les conseils de discipline des établissements se montrent souvent sévères pour les élèves jugés responsables de la création du blog et prononcent souvent une exclusion définitive. Reste que les enseignants ont le droit de déposer plainte devant les tribunaux et reçoivent dans ce cas le soutien de leur tutelle.

Faut-il échanger par courriel avec ses élèves ?

L'échange par courriel avec les élèves reste encore peu répandu en France car les profs redoutent d'être submergés de messages et de demandes de conseils. Ceux qui ont passé le cap constatent en fait que la charge de travail demeure très faible : une minorité d'élèves motivés utilisent aujourd'hui ce mode de communication. Pour maintenir un lien électronique avec ses classes, mais se préserver un minimum, on peut envisager de créer un compte de messagerie à part réservé aux échanges avec les élèves, ou de faire en sorte que toutes ses adresses soient relevées par le même logiciel de messagerie (type Outlook, Entourage). Il est conseillé en tout cas de consulter régulièrement sa messagerie.

Formation et information des élèves sur les Tice

Le B2i, passeport pour les nouvelles technologies

Le brevet informatique et Internet (B2i) sanctionne la maîtrise des technologies de l'information et de la communication chez les élèves. Il existe un B2i au niveau école, un au niveau collège et un au niveau lycée. Le B2i école est intégré aux programmes de l'enseignement primaire depuis 2002. Depuis 2008, le B2i est obligatoire pour l'obtention du brevet. Pour le collège, le brevet demande aux élèves de s'approprier un environnement informatique de travail, d'adopter une attitude responsable dans le domaine des règlements des Tice, de pouvoir créer, produire, traiter et exploiter des domaines, de s'informer et se documenter, et enfin de communiquer et échanger.

Pour en savoir plus

http://eduscol.education.fr/cid46073/b2i.html

Le Clemi et Internet sans risques

Le Centre de liaison de l'enseignement et des moyens d'information (Clemi) dépend du ministère de l'Éducation nationale.
Le Clemi, Men, 391 bis, rue de Vaugirard, 75015 Paris, Tél. : 01 53 68 71 00.

Offre des ressources très utiles aux enseignants pour l'utilisation des médias en classe : http://www.clemi.org/fr/ressources_pour_la_classe/

Pour en savoir plus sur les pratiques numériques des jeunes : http://enfants-medias.cemea.asso.fr/IMG/pdf/Les_pratiques_numeriques_des_jeunes_Rapport_Observatoire_CEMEA_Basse_Normandie_Sophie_Jehel_V25DEF.pdf

BIBLIOGRAPHIE

Lire, comprendre et appliquer les programmes

- P. Meirieu, *École : demandez le programme !*, ESF, 2006.
- M. Métoudi et H. Duchauffour, *Des manuels et des maîtres*, Belin, 2001.
- R. Pierre, J. Terrieux, N. Babin, *Programmes, projets, apprentissages pour l'école maternelle,* Hachette, 2002.
- M. Pierre, N. Babin, *Programmes et pratiques pédagogiques pour l'école élémentaire*, Hachette, 2003.
- D. Raulin, *Les Programmes scolaires. Des disciplines souveraines au socle commun*, Retz, 2006.
- G. de Vecchi, *Un projet pour traiter les programmes avec sérénité*, Delagrave, 2007.
- Sur la polémique autour des programmes : Ouvrage collectif *Du primaire au lycée, des maths au français, les programmes scolaires au piquet, un collectif d'enseignants en colère*, Textuel, 2006.

Sur les Tice et l'usage de l'Internet

- I. Compiègne, *La Société numérique en question(s)*, Coll. « PBSH », éd. Sciences Humaines, 2011.
- E. Davidenkoff, *Le Tsunami numérique*, Stock, 2014.
- A. Jaillet, *L'École à l'ère numérique. Des espaces numériques pour l'éducation à l'enseignement à distance*, L'Harmattan, 2004.
- P. Lardellier, *Le Pouce et la Souris. Enquête sur la culture numérique des ados*, Fayard, 2006.
- S. Octobre, « Net génération. Les jeunes et les TIC », *Diversité*, n° 148, mars 2007.
- S. Papert, *Jaillissement de l'esprit. Ordinateurs et apprentissage*, Flammarion, 1999.
- F. Poyet, C. Develotte, *L'Éducation à l'heure du numérique. État des lieux, enjeux et perspectives*, INRP/École normale supérieure de Lyon, 2011.
- F. Poyet, S. Genevois, *Rapport de recherche sur les usages pédagogiques du Cartable électronique de l'Isère*, INRP, janvier 2007 sur : http://praxis.ens-lyon.fr/praxis/projets/ouvre/
- G. Puimatto, *Les Réseaux numériques éducatifs, régulateurs, acteurs et vecteurs de l'évolution des pratiques et de l'organisation des établissements et de l'institution scolaires* (2006) : https://edutice.archives-ouvertes.fr/edutice-00537126
- A. Tricot, F. Amadieu, *Apprendre avec le numérique. Mythes et réalités*, Retz, 2014.
- « La promotion de l'usage des TICE dans les activités d'enseignement », IGAENR/IGEN, Avis prospectif à moyen terme, février 2006.

Faire la classe

transmettre, apprendre à apprendre

Chapitre IV

Mobiliser les élèves pour les situations d'apprentissage consiste d'abord à apporter un soin particulier à la planification de la gestion de sa classe. Double avantage pour l'enseignant : cela réduit le nombre de tâches à traiter en même temps, tout en ménageant des espaces d'improvisation.

1- MAÎTRISER L'IMPROVISATION

Enseigner, c'est savoir qu'il y aura de l'imprévu. Une méthode ou une façon de faire cours qui a bien marché pour une leçon ou dans une classe ne fonctionne pas forcément aussi bien pour une autre leçon ou une autre classe. La tentation de vouloir reproduire une expérience joue régulièrement des tours à l'enseignant. Car chaque cours est différent et l'enseignant devra avoir recours à de multiples tentatives pour trouver le bon tempo, la meilleure approche, les réflexes adéquats.

Prévoir l'imprévisible...

« Ok. On regarde sur les feuilles. Chut. Ce n'est pas grave que tu l'aies vu ou pas, tu vas le voir ce matin, Michel, si tu suis. Clara, tu déranges, je n'accepte pas ça, tu t'assois. On y va ? Michel ? Alors "Le fou", vous allez le lire. Qu'est-ce qu'il fait le fou ? Chut. Vous levez la main, toujours. Vous lâchez le cartable, vous n'en avez pas besoin maintenant. Non, on ne le met pas dans le cartable maintenant, on travaille avec. Quand on va avoir fini de travailler avec, on va le placer dans le cartable, tu veux mettre ta feuille comme il faut à plat ? Thérèse vas-y. » Tels sont les propos d'une professeure des écoles en début de cours au moment où elle lance un exercice de lecture sur un texte intitulé « Le fou ». Questions, injonctions, précisions, comme tout enseignant elle mène de front trois activités mentales : conduire son propre travail intellectuel (mobiliser les savoirs dont elle a besoin pour la leçon), conduire celui des élèves et contrôler en même temps leur comportement. Un cours est constitué de sollicitations permanentes de toutes sortes et des réponses à ces sollicitations. Il s'apparente la plupart du temps à un travail de cadrage qui porte à la fois sur l'activité cognitive des élèves et sur leur comportement. Il faut accepter de répéter et de répéter sans cesse les mêmes tâches de contrôle[1].

1- M. Tardif, C. Lessard, *Le Travail enseignant au quotidien. Expérience, interactions humaines et dilemmes professionnels*, De Boeck Université, 1999.

Le début d'année est déterminant

Mais si on ne peut pas tout prévoir, on peut au moins réduire la marge d'incertitude en installant des routines, des habitudes, des réflexes. L'année se joue dans les deux ou trois premières semaines de classe. Autrement dit, en matière de règles, de procédures et d'attentes, c'est très tôt qu'il faut préciser et institutionnaliser les pratiques de classe (lever le doigt pour prendre la parole, ne pas interrompre l'enseignant ou un autre élève), mais aussi pour soi-même (utiliser le tableau toujours de la même manière, ritualiser la présentation des cahiers, classeurs ou fiches, signaler les changements d'activité à l'identique...). Ce soin apporté à la planification de la gestion de sa classe représente un double avantage pour le prof : cela réduit le nombre de tâches à traiter en même temps, tout en ménageant malgré tout des espaces d'improvisation non négligeables et plus enrichissant que la gestion du brouhaha perpétuel. Bref, le modèle de l'enseignant-expert articule planification et improvisation, routine et inventivité.

! Le premier cours de l'année : une heure stratégique

Tout ne se joue pas à ce moment-là. Mais un faux pas peut nécessiter plusieurs semaines pour être rattrapé. Comme l'enseignant se sera renseigné sur son établissement, son environnement, etc., il aura peu de chances de se tromper devant ses élèves sur un point essentiel.

Anticiper. À l'école primaire, ou dans le secondaire si la salle est libre l'heure précédente, en arrivant en avance, on pourra s'assurer que le nombre de tables et de chaises est suffisant. Cela évitera en outre d'avoir à réorganiser la salle en présence des élèves, permettra d'accueillir ses élèves dans la classe, et montrer ainsi que l'on est maître des lieux.

La position debout. Rester debout et circuler dans la classe calmement durant la première heure de cours de l'année peut contribuer à imposer la présence dans l'espace de la classe, à signifier l'absence de crainte.

Savoir orchestrer les présentations d'usage. Dans les petites classes, on peut dire son nom, l'écrire au tableau, et dès le CM1, expliquer en peu de mots qui l'on est, son parcours, pourquoi on a choisi ce métier (diplômes, formation, expériences). Penser à sourire, pour mettre la classe en confiance. On peut aussi faire écrire à chaque élève son nom et son prénom sur une bande de papier (en préparer à l'avance de préférence) et la disposer devant lui sur sa table pour les apprendre plus vite.

Dans le secondaire, au lycée, on peut demander aux élèves de se présenter chacun rapidement.

Clarifier les règles et les sanctions. Dans les petites classes, les règles de vie de classe et l'échelle des sanctions encourues (quitte à reprendre les points essentiels du règlement intérieur) peuvent faire l'objet d'une feuille polycopiée distribuée. Mais chaque enseignant a aussi des attentes particulières : exprimer où vont ses préférences humanise le professeur, lui fait gagner du temps et campe sa personnalité. On peut dire ce que l'on ne supporte pas (retard, mensonge, insolence) et aussi ce que l'on est prêt à faire (reprendre plusieurs fois une explication, mettre en place des débats...). Bien sûr, les mots devront par la suite correspondre aux actes.

Découvrir ses élèves. Il s'agit de faire la connaissance des élèves en leur donnant un travail et en précisant bien entendu qu'il ne sera pas noté.
En primaire, avant le CE1, on peut leur demander de faire un dessin de leur famille ; à partir du CE1, la consigne peut être d'écrire un petit texte où ils raconteraient leur vie de famille.
Dès le collège, l'idée peut consister en l'écriture de la première page de leur autobiographie. Ou même de leur faire remplir le fameux Questionnaire de Proust. Celui-ci est très instructif pour découvrir la personnalité de ses élèves sans porter atteinte à leur vie privée (« Ma vertu préférée, le principal trait de mon caractère, la qualité que je préfère chez les hommes, la qualité que je préfère chez les femmes », etc.). Et aussi pour prendre connaissance de leur niveau de langue (utile quelle que soit sa discipline), et enfin pour détendre l'atmosphère. On en profite pour vérifier comment se prononce le nom de famille (demander à être repris en cas d'erreur et l'écrire éventuellement en phonétique pour s'en souvenir)[2].

! Bien prononcer le nom des élèves !
Essayer d'éviter d'écorcher le nom des élèves : on peut imaginer l'état psychologique d'un élève dont on prononce mal le nom plusieurs fois par jour. Un nom difficile bien prononcé peut être une clé d'entrée en relation. En tout cas, ce sera la preuve d'un respect élémentaire auquel les élèves sont, comme tout le monde, sensibles.

2- http://serieslitteraires.org/site/Le-questionnaire-de-Proust

Présenter la matière. S'attaquer à la matière, à son contenu, à ses méthodes, à son intérêt, à ses objectifs, à ses débouchés, au programme et aux contraintes de l'année. On peut présenter le manuel avec sa richesse et son mode de fonctionnement. On peut aussi indiquer le rythme des devoirs à la maison et des contrôles en classe. Si l'on souhaite connaître le niveau scolaire de ses élèves dans sa discipline, on peut procéder à un petit test sous forme de Questionnaire à choix multiples (QCM). À partir de ce test, on peut énoncer des objectifs de réussite.

Est-il justifié de pratiquer les contrôles surprises ?

Tout dépend du niveau, des savoirs qui sont vérifiés, du barème accordé à ces contrôles. Ne pas oublier qu'au collège, si tous les enseignants le pratiquent, cela peut générer un stress contre-productif. Dans beaucoup d'écoles privées obtenant de bons résultats, au lieu des contrôles surprises, il y a des contrôles sur table tous les samedis matins dans toutes les matières à tour de rôle. La régularité est plus efficace que la discontinuité. Dans le secondaire, il est également souhaitable de planifier les contrôles avec les autres enseignants de la même classe pour éviter l'embouteillage de contrôles dans toutes les disciplines dans les deux semaines qui précèdent les conseils de classe.

2- DONNER DES CADRES TOUT AU LONG DE L'ANNÉE

Une stricte vérification des absences et de l'assiduité

Un enseignant doit réglementairement et impérativement tenir un registre d'appel, signaler toute absence, et ouvrir un dossier par élève avec la durée des absences et des motifs. Ce contrôle s'exerce non seulement pour les cours, mais aussi lors des études surveillées ou dirigées, ainsi que pendant les activités périscolaires. Prendre soin de toujours bien vérifier les autorisations d'absence et de sorties avant de laisser partir un élève avant la fin d'un enseignement. C'est le chef d'établissement qui apprécie le bien-fondé des dispenses de cours, notamment en éducation physique et sportive ou à la piscine.

Procédés de mise en route

En début de cours, pour déclencher l'acte d'apprendre et faire en sorte de tirer les élèves vers plus de concentration, on peut jouer sur différents leviers :

L'entretien du matin en guise d'échauffement. Dans le primaire, l'entretien du matin consiste à demander aux élèves de présenter un livre qu'ils ont lu ou un objet qu'ils trouvent intéressant ; dans le secondaire cet entretien peut consister à commenter un événement de l'actualité qui les a marqués. Mais dans le secondaire, compte tenu des exigences des programmes, cette pratique ne peut être systématique, surtout lorsque le cours ne dure qu'une heure.
Au collège, on peut également organiser des *brainstormings*, méthode de créativité qui permet d'inciter les élèves à se « remuer les méninges » autour d'un sujet et de favoriser ainsi prise de parole et émergence des idées (le « tri » des idées constitue en soi un bon exercice pédagogique).

Rafraîchir les souvenirs. Faire des premières séances de cours en liaison avec ce qui a été vu l'année précédente, comprenant l'inclusion d'activités et de tâches familières aux élèves.

La concertation qui mobilise le groupe. Élèves et enseignant prennent une décision collective sur un aspect du cours.

Une tenue rigoureuse du cahier de textes

Le cahier de textes représente à la fois la mémoire quotidienne de la classe concernant l'avancée dans le programme, le travail à faire à la maison, les devoirs et les notes, les exercices demandés… Il comprendra également une copie de tous les documents et références utilisés en classe. Le cahier de texte est un document administratif obligatoire, qui doit être mis à jour régulièrement et peut être contrôlé par les supérieurs hiérarchiques (chef d'établissement et inspecteur). Il n'est donc pas inutile, en plus des points déjà mentionnés, d'y faire figurer des détails tels que compétences visées, tâches des élèves, type d'animation de la séance, etc.

! Une disponibilité hors cours

Il peut être intéressant pour favoriser les relations entre les enseignants et les élèves, de se tenir, en fin de trimestre, en dehors de l'emploi du temps et à une heure et un jour fixes, à la disposition des élèves dans l'établissement pour répondre à des questions générales ou pour éclaircir des points du cours.

3- DEVENIR UN OBSERVATEUR ATTENTIF

Maîtriser sa classe, c'est aussi regarder comment fonctionnent ses élèves. Au préalable, tout observateur doit se méfier de ses préjugés de départ. Mieux vaut regarder les élèves tels qu'ils sont plutôt que dans le prisme déformant de son propre souvenir d'ancien élève. De même, les moments d'observation des élèves ne doivent pas donner lieu à une évaluation au risque de perdre leur intérêt pédagogique. L'enseignant « observateur » doit faire l'effort d'un diagnostic, non pour noter, mais pour identifier des styles d'apprentissage et des types de difficultés.

Décrypter le fonctionnement des élèves

Que diagnostiquer ? Les trois postes à observer tout au long de l'année sont : 1. La manière dont les élèves travaillent ; 2. Leurs productions préparatoires à un travail (analyse des brouillons, plans, schémas...) ; 3. Leur fonctionnement et leurs échanges pendant le travail en petits groupes.

Le bon coup d'œil : l'observation est un exercice. À force d'hypothèses vérifiées ou infirmées, on finit par exercer son attention. On peut ensuite d'un coup d'œil anticiper une situation critique à venir, ou analyser le quotidien de la classe avec beaucoup plus d'acuité.

Une hypothèse à vérifier. Faute de temps, on ne peut faire cours et passer son temps à tout vérifier en remplissant de copieuses grilles d'observation. Il semble plus réaliste de faire correspondre à une heure de cours, une seule et même observation et sur un petit groupe d'élèves (4 ou 5). Par exemple, vérifier la manière dont les élèves s'adaptent bien à la consigne (lire les exemples plus loin).

Un point d'observation idéal. Un enseignant gagne toujours, à un moment de sa carrière, à participer à un dispositif de soutien ou d'aide en dehors de ses cours. Cette heure d'études dirigées donne une photographie de ce que les élèves ont vraiment appris. Ce peut en plus être l'occasion d'observer et d'interroger les élèves sur leur méthodologie de travail, sur leur cuisine interne et d'en tenir compte ensuite dans son cours[3].

3- P. Pansu, P. Bressoux, *Quand les enseignants jugent leurs élèves*, Puf, 2003.

école
Collège

Construire un sociogramme

Le sociogramme est une technique pour réorganiser l'espace de la classe de façon à mieux faire fonctionner les élèves en groupe de travail. Cet outil met au jour les réseaux d'affinité que l'enseignant a souvent perçus intuitivement. Il permet de faire baisser le poids des élèves perturbateurs, et d'accorder une plus juste place aux élèves isolés.

Quelles en sont les principales étapes ?
D'abord, faire comprendre à la classe en quoi le travail de groupe est nécessaire et utile pour les apprentissages et qu'il s'agit, à travers le sociogramme, de trouver la meilleure place pour chaque élève dans le groupe ;
Ensuite, demander à chaque élève de donner secrètement (ne jamais diffuser ces informations aux élèves) et par écrit le nom de deux ou trois camarades avec qui il souhaiterait travailler, et de deux ou trois autres avec qui il ne préférerait pas travailler ;
Enfin, constituer les groupes avec pour objectif d'additionner les forces de chacun. Pour assembler des groupes de quatre ou cinq élèves, on part de préférence des élèves qui ne sont pas ou peu choisis par leurs camarades en évitant de sélectionner plus d'un élève rejeté ou isolé par groupe, et en veillant à ne pas regrouper les élèves les plus rejetés avec leur deuxième choix (ceux avec qui ils ne veulent pas travailler).
Résultats : Des liens insoupçonnés apparaissent. L'enseignant se voit dans l'obligation de se repositionner à l'égard du groupe-classe. Les élèves anonymes trouvent la possibilité d'être valorisés.

Pour en savoir plus sur la sociométrie et sur l'élaboration de cet outil :
http://webcom.upmf-grenoble.fr/sciedu/pdessus/sapea/sociometrie.html

Conseils pratiques pour l'observation

De l'observation à l'évaluation. On peut se constituer des grilles d'observation synthétiques, faciles d'utilisation en classe, avec les principaux points que l'on souhaite vérifier chez les élèves. Cette grille se révèle particulièrement fructueuse lorsqu'elle est utilisée à long terme à des fins d'évaluation diagnostique. Même si chacune des grilles doit être d'abord réalisée dans un esprit d'analyse pure, l'ensemble des grilles d'un élève à l'issue d'un trimestre peut malgré tout contribuer à élaborer son évaluation. Pour faire une évaluation par rapport à une performance antérieure, on étudie toutes les grilles d'un même élève. On obtient alors la mesure des progrès réalisés par l'élève sur une longue période.
En pratique. Avant chaque cours, préparer ses grilles en notant le nom de l'élève, la date et la nature de l'activité. Prévoir une

séance de travail de groupe, plus confortable pour les observations. Pendant le cours, prêter plus d'attention au groupe de quatre ou cinq élèves choisis, capter leur mode de fonctionnement et commencer à remplir les grilles. On peut se contenter de cocher une case correspondant à l'acquisition d'un savoir ou d'un savoir-faire. On peut aussi utiliser une quelconque échelle d'intensité. Il faut en tout cas veiller à ne pas surcharger la grille : douze éléments sont un grand maximum. On peut, bien entendu, se servir de grilles déjà établies et les modifier selon ses besoins.

Exemples de grille d'observation

école

L'aptitude à se servir d'un renseignement

L'élève est capable...

1.... de dire pourquoi il recueille des informations.
2.... de réunir des informations tirées de son savoir préalable.
3.... de dégager les principaux éléments à tirer des informations.
4.... d'organiser les informations en unités utilisables.
5.... d'établir le rapport entre les informations recueillies et les informations dont il se souvient.
6.... de vérifier l'exactitude des données.

collège

L'acquisition de la consigne

L'élève...

1.... comprend-il le rôle d'une consigne en général ?
2.... sait-il distinguer la consigne des conseils donnés avec la consigne ?
3.... sait-il identifier une consigne complexe ?
4.... peut-il reformuler une consigne ?
5.... retient quel contenu de la consigne donnée ?
6.... fait quel usage de la consigne ?

4- ÊTRE ACTEUR SANS JOUER LA COMÉDIE

Entrer dans une classe pour y enseigner, c'est savoir transmettre, faire passer son savoir, captiver son auditoire sans le lâcher, c'est être attentif à la façon dont les élèves reçoivent et comprennent l'information ; bref, c'est être acteur sans jouer la comédie. Cela nécessite de la part de l'enseignant, au-delà du savoir spécifique lié à la matière enseignée, de nombreuses qualités et des savoir-faire.

Le trac. Tout le monde l'a un jour ou l'autre, et les jeunes enseignants n'y échappent pas. Pour le dissiper, on doit d'abord prendre le temps, avant d'entrer en classe, de se détendre et de réfléchir à la journée. Lorsqu'on arrive en classe, on peut utiliser la technique de la relaxation en privilégiant la respiration abdominale plutôt que thoracique. Faire le vide dans ses poumons et inspirer longuement par le nez. On doit sentir que l'air pousse contre ses abdominaux. Expirer ensuite calmement par la bouche. Refaire plusieurs fois cette opération lorsque l'on parle à ses élèves.

Le jeu. Il n'est pas interdit de « jouer » devant et avec ses élèves. Être passionné par son sujet et même parfois s'emporter dans des envolées lyriques ne signifie pas en faire trop. Les élèves détectent automatiquement le surjeu, lorsque le discours du prof bascule dans un trop grand narcissisme, et l'on perd alors beaucoup de son capital de crédibilité.

La voix. Il est impératif de prendre conscience que la voix est déterminante dans sa relation avec les élèves. Une voix mal placée ou peu harmonieuse déclenche souvent chahut et irrespect. Mieux vaut donc ne pas faire l'économie de s'enregistrer en classe en début d'année, puis si nécessaire, d'apprendre à placer sa voix, à trouver sa bonne tonalité, à optimiser son articulation.
Il faut faire varier la vitesse de son débit : ralentir pour expliquer quelque chose, accélérer pour lancer une nouvelle idée ;
Les cordes vocales sont capables d'émettre plusieurs sons. Alors, sans aller jusqu'à chanter son cours, on peut en faire un large usage en évitant de rester trop longtemps sur la même note ;
Pour travailler leur diction, les acteurs déclament leur texte un crayon entre les dents. Pour améliorer son articulation, rien de tel que de relâcher les mâchoires, de remuer les lèvres, d'insister sur les mouvements de la langue et de soutenir les syllabes longues.

! De l'obligation de prendre soin de sa voix !

Parmi les principales professions réputées à risque vocal, les enseignants arrivent en tête, devant les chanteurs, les présentateurs de télévision ou de radio, les hommes politiques, les avocats ou les prêtres ! Parmi l'ensemble du corps professoral, qui parle en moyenne cinq heures par jour en continu, les personnels de maternelle et d'élémentaire sont les plus touchés par les dysphonies, ainsi que les débutants et les remplaçants.

Selon une étude de la Mutuelle générale de l'Éducation nationale[4] (MGEN), un enseignant sur cinq s'est fait soigner pour rhinopharyngite ou laryngite (18 % pour les hommes, 29 % pour les femmes), cumulées à des plaintes pour enrouement, difficulté à parler fort, voix qui se casse ou se fatigue. Le bruit de fond d'une classe, estimé à 71 dB, dépasse les recommandations officielles et oblige les enseignants à utiliser une voix proche du cri (sans compter les autres sources de nuisances potentielles comme par exemple la poussière de craie avec son « caractère irritant pour les voies aériennes supérieures », les maladies enfantines contagieuses et le manque d'aération des locaux...).
Les chercheurs notent que les troubles de la voix sont moindres chez les personnels qui pratiquent le chant choral (ils sont 10 %) ou le théâtre (ils sont 2 %). Quelques académies ont pris la mesure du phénomène à travers la formation initiale en mettant en place des modules de « placement de la voix » dans certains ESPE. Mais il reste beaucoup à faire en matière de prévention, avec seulement une centaine de phoniatres en France pour 855 000 professeurs. De leur côté, les personnels basques et les Toulousains, avec leur voix chantante, auraient moins de problèmes !

La force des mots. Capter l'attention pendant une ou deux heures n'est pas chose aisée. Il faudra user de petits subterfuges comme la répétition de son cours en reformulant différemment les phrases clés. L'oral a une syntaxe qui lui est propre. « Faites des phrases courtes (20 mots sont un maximum au-delà duquel vos élèves seront complètement « largués »). Rappelez-vous que les verbes sont les « muscles » de vos phrases. Utilisez des mots simples et précis en éliminant les détails inutiles. Autant que possible, puisez dans le vocabulaire de vos élèves. Vous n'êtes pas là pour leur prouver que vous savez des choses mais pour installer des connaissances à leur portée », précise le spécialiste de la communication Christophe Carré.

L'émotion. Humour, surprise, stratégie de détour, gestuelle, réflexes ludiques, séduction... rendent de grands services à l'enseignant face à des situations délicates ou à une partie de cours difficile à comprendre. L'humour, par exemple, retient l'attention, facilite la mémorisation et permet de gérer les comportements dérangeants. Il a pour fonction de changer l'atmosphère de la classe, mais il faut éviter de mettre mal

4- « Troubles de la voix chez les enseignants », INRS (Institut national de recherche et de sécurité pour la prévention des accidents du travail et des maladies professionnelles), Documents pour le Médecin du Travail n° 98, septembre 2004 :
http://www.inrs.fr/media.html?refINRS=TF%20132
http://www.vousnousils.fr/2014/04/14/20-des-enseignants-souffrent-de-la-voix-553094
Linda Bsiri, *Guide de la voix à l'usage des enseignants*, Retz, 2010.

à l'aise un ou des élève(s), par ce que l'on appelle l'humour vache. L'humour doit en effet toujours rester bienveillant. La grande difficulté en matière d'humour consiste surtout à maitriser les références culturelles des élèves pour ne pas tomber dans le ridicule.

Le personnage. Avant tout, accepter d'être soi-même. Ne pas changer de personnalité. Ne pas chercher à se vieillir comme c'est le cas de nombreux profs en début d'année. Ne pas essayer d'adopter une posture de trop grande neutralité. Ne pas forcer sa nature. On n'y arrivera pas et les élèves s'apercevront bientôt de la « supercherie ». Accepter simplement d'être soi-même avec toute la mesure qu'impose sa fonction. Il n'y a pas de costume standard du ou de la prof... mais il faut savoir que sa tenue, en passant par l'état d'entretien de son haleine, de ses mains, de ses ongles, de ses cheveux ou le style de ses bijoux, déterminent en partie la nature de ses échanges avec les élèves.

Le rôle. Prof, on véhicule certes un savoir et transmet des connaissances, mais on représente en même temps une institution (l'Éducation nationale/l'école publique, laïque, gratuite et obligatoire), et l'on a la responsabilité de la relation tissée avec sa classe. Ce n'est donc pas d'un rôle mais de trois dont on a la charge[5] !

5- COURS MAGISTRAL, COURS DIALOGUÉ, TRAVAIL DE GROUPE, INDIVIDUEL ET CLASSE INVERSÉE

Pour faire acquérir les contenus d'apprentissage, l'enseignant peut choisir parmi plusieurs formes pédagogiques présentées ci-dessous. Il n'y a pas une méthode unique pour faire la classe, mais une palette de stratégies d'intervention à manier selon l'analyse du contexte (la difficulté des sujets, la chronologie du programme, l'état d'esprit des élèves, et même les moments de la journée !) ou des moyens (matériel didactique disponible, possibilité d'influer sur l'organisation physique de l'espace, type de regroupement des élèves dans la classe, durée du cours, etc.)...

Le cours magistral

Utilisé majoritairement dans l'enseignement en France, le cours magistral (dispensé par un maître), privilégie la relation verticale, de maître à élève, la transmission unilatérale des savoirs.

5- Christophe Carré, *Guide de communication à l'usage des enseignants*, CRDP de l'Académie de Grenoble, 1998.

Les avantages : L'enseignant fait son cours sur le modèle d'une conférence, selon un plan déterminé à l'avance et sans être interrompu (ou presque) par les élèves qui prennent en note. Ce type de cours est nécessaire 1) à chaque fois que les élèves ne sont pas en mesure de construire eux-mêmes le savoir, et 2) pour s'assurer que la leçon est partagée par la classe entière.
Les limites : Dans le cours de type magistral, l'enseignant se centre sur son propre discours sans vraiment pouvoir vérifier si les élèves se sont approprié les notions. Une part considérable de l'information transmise se perd. Comme le rappelle le spécialiste André Giordan[6], « le message n'est entendu que s'il est attendu ! En d'autres termes, l'apprenant et le médiateur doivent se poser le même type de question, avoir le même cadre de référence et une façon identique de raisonner. Encore faut-il qu'ils aient en plus le même projet et qu'ils donnent le même sens aux choses. Quand tous ces ingrédients sont réunis, un exposé, une présentation est le meilleur moyen de faire passer le maximum d'informations dans le minimum de temps ».

Le cours dialogué

Dans cette forme de cours, le professeur privilégie le dialogue avec ses élèves ; il joue le rôle d'animateur capable de relancer et de reformuler les propos des élèves.

Les avantages : L'enseignant fait réagir les élèves à des questions sur un mode non directif, tout en suivant un plan bien défini et un objectif qui peut être présenté en début de cours. Le cours dialogué est efficace pour sensibiliser les élèves à un point de cours délicat ou qui fait débat, et emporter l'adhésion de la classe, en cas d'absence de cohésion, par un savant travail de consensus.

Les limites : La participation effective au dialogue reste en général limitée à un petit noyau d'élèves. Il faut donc veiller à bien distribuer la parole, et formuler une synthèse des échanges remédiatisée pour l'ensemble du groupe. Il faut rester vigilant à ce que le cours ne se transforme pas en débat d'opinion et reprendre la main à chaque risque de débordement.

Le travail de groupe

Dans le travail de groupe, le prof devient le médiateur capable d'orienter l'avancée de chaque groupe.

Les avantages : L'enseignant constitue des petits groupes en

6- Auteur de *Apprendre,* Belin, 2002.

leur confiant des tâches précises à réaliser en un temps donné. Ce dispositif permet à l'ensemble des élèves d'être plus actifs, et aux élèves réservés de s'exprimer plus facilement. Il développe des qualités d'écoute, de prise de responsabilité et d'autonomie, de recherche et d'esprit critique.
« S'intéresser au groupe, c'est aller au cœur du problème pour modifier la relation enseignant-enseigné, casser le carcan hiérarchique afin de libérer les tensions qui peuvent exister et construire un échange fructueux. Le travail en équipe, autour du groupe-classe, permet d'échapper à cette relation verticale, univoque et souvent délétère pour certains élèves en difficulté et de maintenir l'espace de pensée ouvert chez l'élève[7]. »

Les limites : Mettre les élèves en groupe ne suffit pas à leur faire réaliser un travail collectif : certains élèves peuvent s'attribuer ou se voir attribuer une tâche qu'ils maîtrisent déjà, d'autres peuvent refuser de s'engager dans l'élaboration de groupe et contourner les recherches. C'est pourquoi il est souhaitable que chaque élève ait une fonction précise : animateur, rapporteur, secrétaire, chercheur documentaire, etc. On veillera ensuite à faire tourner ces fonctions dans le travail de groupe ultérieur[8].

Le travail individuel

Dans ce cas de figure, l'enseignant est un guide susceptible d'apporter aides, conseils et précisions sans trop interférer.

Les avantages : L'enseignant fixe une consigne, distribue des documents et laisse travailler chaque élève en autonomie pendant un temps donné. Cette séance peut être utilisée en cas d'entraînement sur un type d'exercice, de recherche documentaire, ou d'autocorrection d'un devoir ou d'un contrôle. Ce dispositif permet à chaque élève de chercher ses propres méthodes de travail, et de vérifier son niveau d'assimilation personnelle.

Les limites : Les élèves peuvent assez vite se sentir perdus sans savoir comment utiliser au mieux leur liberté et leur temps. Il est très probable que les questions fuseront au début de la séance. On doit donc veiller à une grande clarté dans l'énoncé de la consigne[9].

7- N. Catheline, V. Bedin, *Les Années-collège. Le grand malentendu*, Albin Michel, 2004.

8- G. de Vecchi, *Enseigner le travail de groupe*, Delagrave, 2006. M. Barlow, *Le Travail en groupe des élèves,* Bordas, 2000.

9- A. Barrère, *Travailler à l'école : Que font les élèves et les enseignants du secondaire ?,* Presses universitaires de Rennes, 2004.

La classe inversée

Dans cette approche, l'élève réalise des apprentissages de manière autonome à l'aide de matériel numérique à la maison, et fait des exercices en classe avec l'enseignant. Autrement dit, il s'agit d'exporter des apports de connaissances en dehors de la classe via différents supports (vidéo, audio, texte, etc.) et ainsi de consacrer le temps de la classe avec l'enseignant à des activités et des travaux en interaction.

Les avantages : Cette technique permet à l'enseignant d'être davantage en prise directe avec les éventuelles difficultés d'apprentissage de ses élèves. La classe inversée facilite résolument les interactions entre les élèves et l'enseignant.

Les limites : Les élèves ne sont pas tous d'accord pour s'investir dans une démarche d'apprentissage en profondeur à domicile. Il est donc nécessaire au préalable d'apprendre aux élèves à devenir plus autonomes. Par ailleurs, cela demande à l'enseignant de recourir à une pédagogie active qu'il est censé maitriser. Enfin, il doit apprendre à structurer la création de capsules d'autoformation (planification, scénarisation, élaboration du support visuel et sonore) en s'appuyant sur une planification didactique sérieuse[10].

6- APPRENDRE AUX ÉLÈVES À APPRENDRE

L'enseignant a tout intérêt à chercher les pistes pour apprendre aux élèves à apprendre par eux-mêmes. Pour qu'ils mettent en marche une mécanique autonome de l'apprentissage. Cette démarche commence par la connaissance de bonnes méthodes de travail que les programmes officiels n'évoquent presque pas.

« Ne pas savoir » se résume souvent à « ne pas savoir travailler »

Faire maîtriser les bons réflexes de travail dès le début de l'année représente pour l'enseignant un formidable gain de temps et l'économie d'avoir à répéter les mêmes prescriptions. Offrir aux élèves des automatismes qui ont fait leurs preuves les rassure et leur donne un sentiment de maîtrise de leur scolarité. « Je ne peux jamais, en dépit de tous mes efforts, contraindre quiconque à apprendre. Il est sans doute possible de l'obliger à répéter une phrase, à exécuter un geste, à se soumettre à une

10- https://www.reseau-canope.fr/actualites/actualite/la-classe-inversee-a-laffiche.html.

règle... Mais nous restons ici dans l'ordre du dressage », rappelle Philippe Meirieu.

S'il est bon de consacrer un temps formalisé pour l'apprentissage des méthodes de base en début d'année, l'explication d'une méthode de travail passe toujours mieux si elle est incluse à un contenu de cours. On travaillera par exemple sur la consigne lors de la correction d'un contrôle pour lequel les élèves ont été nombreux à faire des hors sujet.

Dix conseils de travail à transmettre aux élèves

1. Cahiers, classeurs et présentation

Objectif à faire passer aux élèves. Lors des premières séances, prendre du temps pour l'organisation des classeurs et des cahiers. Fixer des règles de gestion du matériel scolaire (cahiers en primaire ou classeurs dans le secondaire) et des formats de travail (grands ou petits carreaux, titre, intertitre, utilisation de la marge, graphique, etc.) au début de l'année et ne plus en changer. Ils sont à la fois des codes de communication communs et des habitudes de soins et de rigueur intellectuelle (pouvoir se relire efficacement, notamment, et pouvoir échanger ses notes avec un camarade). La rigueur de la présentation et la standardisation des prises de notes sont essentielles. Dans l'enseignement technique ces réflexes sont normalisés jusqu'en BTS, et d'ailleurs l'utilisation de plus en plus fréquente du traitement de texte généralise quelques principes de présentation standardisés. On peut aussi faire prendre conscience que plus le cahier ou le classeur est bien tenu et bien rangé, plus il donne envie d'être consulté. Vérifier que les élèves se tiennent à ces règles au moins jusqu'à la fin du collège.

Marche à suivre pour les élèves. Utilisation d'un classeur avec intercalaires pour regrouper par domaines les différentes activités (leçons, brouillons, polycopiés distribués, documents réalisés en traitement de texte, dessins, etc.). Pratique des protège-cahiers et des classeurs de couleurs : utile pour le repérage quotidien (élèves), utile pour visualiser si tous les élèves ont leur matériel (prof). Toujours disposer de ces cahiers et classeurs en classe ou dans son cartable avec l'ensemble des notes prises depuis le début de l'année pour pouvoir s'y référer. En matière de présentation, il est recommandé d'éviter les cahiers ou les devoirs sales, raturés ou surchargés. Une présentation soignée suppose le rappel de la date et du sujet de la leçon ou du devoir ; une écriture lisible avec des paragraphes aérés et réguliers ; des titres et des résultats soulignés ; l'utilisation d'une marge assez importante pour laisser place à ses compléments d'informations (cahier) ou aux corrections du prof (devoir) ; une grande vigilance sur l'orthographe. Autant de règles qui nécessitent, pour un devoir à la maison ou un contrôle en classe, une relecture générale avant remise de son travail au prof. http://www.intellego.fr/soutien-scolaire--/aide-scolaire-francais/classeur-de-cours-comment-le-ranger-/19365

2. Prise de notes

Objectif à faire passer aux élèves. Exercice des plus difficiles, la prise de notes exige de pouvoir faire plusieurs activités au même moment. Elle demande surtout de savoir résumer mentalement et en permanence le propos du prof. Un enseignant peut adopter un code oral pour permettre à ses élèves d'identifier et de noter les parties les plus importantes de son discours.

Marche à suivre pour les élèves. Il s'agit de : ne prendre en notes que l'essentiel ; maîtriser différents symboles universels (du type de certains signes mathématiques ou informatiques) ; savoir abréger tous les mots usuels et se tenir au même mode d'abréviation ; utiliser à bon escient des mots clés, ceux du prof ou ceux des élèves ; passer des longues phrases du prof à des phrases courtes ; soigner son écriture pour que ses notes soient lisibles. http://fifracol.perso.sfr.fr/Go/Synth_Method/Notes.htm

3. Lecture de consignes

Objectif à faire passer aux élèves. Il peut être intéressant de : faire copier la consigne par les élèves avant qu'ils ne réalisent le travail ; faire reformuler par écrit une consigne aux élèves ; fournir aux élèves un classement des différents types de consignes ; leur faire comprendre les différentes prescriptions : consigne impersonnelle, consigne impliquant l'élève, consigne élémentaire, consigne à plusieurs entrées, etc. La lecture de la consigne s'effectue souvent en condition de stress : évaluation et temps limité. Elle est donc biaisée par les représentations subjectives que se font les élèves du sujet proposé ou de ce qu'ils croient pouvoir anticiper des attentes du professeur, qui l'emportent souvent sur une lecture rationnelle et objective.

Marche à suivre pour les élèves. Une consigne est une « obligation » de faire quelque chose, parfois dans un ordre précis, parfois en utilisant tel ou tel outil. Les écueils à éviter sont nombreux : ne pas lire trop vite, ne pas lire en partie, ne pas confondre consigne et conseils complémentaires.
Chercher ensuite à définir les mots clés de l'énoncé en portant

son attention sur les mots à plusieurs sens possibles.
https://www2.espe.u-bourgogne.fr/doc/memoire/mem2005/05_04STA00039.pdf

4. Mémorisation

Objectif à faire passer aux élèves. Il convient d'abord de savoir comment fonctionne la mémoire, à savoir une phase d'acquisition, une phase de stockage, une phase de rappel. La comparaison la plus fréquente est celle d'une bibliothèque. « 1. Acquisition : étiquetage des livres. 2. Stockage : création de plusieurs fiches d'un même livre (entrée par auteur, ordre alphabétique, genre littéraire...). 3. Rappel : retirer un livre de la bibliothèque. Plus les fiches permettent des entrées multiples, plus il est aisé de retrouver le livre[11]. ».

Marche à suivre pour les élèves. Pour apprendre une leçon il faut utiliser plusieurs pistes : réfléchir à la manière dont on va être interrogé (par cœur, idées principales, QCM) ; lire tout le texte plusieurs fois, dans sa tête, à voix haute ; chercher les mots incompris dans le dictionnaire ; chercher les grandes idées et la structure logique ; prendre des exemples et les rattacher à des connaissances déjà acquises ; recopier en formulant autrement, mettre le cours en schémas, cahier fermé : écrire les mots clés, se réciter la leçon, ne pas forcément l'apprendre par cœur mais en intégrer le sens général, la réciter à quelqu'un, dresser la liste des questions de compréhension de la leçon susceptibles d'être posées lors d'un contrôle ; comparer le cours du prof et le chapitre du manuel ; et parfois, se demander à quoi peut servir ce qui a été appris.

http://apprendreaeduquer.fr/quelques-methodes-reviser-memoriser-apprendre-efficacement/

Collège
lycée

5. Gestion du temps

Objectif à faire passer aux élèves. Il est conseillé de communiquer aux élèves à période régulière l'état des progressions du cours. Ils peuvent ainsi dégager une vue d'ensemble sur la semaine, le mois ou le trimestre et mieux se situer. L'idée consiste aussi à les sensibiliser au rôle de la planification des tâches (en classe lors d'un devoir, à la maison lors des révisions, etc.).

Marche à suivre pour les élèves. Avant de commencer à travailler, toujours établir une liste des tâches à effectuer dans l'ordre ; pendant une séance de travail, savoir regarder souvent l'heure pour ajuster sa progression selon le temps restant ; finir

11- M. Beaufort, F. Cancalon-Thomas, E. Defaux, *Enseigner aujourd'hui : des réponses pratiques à vos questions*, Bordas, 2002.

chaque jour le travail à faire pour le lendemain, et répartir sur plusieurs jours le travail d'un devoir à rendre deux semaines après ; régler son réveil pour le faire sonner à l'issue de chaque séance de travail à la maison et, à partir de la troisième, l'utiliser pour faire des exercices chronométrés.
http://francois.muller.free.fr/manuel/travailpersonnel/cadre.htm

6. Oral et prise de parole

Objectif à faire passer aux élèves. L'enseignant peut initier à la pratique de l'oral par l'intermédiaire de toute une série de genres oraux comme les jeux de rôle, simulations, saynètes ou sketches, théâtre, interviews, débats... Il s'agit de faire prendre conscience aux élèves de la complexité de toute situation de communication, et de l'importance de la maîtrise de l'élocution.

Marche à suivre pour les élèves. Lever le doigt pour intervenir ; articuler ; utiliser le bon niveau de langue ; et, en cas d'exposé devant la classe : éviter de lire ses notes ; présenter problématique et plan ; démontrer un raisonnement ; faire des liens avec l'histoire ou l'actualité ; ouvrir le sujet en conclusion.
http://philoenfant.org/2015/04/28/serie-documentaire-des-enfants-philosophent-la-prise-de-parole-513/

7. Recherche documentaire

Objectif à faire passer aux élèves. Sélectionner et exploiter une documentation, lire un schéma ou une carte, utiliser un sommaire, un index, un fichier, manipuler un dictionnaire... Pour que le réflexe du travail en CDI, soit naturel, on doit travailler de concert avec l'enseignant-documentaliste.

Marche à suivre pour les élèves. Pour constituer une documentation ou un dossier documentaire sur un sujet, il convient : de chercher d'abord les définitions des mots de l'énoncé ; en fonction de ces définitions, de se demander quels outils de recherche on va utiliser ; de savoir se repérer dans un système d'informations ; de s'imposer un cadre, un nombre de documents et un temps limité ; de croiser les informations recueillies et de procéder à des recoupements pour sélectionner les plus pertinentes et les hiérarchiser.

8. Utilisation des TICE : Voir pages 98 à 115.

9. Travail à la maison

Objectif à faire passer aux élèves. Travailler à la maison, c'est apprendre ses leçons, mais aussi organiser son travail, gérer son espace de travail, ses affaires et son matériel.

Attention, en fonction de l'âge de l'élève, il conviendra de lui inculquer de plus en plus d'autonomie dans le travail : si au primaire et jusqu'en fin de 5e, les parents peuvent et doivent surveiller et aider leur enfant, dès la classe de 4e, il faut que l'élève apprenne à se prendre en charge.

Marche à suivre pour les élèves. Organiser son travail consiste à relire ses cours chaque soir et compléter ses prises de notes ; répartir son temps entre les différentes tâches (leçon, révision, exposé) ; commencer à se documenter longtemps à l'avance pour un exposé ; faire des exercices ; se faire des plans de travail pour la révision des contrôles.
cahiers-pedagogiques.com/Planifier-son-travail-a-la-maison-en-classe-deux-seances

Collège
Lycée

10- Mise en fiche

Objectif à faire passer aux élèves : La fiche permet de conserver un résumé sobre et méthodique des cours et des lectures, pour les aborder et les réutiliser plus facilement.

Marche à suivre pour les élèves : Une bonne fiche se réduit à l'essentiel et est tellement réduite qu'elle n'a plus besoin d'être résumée. Le plus simple consiste à trouver son « style » de fiche, le modèle qui correspond le mieux à sa façon de retenir, et de l'adopter pour le reproduire en série. On a ainsi des fiches construites sur le même moule, faciles à classer, pratiques pour s'y retrouver. Une fiche est une succession de points forts, de points essentiels, annotés d'un ou deux exemples judicieux. Il faut toujours remplir ses fiches d'un seul côté. Une fiche doit être visuelle : couleurs, taille des titres, surlignage, encadrés... il faut choisir un code et s'y tenir. http://www.clg-hautiers-marines.ac-versailles.fr/IMG/pdf/faire_une_fiche_de_revision_en_histoire.pdf

! **Les chartes éthiques**

« Respect du Code de déontologie en matière d'emprunts, de citations et d'exploitation de sources diverses... », il existe aussi des chartes éthiques créées par certaines grandes écoles. Elles dénoncent en général les principes de la triche qui lèse ceux qui sont honnêtes, contourne le droit d'auteur, rend impossible le jugement du professeur, corrompt le caractère du tricheur... Et rappellent que toutes les carrières criminelles commencent par de petites transgressions !

Sur la nécessité de l'intégration de l'éthique et de la lutte contre la corruption dans l'enseignement, lire la Déclaration de Poznan (septembre 2014):

http://revistas.usc.es/export/sites/default/gcompostela/en/descargas/The_Poznan_Declaration.pdf
Et aussi :
http://etico.iiep.unesco.org/fr/themes/chartes-ethiques-et-fraude-academique/

7- SIMPLIFIER LE PROCESSUS COGNITIF DES ÉLÈVES

Les habitudes d'apprentissage des élèves ne sont pas toujours les bonnes. Il faut les orienter vers des procédures plus efficaces, et les aider en simplifiant les étapes de compréhension.

Les bons réflexes pour faire la classe

Avant d'aborder une notion nouvelle, s'assurer de la bonne maîtrise des prérequis, c'est-à-dire des connaissances des leçons précédentes. Comment le cerveau fonctionne-t-il ? En classe, les élèves « doivent constamment mobiliser leurs connaissances antérieures pour maîtriser les notions nouvelles qui leur sont présentées. Si ces connaissances antérieures n'ont pas été assez maîtrisées, leur sollicitation encombre la mémoire de travail (celle qu'ils utilisent en classe), qui n'est dès lors plus tout à fait disponible pour les acquisitions nouvelles », explique Pascal Bressoux, professeur à l'université Pierre Mendès-France de Grenoble. Toutefois, les programmes sont souvent saucissonnés et le passage d'une partie à l'autre peut ne pas nécessiter systématiquement la mobilisation de la leçon précédente, mais d'une leçon étudiée il y a longtemps. D'où l'importance de cahiers et classeurs très bien organisés de façon à retrouver rapidement les leçons précédentes ;

Insister sur les points importants de la leçon et recourir aussi souvent que nécessaire à une répétition des contenus stratégiques ;

Procéder par petites étapes pour ne pas submerger les élèves d'informations nouvelles. La mémoire de travail, celle avec laquelle ils enregistrent les nouvelles informations, a ses limites et gère mal le trop-plein. On doit donc s'assurer au fur et à mesure que chacune de ces étapes est bien comprise ;
Malgré ce processus par étapes, garder un rythme de progression assez soutenu. Une certaine rapidité garantit de maintenir l'attention des élèves ;

Reformuler de façon différente ses propos. C'est une façon de respecter les élèves en se faisant comprendre d'un plus grand nombre. C'est aussi essentiel pour rassurer ceux qui ont toujours l'impression de ne pas avoir compris et éventuellement les inciter à poser une question ;

Penser à valoriser les bonnes réponses. Les réponses aux questions d'élèves, bonnes ou mauvaises, doivent être affectivement neutres. Proscrire les allusions blessantes du type : « Kevin n'est juste que quand il se tait ! » Et au contraire, saluer les réponses justes et féliciter ceux qui participent, même s'ils se trompent ; Ne pas seulement transmettre de nouvelles notions, mais permettre aux élèves de les « manipuler » intellectuellement durant un certain temps. Pour être assimilées, ces nouvelles informations doivent en effet être revues dans d'autres contextes (cours, manuel, documents distribués, références culturelles, etc.), mais aussi faire l'objet de résumé et de reformulation de la part des élèves. Elles doivent être comme « expérimentées en laboratoire ». C'est à cette condition que ces nouveaux savoirs pourront être transférés de la mémoire de travail à la mémoire à long terme. Celle qui gère les connaissances antérieures des élèves ;

Éviter les jugements hâtifs. Écouter vraiment, c'est montrer à l'autre qu'on l'écoute, et le faire comme si c'était la première fois qu'on le rencontrait.

! Le schéma récapitulatif

Il peut être très efficace de terminer ses cours par un petit schéma récapitulatif, ou par un graphique qui résume un chapitre, ou encore par un dessin de presse qui vient faire la synthèse d'un contenu en image. Après des travaux de groupe ou individuels cette phase de récapitulation est essentielle pour faire collectivement le bilan des savoirs abordés et des acquisitions indispensables[12].

Favoriser l'autonomie

Il s'agit ici de montrer à l'élève les gains qu'il peut réaliser en apprenant seul :

Créer des moments de travail individuel où l'on intervient le moins possible. Pendant les exercices faits en classe, l'enseignant observe ses élèves, circule dans la classe. Selon les spécialistes, la circulation augmente l'implication des élèves dans la tâche. On fournit des explications brèves à ceux qui en ont besoin, sans tomber dans le piège des élèves qui réclament une aide trop importante ;

12- Sur les pratiques efficaces des enseignants : http://questionsvives.revues.org/1234 Sur l'approche des « ruses éducatives » : http://www.scienceshumaines.com/petit-traite-de-manipulation-a-l-usage-des-professeurs-et-des-formateurs_fr_23462.html

Ajuster son cours. À côté de l'aide au sens strict, la circulation dans la classe offre à l'enseignant davantage d'opportunités de micro-ajustements individuels. Ces ajustements de la leçon adressés à un élève en fonction d'une demande précise augmentent sa compréhension, le renforcent positivement et lui permettent de continuer son travail seul ;

Poser des règles de travail explicites pour l'exercice. Les élèves doivent savoir ce qu'ils doivent faire pendant l'exercice, la façon dont ils doivent ou non demander des informations à l'enseignant, ce qu'ils peuvent faire après avoir fini leur exercice ;

Marquer des pauses. On n'insiste jamais assez sur l'efficacité des pauses lors d'un cours. À la fin d'une heure, une pause pour réfléchir, identifiée comme telle par l'enseignant, doit servir à récapituler l'ensemble de la leçon. Ce changement de rythme permet de tonifier le niveau de compréhension des élèves.

Travailler en musique. En primaire, quand le silence est de rigueur pour un travail en classe, pourquoi ne pas, dans certains cas, diffuser une musique douce, relaxante et agréable ? Pour de nombreux élèves, la musique représente une véritable aide à la concentration.

Les cartes de concepts

Une carte de concepts est un outil qui permet de visualiser la hiérarchie des notions exposées dans un cours ainsi que leurs interrelations. Très simple d'aspect, elle se présente sous la forme d'une arborescence de mots liés entre eux par des traits ou des flèches. Par exemple, autour du concept de « maladie » une première branche relie maladie à médecin/hôpital/opération, puis au mot « opération » on relie chirurgien/bistouri/guérison, et ainsi de suite. Une telle carte peut se montrer très utile pour rappeler les éléments d'un cours oubliés par les élèves. Elle peut aussi devenir un outil d'évaluation : on demande aux élèves de réaliser une carte de concepts avant un ensemble d'enseignements, puis une autre après, pour faire le point sur leurs acquisitions. Enfin, la carte de concepts peut servir d'outil de révision aux élèves[13].

8- FAIRE TOMBER SES CRAINTES FACE À L'HÉTÉROGÉNÉITÉ

Toute classe est par nature hétérogène. Les élèves ont automatiquement des différences de sexe, d'âge, de maturité, d'appétence scolaire, de compétences, de savoir-faire, de culture et de mode de vie. Cette

13- http://www.heuristiquement.com/2013/03/carte-conceptuelle-et-carte-heuristique.html

diversité est avant tout une richesse. Les élèves n'apprennent pas tous au même rythme et de la même façon. Faire tomber son appréhension par rapport à l'hétérogénéité, c'est donc d'abord accepter, et même valoriser que chacun réponde avec sa propre solution, selon ses propres procédures. On peut aussi s'inspirer intelligemment du fonctionnement d'une classe unique comme on en trouve encore en milieu rural.

Pour en savoir plus :
http://b.collot.pagesperso-orange.fr/b.collot/pratique/clasunidebut.htm

Les élèves n'apprennent ni au même rythme ni de la même façon

Selon Jean-Daniel et Tina Nordmann, spécialistes suisses de l'éducation : « Certains élèves pensent spontanément dans la globalité, une vision d'ensemble leur est indispensable dès l'exposé du sujet. D'autres, au contraire, suivent un chemin plus linéaire, s'ils buttent sur une étape du développement logique, ils perdent totalement le fil du raisonnement. Tel sujet a besoin d'épuiser une explication avant de passer à l'application, tel autre a l'application comme visée de sens et ne comprendra une théorie que s'il en saisit immédiatement l'utilité ».

Il faut mettre en commun les réponses des élèves, les discuter, en montrer les limites, puis seulement ensuite chercher à les corriger. « Un enseignant ayant une attitude extrêmement combative par rapport au problème des inégalités, convaincu des possibilités de mener une pédagogie positive face aux élèves faibles et se retrouvant dans une classe faible risque (*sic !*) d'engendrer un résultat positif, d'être efficace. La question n'est pas le groupement en tant que tel des élèves mais à la fois l'attitude de l'enseignant et la qualité pédagogique qui est développée dans les jugements », précise Marcel Crahay, professeur à la faculté de psychologie et des sciences de l'éducation de l'université de Genève[14].

Adaptation du contenu, retour à certains réflexes pédagogiques traditionnels, souci de l'ordre scolaire et d'une classe tranquille... Il y a plus de variations entre les pratiques d'un même enseignant selon les classes, qu'entre les pratiques de différents enseignants. D'abord le contexte, la faiblesse ou l'excellence d'une classe, le type de liens élaborés entre un prof et une classe dictent leur loi et fixent la manière de faire cours. Mais encore, méthodes et contenu de cours sont étroitement mêlés sans que les enseignants puissent toujours choisir leur manière de faire.

14- J.-D. et T. Nordmann, *Enseigner. Manuel de survie*, Infolio, 2012. M. Crahay, *Hétérogénéité dans les classes*, Conseil de l'éducation et de la formation, 2003.

Quelques invariants !
Plus une classe est difficile, plus les enseignants ont tendance à se « réfugier » dans une pédagogie traditionnelle, de type cours magistral. L'avantage non négligeable du cours magistral : il est le plus rapide pour faire passer des contenus et avancer dans le programme ; Plus une classe est indisciplinée, plus les enseignants ont tendance à gérer l'ordre scolaire par l'imposition de travaux écrits.

Petits arrangements avec le contexte

Par insécurité scolaire, parce qu'ils se considèrent comme faibles et redoutent la sanction de la note, un certain nombre d'élèves réclament des tâches, considérées comme classiques par les profs. Ces tâches sécurisent les élèves mais obligent parfois les enseignants à revenir à une pédagogie traditionnelle, avec par exemple en lettres : apprentissage par cœur, dictée, grammaire, contrôle... Justine Courcoing, professeur d'anglais dans un collège de la banlieue de Bordeaux, a mis du temps à s'habituer à ces demandes d'élèves : « On ne peut pas s'appuyer en avril sur une notion étudiée en octobre car elle est déjà oubliée depuis longtemps. Ils veulent du classique et du balisé parce qu'ils savent très bien qu'ils n'arrivent pas à stratifier les connaissances. Alors, même en langues, on refait des dictées pour s'assurer que les bases sont acquises. »

L'échec des classes de niveau

Bien que la faible efficacité des classes homogènes sur la moyenne des acquisitions soit maintenant établie par la recherche, certains établissements, surtout des collèges, constituent encore des classes de niveau pour contourner l'hétérogénéité des classes, promouvoir ainsi des classes d'excellence et éviter la fuite des élèves de la classe moyenne de leur établissement. Pourtant, la situation la plus équitable et la plus souhaitable pour tous est bel et bien celle des classes hétérogènes, qui maintiennent un bon niveau moyen d'acquisitions au bénéfice des élèves les plus faibles, sans pénalisation notable des plus forts. Comme le confirme Jean-Michel Zakhartchouk, professeur dans un collège de Creil, s'il manque chez les élèves les plus faibles le stimulant des « locomotives » qui « tirent » la classe vers le haut, « si des modèles positifs sont trop absents, les moins bons vont de moins en moins réussir. Les professeurs vont du coup réduire leurs exigences, rabaisser leurs ambitions »[15].

15- J.-M. Zakhartchouk, *Enseignant : un métier à réinventer*, éd. Yves Michel, 2002. « L'hétérogénéité », *Cahiers pédagogiques* n° 454, juin 2007.

Des professeurs racontent leur « deuil de la discipline »

En plus d'une forte prescription du socle commun venue du ministère, nombreux sont les jeunes enseignants qui, selon l'expression de la sociologue Anne Barrère, sont amenés à faire le « deuil de la discipline ». Ils constatent en effet une très grande distance entre les connaissances expertes acquises lors de leur formation et le savoir simplifié transmis en classe. Ainsi Paul Vougelot, professeur de français d'un collège classé Rep dans le XIXe arrondissement de Paris, témoigne : « Comment faire comprendre le théâtre du XVIIe siècle à des jeunes de 4e qui ne savent même pas écrire *j'ai soif* ? Mes élèves ont un stock de vocabulaire d'une pauvreté affligeante. J'adapte donc en permanence mon propos au point de travestir un peu la réalité et de simplifier à l'extrême pour remplir le contrat d'explication que j'ai avec eux. » « Arrivée en T1 à l'école Voltaire de Nanterre classée Rep, j'étais enthousiaste mais j'ai très vite été obligée de baisser mes exigences et de nuancer mes idéaux », confirme Nawla Kabir, professeur des écoles. Fabrice Renon, enseignant de physique au lycée Notre-Dame-Jeanne-d'Arc de Cahors, va plus loin : « À force de s'adapter au niveau des élèves, et de passer de cours élaborés à des leçons de plus en plus terre à terre, il y a un véritable risque pour le prof de se transformer en très bon élève de seconde ou de terminale S, mais d'oublier au passage son expertise et le goût d'aller plus loin. »

Le socle commun, solution pour faire face à l'hétérogénéité ?

La nécessité de définir une culture commune à l'école fait l'objet de vifs débats. Pour certains tenants de l'enseignement traditionnel, elle constitue un « Smic culturel » qui aboutit à abaisser le niveau général. Pour d'autres, elle est au contraire un « socle » de connaissances minimales dont l'école doit doter tous les élèves, évitant ainsi exclusions et fractures sociales. Beaucoup de spécialistes du système éducatif pensent que la définition de cette culture commune relève d'un choix de société et mérite un débat national. Le ministère de l'Éducation nationale, s'est de son côté déjà engagé dans cette voie par la Loi d'orientation et de programme pour l'avenir de l'école de 2005 qui a installé le socle commun dans les écoles primaires dès la rentrée scolaire de 2006[16].

16- Voir les textes officiels sur le socle commun p. 83.

9- METTRE EN PLACE DES SITUATIONS DIFFÉRENCIÉES

Gérer l'hétérogénéité, c'est-à-dire la diversité des élèves, passe par la mise en place de différents dispositifs de cours, du plus élémentaire au plus sophistiqué.

Des groupes de travail en fonction des besoins cognitifs

Varier ses pratiques pédagogiques en classe entière. Changer régulièrement d'activités, de supports et matériels, de rythme de travail, de démarche intellectuelle pour aborder une notion. Varier également les modes d'évaluation et utiliser les évaluations formatives pour faire réfléchir chaque élève sur ses erreurs. Il faut permettre à chaque élève d'avoir une chance de trouver la démarche cognitive qui lui convient le mieux.

Constituer des groupes de niveau au sein de la classe. Certains groupes travaillent sur des documents simples, guidés par des questions précises fermées, avec une progression identifiable. D'autres groupes étudient des documents plus complexes avec des questionnaires plus ouverts, et disposent de plus d'initiative. Tous planchent sur le même sujet pour atteindre le même objectif fondamental.

Constituer des groupes de besoin en dehors de la classe. Groupe de besoin, décloisonnement, ateliers... À chaque fois, le principe est le même, il s'agit de groupes de niveau constitués des élèves les plus faibles de sa classe, ou de plusieurs classes, pour leur apporter une aide particulière et leur permettre d'atteindre les objectifs fixés à l'ensemble de la classe. Selon les besoins, on peut mettre en place des groupes de soutien, de choix, d'entraînement, d'approfondissement. Ce type d'organisation est souvent prévu au programme des écoles, collèges et lycées pour l'ambition, l'innovation et la réussite (Éclair).

Faire appel aux outils de traitement de la difficulté scolaire. Il existe aussi des dispositifs officiels fixés par l'institution à destination des publics en difficulté : Rased (primaire), aide personnalisée de 2 heures hebdomadaires (élèves du primaire), stages gratuits de remise à niveau durant les vacances scolaires (élèves de CM1, CM2), accompagnement personnalisé de 3 heures hebdomadaires (élèves de 6e), accompagnement éducatif de 2 heures par jour (école, collège), programmes personnalisés de réussite éducative (à n'importe quel moment de la scolarité obligatoire), accompagnement personnalisé de deux heures hebdomadaires (de la seconde à la Terminale), stages passerelles et tutorat (lycée)[17].

! Pour les enseignants qui seraient gênés à l'idée de constituer des groupes de travail homogènes, l'argument est simple : il ne s'agit pas de séparer temporairement les élèves en fonction de leur niveau scolaire, mais bien selon leurs besoins cognitifs réels.

Les règles à respecter pour « gérer » l'hétérogénéité

À l'inverse, travailler en groupe homogène ne signifie pas non plus inventer, comme certains sont tentés de le faire, une pédagogie « pour les pauvres » en jouant la carte de la garderie (exercices ludiques et activités répétitives). Enseigner en classe hétérogène suppose de savoir partager son emploi du temps entre activités fédératrices en classe entière, et activités dédiées à des besoins spécifiques en petits groupes.

Dans le cadre de la classe entière, il est possible de :

– Tenir compte des décalages d'âge invisibles dans une classe, un élève né en janvier et un élève né en décembre présentent des décalages d'apprentissage (école primaire) ;

– Passer des contrats avec les élèves très faibles en leur proposant de franchir certaines étapes d'apprentissage à leur rythme, même s'ils ne sont pas calés en permanence sur le rythme de la classe, tout en veillant à ne pas les isoler du groupe-classe.

Dans le cadre de groupes de niveau au sein de la classe, il est vivement conseillé de :

– Confronter chaque élève à des exigences à sa mesure ;

– Passer de groupe en groupe sans dépasser dix à quinze minutes pour chacun (en refusant, à chaque fois, de répondre aux sollicitations des élèves des autres groupes).

Dans le cadre du groupe de besoin en dehors de la classe, il est vivement conseillé de :

– Adopter une autre pratique pédagogique que celle de la classe entière, pour se donner le maximum de chances que les élèves ne reproduisent pas les mêmes erreurs ;

– Ne pas institutionnaliser la séparation des mêmes groupes au risque de briser l'unité du groupe-classe ;

17- Sur la pédagogie différenciée : cafepedagogique.net/lexpresso/Pages/2013/09/09092013Article635143083792793702.aspx
Sur le décrochage scolaire :
http://cache.media.education.gouv.fr/file/08_-_aout/75/6/20151006_Alliances_educatives_505756.pdf

– Ne pas toujours constituer les mêmes groupes restreints au risque d'étiqueter encore plus les élèves en difficulté ;
– Mettre l'accent sur le côté ludique ou bricoleur du travail en petits ateliers, ou de la remédiation[18].

Jouer sur le contexte… sans céder sur les contenus

Quelques pistes, parmi cent, pour maintenir le cap du contenu :

Chercher les nourritures intellectuelles adéquates. Pour ne pas prendre le risque de passer à côté de l'intérêt et de l'attention des élèves, « il est essentiel que les contenus d'enseignement soient reliés de façon permanente aux parties du réel qu'ils permettent d'éclairer (…). Il faut systématiquement que les enseignements s'intéressent aux usages sociaux des savoirs enseignés », explique Roger-François Gautier, inspecteur général de l'administration de l'Éducation nationale, et auteur d'un rapport sur les contenus de l'enseignement secondaire dans le monde.

Lire les grands récits de référence à haute voix pour faire entrer les élèves dans la culture. « A la différence du fait divers ou de l'histoire du quartier, les œuvres culturelles proposent souvent des chemins qui permettent de relier son histoire à celle des autres. Elles offrent des ponts pour se dégager du trop personnel qui freine l'accès au symbolique afin d'aller vers du plus universel, qui ouvre sur la question », précise Serge Boimare, psychologue clinicien. Selon cet ancien instituteur qui travaille beaucoup avec les œuvres de Jules Verne, ce travail d'entrée dans la culture repose en tout premier lieu sur la lecture à haute voix de ces textes fondateurs par l'enseignant durant au moins quarante minutes quotidiennes ! Une démarche à prolonger, selon lui, depuis l'école maternelle jusqu'à la fin des années collège[19].

Faire revenir le travail à la maison au sein du cours. Face à des élèves qui ne travaillent jamais à domicile, plutôt que de passer son temps à le regretter ou à sanctionner, certains enseignants préfèrent ne plus donner de devoir à faire à la maison. L'alternative consiste à faire revenir le travail à la maison… à l'intérieur du cours. Bien sûr par des exercices et des devoirs sur table, mais par exemple aussi par un cours consacré à la révision du prochain contrôle.

18- Sur une expérimentation « d'hétérogénéité modulée », lire le récit du collège Nelson Mandela de Clarensac (Gard) : meirieu.com/ECHANGES/clarensac.pdf

19- S. Boimare, *L'Enfant et la peur d'apprendre*, Dunod, 2004.

10- IDENTIFIER CERTAINS HANDICAPS ET TROUBLES DES APPRENTISSAGES

Observer ses élèves consiste à les regarder travailler, et aussi à pouvoir identifier les dysfonctionnements qui les affectent : notamment comme les troubles du comportement, du langage, ou encore les troubles de l'alimentation[20].

école

Comment diagnostiquer les troubles du langage ?

Déformation des mots, mauvaise construction des phrases... les troubles du langage prennent de multiples formes que l'enseignant doit réussir à identifier pour éviter de se tromper de cible. En guise d'étape préalable, il faut bien s'assurer qu'il ne s'agit d'un problème ni auditif ni visuel. En général, dès que les premiers signes de troubles se confirment, mieux vaut d'abord consulter les collègues et/ou les parents, avant de faire appel à un spécialiste rattaché à l'établissement : médecin, psychologue, et surtout orthophoniste.

Voici les types « classiques » de troubles du langage :
Le bégaiement (télescopage de mots, répétition de syllabes) ;
La dysphasie qui est une difficulté d'expression associée à une difficulté de compréhension du langage oral (lacune de vocabulaire, difficulté à trouver ses mots, style télégraphique, erreur de syntaxe, approximation) ;
La dyslexie qui est un trouble du langage écrit tant en phase de lecture que d'écriture (confusion de certaines lettres de forme voisine ou proches phonétiquement, inversion de l'ordre des lettres, lecture incompréhensible) ;
La dysorthographie qui est un trouble spécifique de l'écriture (saut de lettres, oubli de syllabes, coupe arbitraire de mots, lenteur) ;
La dyspraxie qui est une pathologie de l'écrit se traduisant par une difficulté à accomplir les gestes habituels du quotidien (écriture illisible, fréquence des ratures, lenteur scripturale, fatigue).

! **La dyscalculie** est un trouble affectant l'apprentissage des nombres et des opérations (difficulté à se représenter une quantité exprimée par une valeur numérique, compter sur ses doigts jusqu'à la deuxième ou troisième année du primaire). Elle peut soit se limiter à la fonction calculatrice, soit aller jusqu'au dysfonctionnement du raisonnement logico-mathématiques.

20- Un outil de travail très complet concernant les « troubles » liés à la scolarité : N. Catheline, *Psychopathologie de la scolarité. De la maternelle à l'université*, Masson, 2008 (2e éd.).

Lorsque l'enfant s'agite

« Les troubles déficitaires de l'attention avec hyperactivité (TDA/H) se caractérisent par un déficit attentionnel, une hyperactivité et une impulsivité (selon la classification DSM-IV). L'impulsivité (encore dénommée déficit de l'inhibition comportementale) se définit comme l'incapacité de l'enfant à inhiber son comportement, c'est-à-dire qu'il ne peut s'empêcher de faire quelque chose d'interdit, qu'il est incapable d'interrompre son comportement une fois que celui-ci est amorcé, qu'il a tendance à couper la parole aux autres. Dans la vie quotidienne (notamment en classe), les enfants TDA/H ont du mal à être attentifs et rencontrent des difficultés importantes à fixer leur attention sur une activité ; ils ne peuvent s'empêcher de réagir à tous les *stimuli* (sonores ou visuels) ou encore ils peuvent perdre facilement leurs jouets ou oublier leurs devoirs. Ce qui explique sans aucun doute l'observation fréquente d'une concomitance entre TDA/H et troubles des apprentissages (dans approximativement 50 % des cas). Les enfants présentant un TDA/H peuvent également avoir des difficultés à se faire des amis du fait de leurs comportements intrusifs et insensibles aux signaux de leurs pairs[21]. »
Attention, trop d'enseignants et de parents ont tendance à considérer comme de l'hyperactivité ce qui n'est que simple manifestation d'énergie et de besoin de bouger !

La précocité et les troubles de l'apprentissage

« L'association de l'extrême intelligence et de l'extrême sensibilité[22] » caractérise ces enfants que l'on dit précoces ou surdoués, expressions qui rendent mal compte de la réalité de la vie quotidienne de ces enfants pas comme les autres mais qui, souvent, présentent des troubles d'apprentissage : dyslexie, dysphasie, difficultés de communication.
Grâce à l'imagerie cérébrale, on peut voir comment fonctionne le cerveau des surdoués. Face à un problème donné, un surdoué ne va pas du tout activer les mêmes zones du cerveau qu'une autre personne. Le surdoué cherche des ressources en mémoire à long terme, ce qui n'est pas du tout habituel, comme s'il allait chercher dans sa mémoire les résultats de calculs ou d'opérations qu'il aurait rencontrés auparavant dans sa vie. Ensuite, il les compare par rapport au problème actuel. On voit également dans le cerveau du surdoué que la vitesse de trans-

---

21- E. Demont, *La Psychologie,* éd. Sciences Humaines, coll. « PBSH », 2009.

22- L'expression est de J. Siaud-Facchin, spécialiste de la précocité intellectuelle, et fondatrice des centres cogito'Z de Marseille, Avignon et Paris sur cogitoz.com

école

De l'importance du petit-déjeuner et des collations pour les apprentissages

En France, on compte 18 % de jeunes en surpoids, et 3,5 % d'obèses de moins de 18 ans ! Pour des raisons d'hygiène alimentaire et de santé, l'Éducation nationale déconseille maintenant en général la collation du matin, notamment à l'école primaire. Les parents peuvent éventuellement fournir à leur enfant un goûter pour la pause de 16 h 30, et apporter un goûter collectif pour la classe le jour de l'anniversaire de leur enfant. Dans ce cas, l'enseignant devra recommander aux parents de prévoir des préparations à faible risque, élaborées le jour même, au plus tard la veille, et d'éviter les préparations peu ou pas cuites, en particulier à base d'œufs et de crème.

Un enfant qui somnole régulièrement le matin en classe, qui vit mal le « coup de pompe de onze heures » ou qui simplement se plaint souvent d'avoir faim est un enfant qui ne déjeune pas le matin chez lui, et qui est sans doute perdu pour les apprentissages. Même si cela n'entre pas dans ses attributions premières, l'enseignant peut, lors d'une réunion avec les parents, les alerter sur l'importance stratégique du petit-déjeuner en rappelant les basiques : un laitage pour le calcium et les protéines qui construisent les os, les muscles et les dents ; des céréales ou du pain pour l'énergie ; une boisson pour hydrater le corps ; un fruit frais pour les vitamines… Et une attention plus grande aux heures de classe grâce à un estomac calmé.

mission des informations, c'est-à-dire la vitesse de transmission électrique entre les neurones est beaucoup plus rapide.

Apprendre à mieux connaître ces enfants leur évite beaucoup de problèmes au sein de la classe.

école
collège

La phobie scolaire

Environ 2 à 3 % d'élèves souffrent de phobie scolaire et vivent l'école comme un calvaire. Véritable trouble du comportement, la phobie scolaire touche des élèves qui subissent un stress lié éventuellement aux rythmes scolaires, à la compétition entretenue par les parents, à certaines maltraitances de camarades, ou aussi parfois suite à la réprimande d'un professeur. Les symptômes de la phobie scolaire sont en général assez démonstratifs : refus de se rendre à l'école ou de pénétrer dans la classe, avec manifestations d'angoisses intenses, voire dramatiques, ou réactions de panique. La phobie scolaire nécessite un accompagnement psychologique pour favoriser au plus tôt un retour à l'école[23].

23- Sur la phobie scolaire : phobiescolaire.org

BIBLIOGRAPHIE

Ouvrages généraux

- T. Buzan, *Une tête bien faite*, éd. d'Organisation, 2004.
- S. Clerc, Y. Michaux, *Face à la classe*, Folio Gallimard, 2010.
- M. Piattelli Palmarini, *Le Goût des études ou comment l'acquérir*, Odile Jacob, 2004.
- J. Saltet, A. Giordan, *Coach Collège*, Play Bac, 2006.
- J.-M. Zakhartchouk, *Réussir ses premiers cours*, Esf, 2011.
- M. Boeglin, *Le Guide des méthodes de travail de l'étudiant*, L'Étudiant, 2010.

Apprendre à apprendre

- S. Boimare, *L'Enfant et la peur d'apprendre*, Dunod, 2014.
- A. Giordan, *Apprendre*, Belin, 2002.
- A. Giordan, J. Saltet, *Apprendre à apprendre*, Librio, 2015.
- P. Meirieu, *Apprendre... oui, mais comment*, Érès, 2012.
- G. de Vecchi, *Aider les élèves à apprendre*, Hachette, 2006.

La pédagogie différenciée

- A. Darisse, J.-Y. Rochex, « Pourvu qu'ils apprennent...» *Face à la diversité des élèves*, Académie de Créteil, 1998.
- M.-C. Grandquillot, *Enseigner en classe hétérogène*, Hachette, 2000.
- H. Przesmycki, *La Pédagogie différenciée*, Hachette, 2004.

Les troubles liés à la scolarité

- N. Catheline, *Psychopathologie de la scolarité*, coll. « Les âges de la vie », Masson, 3e éd. 2012.
- J. Siaud-Facchin, *L'Entant surdoué. L'aider à grandir, l'aider à réussir*, Odile Jacob, 2008.

Évaluer, orienter

Chapitre V

Élèves, parents, chefs d'établissements, tous attendent du professeur une évaluation. Mais tous ne donnent pas aux notes la même signification.
S'agit-il de classer, de sélectionner, d'informer sur le niveau de connaissances atteint, de mesurer des compétences, d'établir une moyenne, d'encourager les élèves ? Un sujet majeur de réflexion.

1- PETITE HISTOIRE DES NOTES

Inventée par les Jésuites, dans un contexte de concurrence entre élèves, la note a toujours été un outil de sélection dans le système scolaire. Encore très utilisée sous sa forme chiffrée, on peut se demander si elle est bien adaptée à la démocratisation de l'école.

Comment la note a-t-elle été inventée ?

« À l'origine des notes, il n'y a pas l'école de Jules Ferry, mais le collège des Jésuites à la fin du XVIe siècle. Dans le *Ratio Studiorum* qui codifie l'organisation des études, Ignace de Loyola et ses disciples formalisent toutes sortes de procédures qui doivent orienter le travail des maîtres et systématiser la transmission du savoir. Puisque l'ambition de la Compagnie est de résister aux réformateurs et aux humanistes en scolarisant un maximum d'enfants de la bourgeoisie montante, elle doit créer des méthodes et des instruments pédagogiques inédits et performants. Le privilège de la naissance ne suffit plus à sélectionner les élites, ni les châtiments corporels à stimuler l'étude.
Le principe qui assumera désormais les deux fonctions, c'est le principe de l'émulation. Ce qui caractérise la pédagogie des Jésuites, c'est la discipline, la répétition et la concurrence perpétuelle entre les élèves. Les cohortes sont divisées en deux camps, et chacun des camps en décuries d'inégales valeurs. Ce dispositif permet une double compétition : les écoliers s'affrontent à l'intérieur de chacun des camps, pour progresser d'une décurie à l'autre, et entre les camps, pour comparer deux décuries du même niveau. Le codage est variable dans l'espace et dans le temps, mais il repose toujours sur le même principe : ce qui permet de *juger* un élève, c'est son classement dans la hiérarchie des groupes[1]. »

1- O. Maulini, « L'école de la mesure. Rangs, notes et classements dans l'histoire de l'enseignement », *L'Educateur*, mars 2003.

La note, outil de sélection

Ce principe a été conservé par l'école républicaine. À l'école primaire comme au lycée, compositions, classements mensuels ou trimestriels et prix d'honneur ou d'excellence ont rythmé la vie scolaire jusque dans les années 1960. La raison en est la même que dans les collèges jésuites, dont les lycées français sont d'ailleurs les héritiers directs : le rôle de l'école était alors de sélectionner sur la base du mérite scolaire la petite minorité de ceux qui allaient être autorisés à poursuivre des études et à accéder aux statuts socioprofessionnels privilégiés. Pour tous les autres, savoir à peu près lire, écrire et compter était largement suffisant pour mener une vie professionnelle respectable. La notation telle que nous la concevons encore souvent est donc mal adaptée à une école dont la mission est devenue de conduire la totalité des jeunes jusqu'au brevet des collèges et plus de la moitié d'entre eux dans l'enseignement supérieur.

Le ministère ne supprime pas les notes traditionnelles

Destinées à entrer en vigueur à la rentrée 2016, de nouvelles modalités d'évaluation des acquis scolaires des élèves voient le jour. Le décret du ministère précise souhaiter « *éviter une notation-sanction à faible valeur pédagogique et privilégier une évaluation positive, simple et lisible valorisant les progrès, encourageant les initiatives et compréhensible par les familles* ». Aussi, à la fin de chaque cycle, CE2, sixième et troisième, les acquis de l'élève sont mesurés selon une échelle de niveaux: maîtrise « insuffisante », « fragile »,« satisfaisante » ou « très bonne maîtrise ». Pas question donc de supprimer les notes chiffrées jusqu'en 6e comme cela avait été préconisé fin 2015. Ainsi, le tiers d'enseignants utilisant encore les notes en primaire pourront poursuivre les exercices notés et les « collèges sans notes » pourront par ailleurs poursuivre leur expérience.

Pour en savoir plus:
http://cache.media.education.gouv.fr/file/DP_Evaluation/27/8/DP-Evaluation-des-eleves-du-CP-a-la-troisieme_477278.pdf

2- DE LA RELATIVITÉ DES NOTES

Part sombre du métier, pensum, « labeur nécessaire mais pénible », cahiers au primaire ou copies dès le secondaire, la correction reste un moment douloureux pour l'enseignant. Mais il est nécessaire de savoir dans quel contexte éthique il s'inscrit. Les spécialistes de la docimologie, c'est-à-dire de la science des notes et des examens, ont montré depuis longtemps que la notation était tout sauf une science exacte.

Les limites de l'évaluation sommative

Il y a une limite à ce que l'on appelle l'évaluation sommative, celle qui cherche à faire le bilan des acquisitions d'un élève (les notes). Cette dernière en effet donne une photographie mais ne peut à elle seule résumer la valeur d'un élève. Les sociologues de l'école ont mis l'accent sur les effets pervers de la notation :
– le climat de compétition pour tous, et de démotivation pour les plus faibles, qu'elle contribue à faire régner ;
– l'étroitesse du champ qu'elle scrute en focalisant sur les savoirs scolaires et en mettant de côté les compétences des élèves ;
– une photographie qui prend justement l'élève à un moment donné sans permettre d'apprécier ses progrès sur la durée.

La fluctuation des notes

De nombreuses études ont confirmé la fluctuation des notes d'un correcteur à l'autre sur un même travail. Mais le même correcteur peut aussi être inconstant dans ses appréciations : il a par exemple été démontré qu'une copie est surévaluée quand elle vient après une copie faible et, inversement, sous-évaluée si elle suit une bonne copie ! De la même manière d'ailleurs, un professeur a toujours tendance à se montrer plus indulgent avec les copies du premier tiers d'un paquet, plus exigeant face à une bonne classe, et moins demandeur avec une classe de plus faible niveau. De même, la copie d'un élève d'un milieu culturellement proche, au sens large, du milieu enseignant sera en moyenne mieux notée que les autres, celle d'un élève redoublant plus sévèrement, et « une même copie obtient une note plus forte lorsqu'elle est attribuée à un élève ayant déjà obtenu une ou plusieurs notes fortes que lorsqu'elle est attribuée à un élève ayant déjà obtenu une ou plusieurs notes faibles », explique Charles Hadji, professeur de sciences de l'éducation à l'université Pierre-Mendès-France de Grenoble. La notation d'une copie varie d'un professeur à l'autre, mais aussi selon les établissements, et les académies[2].

2- « Évaluation et notation des élèves », *Éducation et formations*, n° 53, mars 1998.

La multicorrection a une histoire

« En 1930, le professeur Laugier sème un malaise pernicieux dans les milieux universitaires, en effectuant une expérience de multicorrection de copies d'agrégation d'histoire puisées dans les archives. 166 copies ont été corrigées par deux professeurs travaillant séparément, sans connaître leurs appréciations respectives. Tous les deux avaient une longue expérience et corrigeaient méticuleusement. Les résultats furent surprenants. La moyenne des notes du premier correcteur dépassait de près de deux points celle du second. Le candidat classé avant-dernier par l'un était classé second par l'autre. Les écarts de notes allaient jusqu'à 9 points. Le premier correcteur donnait un 5 à 21 copies cotées entre 2 et 14 par le second ; le second donnait un 7 à 20 copies cotées entre 2 et 11,5 par le premier. La moitié des candidats reçus par un correcteur était refusée par l'autre[3] ! »

Quelle est la signification de la moyenne ?

On le découvre bien assez tôt, nombreux sont les élèves à ne travailler que pour la moyenne. Celle-ci est une obsession. Une option minimaliste, presque un horizon indépassable, leur faisant mettre de côté leurs erreurs et les connaissances non acquises. Trop souvent utilisée comme repère, la moyenne empêche en fait de mesurer ce que sait vraiment l'élève : un 12 de moyenne en maths est-il le résultat d'un 18 en algèbre et d'un 6 en géométrie, ou d'un 13 et d'un 11 ? En termes d'acquisition de connaissances, la moyenne ne dit presque rien de chaque élève. Dominique Natanson, professeur d'histoire-géographie dans l'académie d'Amiens, met en garde les profs susceptibles de tomber eux aussi sous l'influence de ce 10 sur 20 devenu leitmotiv. « Des collègues utilisent parfois une évaluation moyenne, située entre échec et succès, l'idée d'une capacité "en cours d'acquisition". Ce marais me semble dangereux. Faut-il s'en satisfaire ? L'idée de "moyenne" est trop associée, aux yeux des élèves de lycée, à celle de réussite, de passage en classe supérieure, d'obtention du bac... pour qu'on puisse la mobiliser dans le sens d'un désir de progression dans les apprentissages. C'est pourquoi j'ai choisi un système dichotomique : l'objectif est atteint (avec ou sans marge d'erreur) ou il ne l'est pas (même s'il y a une grande différence entre le "pas du tout" et le "pas encore" atteint)[4] ! »

3- pedagopsy.eu/docimologie.html

4- D. Natanson « Diminuer la pression évaluative au lycée », *Cahiers pédagogiques*, n° 438, décembre 2005.

Le marchandage des notes

« Regardez, Madame, j'ai mis la même réponse que mon camarade et je n'ai pas la même note que lui. » « J'ai bien participé en classe aujourd'hui, vous ne pouvez pas me rajouter un petit bonus à mon contrôle, soyez sympa, Madame ? » Anne-Marie Bidoret, enseignante de biologie au lycée de Borda à Dax s'insurge contre ce phénomène récurrent du marchandage des notes : « Mes élèves savent que je ne reviens jamais sur une note, mais cela ne les empêche pas de tout mettre en œuvre pour négocier la leur. C'est surtout le cas des élèves qui se situent près de la moyenne avec un 9 sur 20. Ils veulent absolument revenir avec un 10 à la maison pour que leur résultat fasse moins de vagues. »
Tous les enseignants ne résistent pas et cèdent quelques points, fatigués par la trop grande ampleur des réclamations. Les notes représentent un enjeu devenu démesuré pour les familles qui savent que la note détermine l'orientation qui, elle-même, détermine le début du parcours professionnel.

Vérifier les réclamations : En cas de contestation d'une note par un élève, mieux vaut accepter de relire la copie pour voir si la réclamation est fondée. On peut même prévoir un temps pour cela en fin de séance de correction. On fait en effet souvent des erreurs d'addition de points dans la marge et on peut aussi se rendre compte à la relecture qu'on a cédé sans s'en apercevoir à un des biais de correction évoqués plus haut. Ce à quoi il ne faut pas céder c'est au marchandage exclusivement fondé sur le désir de ne pas « baisser la moyenne », si la note est juste et s'il n'y a pas d'erreur de correction.

Un exemple de biais : la constante macabre

La « constante macabre » désigne le pourcentage d'élèves qui « doit » être en situation d'échec pour que le contrôle donné par l'enseignant soit crédible ! Selon la démonstration de l'universitaire André Antibi, les profs sont une large majorité à construire statistiquement, parfois consciemment, cet échec pour rester crédible aux yeux des élèves, de leurs collègues, ainsi d'ailleurs qu'à leurs propres yeux. De plus, cela facilite la tâche de correction en leur permettant de repérer sans effort les bons, les moyens et les mauvais élèves. Il y a donc bien d'après l'auteur et dans toute préparation de contrôle ou de devoir sur table, une préméditation du « crime », consistant chez l'enseignant à s'arranger pour retrouver les conditions de production de cette répartition magique « bons/moyens/mauvais ». On agrémentera par exemple d'une question piège un sujet considéré comme trop facile. Quel prof osera dire qu'il ne se reconnaît pas ici [5]?

3- LES AUTRES OUTILS D'ÉVALUATION

On peut trouver des alternatives à la note pure et dure, et, par exemple, apprécier un progrès réalisé par rapport à un objectif donné. Cette évaluation, dite formative, a le mérite de mieux tenir compte des rythmes d'acquisition des élèves.

L'évaluation comme méthode d'encouragement

André de Peretti, formateur, psychosociologue, résume ainsi la signification profonde de l'évaluation :

« Comment un enseignant peut-il mettre en place l'évaluation formative dans sa définition essentielle ?

En premier lieu, en réfléchissant sur ses intentions, ses objectifs et ses critères pédagogiques. Par exemple, il n'est pas certain qu'il entende évaluer les mêmes éléments en septembre, en novembre, en mars... Parfois, souhaitant insister sur certains points auprès des élèves, l'enseignant peut vouloir marquer que des progrès ont été faits mais qu'il en reste à faire. Parfois, il peut vouloir passer d'un travail fondé sur l'entraide entre élèves à un travail plus personnel ou inversement. Il peut aussi vouloir proposer, à partir du constat des progrès réalisés par certains de ses élèves, de leur faire franchir un palier supplémentaire. L'un des principes de base de l'évaluation consistant à mettre les élèves en situation d'observer eux-mêmes leurs propres progrès, l'enseignant peut, par exemple, après une épreuve donnée, demander à chacun des élèves d'indiquer, séquence par séquence, son coefficient de certitude sur ce qu'il vient d'écrire. Si cette épreuve est notée, ce qui est possible, la note doit porter non sur les résultats trouvés, bons ou mauvais, mais sur la qualité de la prévision de certitude. Cet exercice peut être appliqué à des enfants assez jeunes. Les élèves sont ainsi incités à réfléchir sur le degré de certitude de leurs réponses et assertions, ce qui les conduit à une lucidité progressive et à vérifier ce qu'ils font. Des milliers de collègues mènent d'ailleurs, de leur propre chef, des initiatives intéressantes. Les enseignants d'éducation physique, par exemple, ont depuis longtemps fourni de réels efforts de différenciation des épreuves qu'ils proposent à leurs élèves, accompagnées d'une évaluation adaptée. La variété

5- A. Antibi, *Les Notes, la fin du cauchemar, ou en finir avec la Constante Macabre*, Nathan, 2007.

de la taille, du poids et de l'état de santé de chaque élève leur paraît trop évidente pour qu'ils fassent faire les mêmes exercices à tous. Il importe donc avant tout de libérer les enseignants de cette contrainte d'avoir à donner des notes incessantes, hebdomadaires sinon quotidiennes, sous prétexte de contrôle continu. C'est pourquoi je suis partisan d'un retour à une épreuve trimestrielle d'évaluation sommative (supprimée en 1969), après révision impulsée par l'enseignant. Cette note trimestrielle serait la seule à être portée, comme autrefois, dans les bulletins trimestriels et les livrets scolaires, à côté d'autres indications et appréciations formatives. Redonner une note solennelle, régulière et rituelle est la seule façon de rendre aux enseignants leur marge de manœuvre le reste du temps. L'évaluation doit être une méthode d'encouragement. Quand on sent que l'on peut faire des progrès, on continue à vouloir en faire[6]. »

! **On ne note pas des essais.** Quand un élève est en train d'apprendre, il ne doit pas être jugé. Si on évalue ses tâtonnements, ses tentatives de bien faire, ses essais de toutes sortes, on crée du stress inutile, on renforce son inhibition, on lui ôte le droit à l'erreur.

L'avancée de l'évaluation « formative »

Depuis une trentaine d'années, les chercheurs ont introduit la notion d'évaluation formative, dont l'idée consiste à apprécier un progrès réalisé par rapport à un objectif donné. Il est question de quitter les progressions type, pour mieux porter son attention sur les différences de rythmes d'acquisition des jeunes. « Le but est de guider l'élève, de lui permettre de reconnaître, de comprendre et de corriger lui-même ses erreurs, de l'informer sur les étapes franchies ou non, tout en informant l'enseignant sur les effets réels de son action pédagogique », explique Charles Hadji de l'université de Grenoble. Il s'agit en fait d'utiliser le moment de l'évaluation non pour sanctionner définitivement la réussite ou l'échec (évaluation sommative) mais pour faire réfléchir l'élève à son erreur. Cela suppose, d'une part, de varier les supports d'exercice pour que chaque élève ait une chance de trouver la stratégie cognitive qui lui convient le mieux. Et, d'autre part, de trouver les dispositifs pour que les élèves participent à la correction de leur travail sans hésiter à formuler ce qu'ils n'ont pas compris.

6- On lira avec un vif intérêt , notamment pour les nombreux exemples d'expériences innovantes et les conseils très pratiques du type check-list ou inventaire des méthodes : A. de Peretti, J.-A. Legrand, J. Boniface, *Encyclopédie de l'évaluation en formation et en éducation*, ESF, 2005.

Depuis de nombreuses années, les instructions officielles, accompagnées de l'outil des évaluations nationales en CE1 et CM2, vont clairement dans ce sens et sont rappelées à période régulière (voir page suivante), sans pour autant avoir suscité une vague d'adhésion nationale tant les habitudes restent difficiles à changer. Le premier degré est un peu moins touché par l'hégémonie des notes chiffrées et utilise une palette de système d'évaluation : notes sur 10 ou sur 20 mais aussi lettres à valeur de chiffres, estimations de compétences, feux tricolores, et même smileys, ces petits logos à tête jaune ! De leur côté, les bulletins sont pratiquement partout informatisés, au moins dans le secondaire, ce qui permet aux enseignants d'imprimer des courbes de niveau pour chacune de leur classe. À la décharge des enseignants, il faut reconnaître que cette évaluation formative demande un gros investissement, puisqu'il faut y consacrer, donc préparer, des séquences spécifiques. De plus, le prof doit disposer d'un minimum de connaissances théoriques pour être à même d'analyser le fonctionnement cognitif de l'élève. Il ne s'agit pas ici de préconiser l'abandon des notes, elles ont certes leur utilité notamment dans le secondaire puisqu'elles contribuent à alimenter les livrets scolaires déterminants pour l'orientation. Mais plutôt de sensibiliser les enseignants à une

Et si les élèves évaluaient leurs profs ?

Il faut savoir que le dispositif est obligatoire dans l'enseignement supérieur en France. L'article 23 de l'arrêté du 9 avril 1997, dû à François Bayrou alors ministre de l'Éducation nationale, stipule : « Pour chaque cursus, est organisée une procédure d'évaluation des enseignements et des formations, qui prend en compte l'appréciation des étudiants. » Les étudiants sont ainsi amenés à noter leur prof, ou plus exactement les cours de leur prof. Mais la mesure reste très peu appliquée. Les résistances des enseignants du supérieur sont trop fortes sans doute par crainte d'une perte d'une partie de leurs prérogatives et de leur aura. Pourtant toutes les professions sont évaluées par leurs utilisateurs : clients, lecteurs, consommateurs... Et pour certains de nos voisins européens, comme la Belgique et le Royaume-Uni, cette évaluation des étudiants existe et a un impact direct sur les titularisations et les promotions des professeurs. Les enseignants auront toujours tout à gagner à mettre à profit ce que disent les élèves de leur enseignement. Et même si cela comporte certains risques, il leur sera certainement profitable de mettre en place un processus d'évaluation de leur cours par les élèves, a minima en fin d'année.

approche s'appuyant sur d'autres valeurs que la gratification, les préjugés et la honte, comme la valorisation de la recherche de l'erreur, l'autocorrection et l'estime de soi.

La fin des évaluations nationales

Les évaluations nationales des acquis scolaires des élèves, mise en place en 1989, déjà remaniées en 2009, se sont tenues une dernière fois en 2012-2013 dans les classes de CE1 et de CM2. Le ministère a considéré dès 2012 que ce système de contrôle des résultats des élèves ne permettait pas une évaluation scientifiquement incontestable du système éducatif. La fiabilité des indicateurs n'étant pas assurée. Pour la première fois, les résultats de ces évaluations n'ont pas été transmis à l'administration centrale et ont fait l'objet d'une unique exploitation dans les écoles de façon à mettre en œuvre les aides et accompagnements à destination des élèves en difficultés. On assiste à la naissance d'une nouvelle génération « d'évaluations nationales ». La Direction de l'évaluation, de la prospective et de la performance (DEPP) du ministère a en effet engagé récemment un partenariat avec quelques académies pour contribuer à l'élaboration d'outils d'évaluation des acquis des élèves ou des performances des établissements.

Pour les enseignants, une circulaire de rentrée 2015 rend obligatoire, en début de CE2, une évaluation du niveau des élèves en français et en mathématiques, à des fins diagnostiques. La nature et le nombre d'évaluations relèvent en revanche de la liberté pédagogique des équipes. Le site Eduscol propose aux enseignants de CE2 une banque d'outils pour faciliter l'évaluation diagnostique de leurs élèves en début d'année. Cette banque d'outils est alimentée tout au long de l'année. L'objectif est de « *permettre aux équipes d'identifier les difficultés potentielles de chaque élève et de mettre en place une réponse adaptée dès le début de l'année scolaire.* » Il s'agit d'un corpus de 400 fiches dans lequel on peut librement piocher pour construire ses propres documents d'évaluation.

Pour consulter la banque d'outils du ministère :
http://eduscol.education.fr/pid33060/banqu-outils-pour-evaluation.html

Pour prendre connaissance d'une recherche approfondie sur les évaluations standardisées des élèves :
http://cache.media.education.gouv.fr/file/revue_86-87/59/8/depp-2015-EF-86-87-evaluations-standardisees-eleves-perspective-historique_424598.pdf

4- DIVERSIFIER SES PRATIQUES, FAIRE ADOPTER L'AUTOCORRECTION

Une grande rigueur dans les critères de correction et un barème précis explicité devant les élèves permettent de limiter les biais de correction, donc les contestations de notes. Rien ne remplace le fait de mettre un élève en position de correcteur.

Limiter les biais de correction

Quelques conseils pour limiter les risques des biais de correction et les effets négatifs des évaluations :

Traiter autant que possible le sujet soi-même avant de se lancer dans la correction, on mettra au jour des difficultés que l'on n'avait pas soupçonnées. On peut ainsi soit modifier certains énoncés s'il en est encore temps, soit mieux comprendre certaines erreurs et donc modifier son barème ;

Établir des critères de correction et un barème rigoureux et les expliciter avec précision devant les élèves, même pour un travail de type littéraire. Il ne s'agit pas seulement de donner le nombre de points par question, mais d'expliquer pourquoi chaque question a telle valeur. Dans le cas d'une production écrite de type dissertation ou réponse à des questions ouvertes, on peut au moment de la correction dire « J'attendais que tel ou tel thème soit abordé, que telle ou telle explication soit donnée, et j'ai attribué tant de points à ces thèmes ou à ces explications quand je les ai trouvées dans vos copies, tant de points à la qualité d'expression, etc. » On anticipe ainsi les nombreuses contestations de notes, on apprend aux élèves à comprendre ce que l'on attend d'eux, et on voit mieux ses propres failles dans la définition des objectifs de l'évaluation ;

Préparer la correction à l'aide d'une lecture en diagonale de quelques copies choisies au hasard, puis établir un barème, lui-même testé et ajusté sur quelques autres copies témoins ;

Personnaliser la correction autant que possible en fonction de chaque élève, notamment de ses progrès et difficultés ;

La correction devrait permettre à l'élève de comprendre ses erreurs. Il faut donc au maximum expliciter précisément ce que l'on juge faux ou incorrect plutôt que de donner des indications trop générales ;

En fonction des objectifs de chaque évaluation et du niveau où l'on enseigne, une correction ne pointe pas nécessairement toutes les erreurs des élèves, notamment les plus en difficulté. Il peut être pertinent de limiter les objectifs de réussite à des points essentiels pour certains élèves en difficultés dans cer taines évaluations[7].

De l'intérêt de la correction de classe

Il est toujours utile et constructif d'amener les élèves à corriger ensemble un devoir ou un contrôle et à pratiquer l'autocorrection.

La consigne. Le jour du contrôle, on peut aider personnellement les élèves qui comprennent mal les consignes, éventuellement en s'asseyant à côté d'eux. Cela permet de savoir s'ils sont hors sujet ou s'ils ont compris la consigne mais ne peuvent pas restituer leurs connaissances faute de maîtrise élémentaire de la langue.

Une vision prospective. Pour que les élèves profitent et surtout s'intéressent à la correction en classe, il faut que celle-ci prépare ou qu'elle aide au travail suivant. Par exemple, demander aux élèves d'écrire sur une feuille à part, à l'issue de la correction, les erreurs qu'ils doivent absolument éviter pour le prochain devoir. Pour les motiver, on peut leur dire également qu'ils auront le droit d'avoir cette feuille avec eux lors du prochain contrôle. On peut encore demander aux élèves de rédiger chacun une question pour le futur contrôle et en choisir une ou deux qui seront réellement posées. Toutes ces pratiques ne visent pas à faciliter le travail, mais plutôt à stimuler les élèves pour leur apprendre à aller à l'essentiel pendant la révision, à les faire travailler intelligemment. Elles empêchent aussi les élèves les moins sérieux de se réfugier derrière le discours du type : « On ne s'attendait pas à cette question » ou « On n'y comprend rien » !

La correction collective. Pour l'analyse d'un énoncé de devoir ou d'un texte, on peut le projeter à l'aide d'un transparent au rétroprojecteur sur tableau blanc interactif. En simulant la démarche du candidat qui découvre le texte pour la première fois, on peut ainsi écrire directement sur le transparent ses propres questions, hésitations, réflexions. Ces annotations permettront de mieux faire comprendre le cheminement intellectuel possible. On peut d'ailleurs faire de même avec une bonne copie d'élève (de préférence d'une année précédente et en respectant l'anonymat), la photocopier sur transparent et y pointer toutes les qualités ou, à l'inverse, avec une mauvaise copie d'élève, y pointer les fautes et les limites.

7- Pour de judicieux conseils sur la correction lire l'article d'Emmanuelle Lorenzini sur : http://www.weblettres.net/spip/spip.php?article407

Mettre les élèves en position de correcteur. À la suite d'un devoir, on peut présenter trois modèles de copies d'élèves : une bonne, une moyenne, une mauvaise. Les rendre anonymes (en les retapant ou en choisissant des copies d'une année précédente) et faire travailler la classe sur les trois. Cet exercice permet une triple prise de conscience :
« a) Que si d'autres élèves de la classe l'ont fait, ils peuvent y arriver eux aussi (pour la bonne copie !) ;
b) Qu'il est possible d'améliorer ce qu'on a fait au départ, autrement dit qu'il est utile de faire un brouillon et de le modifier ! (pour la copie moyenne) :
c) Qu'ils ne sont pas les seuls à faire des erreurs. Souvent ils les voient bien mieux quand ce sont les autres qui les font qu'à la relecture de leur propre copie (pour la mauvaise) », précise le professeur de lettres Emmanuelle Lorenzini. Les enseignants savent bien combien les élèves ont un œil expert pour les fautes des autres…

Relever les réussites. Partir d'exemples positifs trouvés dans les copies d'élèves et citer leurs auteurs jusqu'à lire intégralement une bonne copie. Voilà un excellent moyen de valoriser les élèves qui manquent de confiance en eux, mais qui ont fait un bon devoir.

5- LES ALTERNATIVES À L'ÉVALUATION TRADITIONNELLE

Certains enseignants évaluent des compétences pendant le trimestre, puis utilisent un convertisseur pour passer de la compétence à la note chiffrée. D'autres remplacent les notes par des ceintures inspirées du judo. D'autres encore se passent même de notes.

La philosophie des cycles à l'école primaire. La réforme de l'année 1990-1991 scindant l'école primaire en trois cycles de trois ans, et donnant la possibilité aux enseignants de faire rester un élève deux à quatre ans dans un cycle en fonction de son niveau, avait pour objectif de s'adapter aux rythmes de progression des enfants. Mais si les cycles existent toujours, leur philosophie est loin d'être appliquée sur tout le territoire parce que les enseignants ont du mal à changer leurs habitudes d'évaluation des progressions en année scolaire.

Les formations transversales. C'est l'apparition de cours d'un type nouveau, comme l'éducation civique, juridique et sociale

(ECJS), les travaux personnels encadrés (TPE), les itinéraires de découverte (IDD) ou le brevet informatique et Internet (B2i), qui a obligé le corps enseignant à repenser sa façon d'évaluer. Juger, par exemple, du travail d'un élève qui a participé à un débat ne peut en effet se faire que de manière qualitative[8].

La validation de compétences dans le secondaire. À côté de leurs collègues du primaire, certains enseignants du secondaire peuvent choisir de pratiquer la validation de compétences. Durant le trimestre, ils évaluent des compétences du type : comprendre une consigne ; identifier les tâches ; planifier son travail ; choisir ses outils ; réaliser le travail demandé... selon les critères « acquis », « en cours d'acquisition », « non acquis ». Puis, à l'issue des trois mois, ils se plient comme les autres enseignants traditionnels à la note trimestrielle. Celle-ci est calculée à partir du bilan de compétences du trimestre à l'aide d'un convertisseur mis au point par l'équipe pédagogique[9].

Le « portfolio », outil d'auto-évaluation des élèves dans le futur ? Encore très peu connu en France, en usage assez classique au Québec, sous forme papier ou numérique, le portfolio est la collection des travaux d'un élève. Il rend compte de ses compétences en conservant des traces pertinentes de ses réalisations (journal personnel, évaluations de l'enseignant, projets divers, travaux de groupe, notes personnelles, brouillons et copies finales de devoirs, etc.). Ce portfolio, que l'élève conserve au long de l'année voire durant toute sa scolarité, joue un rôle plus riche que le bulletin scolaire : il est un nouvel outil d'évaluation en ce qu'il permet à l'élève de s'auto-évaluer à période régulière, et à l'enseignant d'avoir une vue globale de l'élève, en libre accès, notamment quand celui-ci est consultable sur Internet. Ce procédé dynamique ressemble en fait à un film mettant en scène les apprentissages au fil du parcours scolaire[10].

Les ceintures en pédagogie institutionnelle. À chaque couleur de ceintures inspirées du judo correspond un niveau scolaire (rose : grande section, blanc : début CP, jaune : mi-CP, etc.). Il s'agit pour l'enseignant d'évaluer et de visualiser immédiatement les niveaux de compétences des élèves et surtout d'individualiser le travail d'entraînement de façon à ce que chacun travaille à son rythme. Les élèves passent des examens à chaque

---

8- J.-M. Zakhartchouk (coord.), « Pratiquer les IDD, les TPE, les PCPP », *Cahiers pédagogiques*, n°413/414, avril-mai 2003.

9- Sur un exemple de convertisseur : http://michel.vauquois.free.fr/convert.html

10- La première expérimentation de portfolio en France a eu lieu dans le domaine des langues dans l'académie de Caen en 1998-1999. Voir le site de l'académie.

trimestre, leurs résultats, plus exactement uniquement leurs réussites, sont affichés au mur de la classe. Comme le montre le professeur des écoles Bruno Robbes : « Les niveaux sont connus de tous : chacun sait où il en est et à qui il peut demander de l'aide. (...) Ainsi, la mise en place des ceintures donne le droit de se faire aider par les plus forts et le devoir d'aider les plus faibles[11]. »

Les enseignants qui ont abandonné les notes. C'est le cas de nombreux établissements publics comme par exemple le collège expérimental La Prairie à Toulouse ou le collège Anne Franck au Mans où les notes n'existent plus du tout au niveau 6e et 5e. Elles ont été remplacées par un dispositif d'évaluation de compétences discipline par discipline. Les ateliers des lycées professionnels, les lycées autogérés et les structures éducatives des Maisons familiales rurales pratiquent de longue date l'auto-évaluation des élèves. Il est intéressant de noter que le système éducatif finlandais, toujours cité comme exemple d'excellence dans les enquêtes internationales, ne délivre pas de notes avant l'âge de douze ans[12].

L'évaluation par contrat de confiance (EPCC). Actuellement enseignée par plus de 1 000 enseignants en France et en Belgique, cette approche consiste dans les jours précédant un contrôle, à soumettre aux élèves un document comprenant l'essentiel des questions sur lesquelles ils seront interrogés le jour J, seule une petite partie de l'épreuve restant secrète. Avec pour objectif, de remotiver les élèves qui ont ainsi moins peur de l'échec, de les rendre plus attentifs au cours, ce dernier étant directement en lien avec le contrôle, et ainsi de rebâtir une relation de confiance avec l'enseignant. Cette méthode, qui fait ses preuves, est directement inspirée des travaux d'André Antibi, professeur de mathématiques à l'université de Toulouse III[13].

! La correction anonyme

En début d'année, arrangez-vous pour ne disposer d'aucune information relative aux résultats antérieurs de vos élèves. Et, au long de l'année jouez la correction anonyme des copies. Vous aurez ainsi un regard neuf sur chacun d'entre eux, leur évitant d'être, à chaque nouvelle évaluation, un peu plus « plombé » qu'avant.

11- B. Robbes, E. Héveline, *Démarrer une classe en pédagogie institutionnelle*, Hatier, 2000.

12- C. Bonrepaux, « Collèges expérimentaux : sans notes ça marche aussi », *Le Monde de l'éducation*, n° 344, février 2006.

13- À consulter : mclcm.free.fr/

6- UTILISER LA GESTION ÉLECTRONIQUE DE L'ÉVALUATION

En tant qu'enseignant, on se doit de se sentir concerné par la décision de son établissement de s'équiper, le choix des logiciels et le cadre légal à respecter. Ce choix aura des conséquences sur sa propre gestion des notes des élèves.

Les formules informatiques des établissements

La gestion des évaluations est un véritable casse-tête à l'échelle d'un établissement. Les collèges et lycées qui invitent à la saisie informatisée des moyennes et appréciations trimestrielles sont de plus en plus nombreux. Des logiciels offrent en effet des fonctionnalités pratiques *via* Internet, comme la saisie des notes, la mise à disposition des carnets de notes aux parents, ou encore la possibilité pour les parents de remplir eux-mêmes les fiches d'orientation de leurs enfants.

Trois cas de figure peuvent se présenter :

Le plus simple : l'enseignant passe par un site Internet sans aucun logiciel ni aucune application à installer chez lui. Il a seulement besoin de connaître l'adresse du site Internet de gestion des notes à distance choisi par son établissement, son identifiant personnel et son mot de passe ;

L'enseignant n'a pas de logiciel, chacune de ses saisies suppose qu'il se connecte par Internet de chez lui au serveur installé dans l'établissement, à condition qu'il ait installé sur son ordinateur personnel une application lui permettant d'accéder au réseau local de son établissement ;

Un logiciel est installé dans l'établissement, l'administration configure classes, disciplines et professeurs. Avec un logiciel individuel gratuit fourni par l'établissement, on gère ses évaluations de chez soi et de manière traditionnelle (devoirs, coefficients, règles de calcul des moyennes). À chaque trimestre, on réintègre son fichier informatique dans la base de l'établissement à l'aide d'une clé USB. Pendant les trois mois écoulés, on n'a pas eu besoin de connexion.

Des logiciels adaptés pour les profs

« On s'aperçoit que les professeurs prennent de plus en plus de temps pour leurs commentaires lorsqu'ils rédigent les bulletins scolaires, puisqu'ils n'attendent plus les uns après les autres », explique le chef de travaux du lycée Oberlin de Strasbourg.

Impression de bulletins, relevés, appréciations, calcul automatique des moyennes, fiche brevet, bilan annuel, aide à la préparation du conseil de classe, orientations, espace professeurs spécifiques... les logiciels de gestion des notes (voir liste ci-dessous) peuvent réellement simplifier la vie. On peut même affiner ses exigences en leur demandant des classements par groupes, des paramétrages diversifiés pour les notes et les moyennes, l'affichage de graphiques, la saisie d'un trombinoscope, la récupération de listes, la mention des absences et des punitions, des simulations particulières, et même pour certains d'entre eux, un repérage des élèves en difficulté et un « salon » où élèves et profs peuvent dialoguer à propos d'un devoir. Seule limite de ces logiciels de notes, ils restent encore trop peu nombreux à prendre en compte les compétences, aptitudes et autres savoir-faire des élèves qui devraient pourtant se voir juxtaposés aux notes.

Quelques sites de gestion des notes qui font référence

Pronote : index-education.com/fr/telecharger-profnote.php
Scolaris : scolaris.info
Gratuiciel : gratuiciel.com/gratuit/gestion_notes_eleves/
GEPI (logiciel libre gratuit) : gepi.mutualibre.org/fr/main
Visiocolle (spécifique pour les profs de classes préparatoires aux grandes écoles) : visiocolle.com/decouverte/presentation.html

! Demain, la correction de copies en ligne

En mai 2006, à la Maison des examens d'Arcueil en région parisienne, des enseignants d'allemand ont testé pour la première fois en France la correction de 1 500 copies d'examen sur Internet, à l'aide d'un logiciel utilisé déjà depuis trois ans au Royaume-Uni pour corriger les épreuves du bac anglais (logiciel e-Marker de la société DRS). Le procédé du logiciel est simple : les copies manuscrites sont préalablement scannées, rendues anonymes et mises en ligne. L'enseignant n'a plus qu'à se connecter depuis l'ordinateur de son domicile, entrer son nom d'utilisateur et un mot de passe pour voir apparaître la copie manuscrite de l'élève. Il peut ensuite, comme en mode traditionnel, corriger, annoter la copie en rouge, y faire des commentaires puis passer à la copie suivante d'un seul clic.

7- DISTINGUER L'ÉLÈVE DE LA PERSONNE

Un collégien sur cinq se déclare souvent ou assez souvent humilié par son professeur ! Il n'y a pourtant rien de pire que l'humiliation à travers la note qui renvoie l'élève à sa personne plutôt qu'à son statut, et le paralyse pour les apprentissages.

Les progressions comptent plus que les notes

En règle générale, les enseignants passent beaucoup plus de temps que l'on ne croit à rédiger leurs évaluations. Clotilde, professeur de lettres au lycée de Verrière-le-Buisson s'en étonne elle-même depuis vingt ans : « À partir du collège, d'une matière à l'autre et pour un même élève, l'équipe enseignante arrive toujours à obtenir environ la même fourchette de notes. » D'une année sur l'autre, les notes peuvent varier de deux ou trois points, mais cela n'est pas forcément révélateur d'une franche baisse de niveau pour l'élève. À l'usage, les enseignants constatent que les notes sont loin d'être la référence la plus importante pour eux, ce que confirme Véronique, enseignante d'anglais dans un collège près d'Aix-en-Provence : « On regarde surtout si les élèves sont réguliers dans ce qu'ils apprennent, et pour nous ce qui compte, c'est que les connaissances soient bien comprises, pas s'ils ont un 15 ou un 18. »

L'humiliation peut toujours être évitée

Les déclencheurs de l'humiliation peuvent se nicher dans les recoins les plus inattendus de la scolarité. Par exemple, la pratique qui consiste à demander aux élèves en début d'année la profession de leurs parents ne présente aucun intérêt pédagogique. « Elle est en revanche susceptible de favoriser une stéréotypie positive ou négative et d'influencer la notation des élèves et les attentes de l'enseignant », explique Pierre Merle, professeur de sociologie à l'ESPE de Bretagne. Par ailleurs, conformément aux biais de notation découverts par la recherche, « avec le contrôle continu, les filles, les enfants de cadres supérieurs et les élèves sans retard scolaire, sont plus souvent reçus. Grâce aux épreuves anonymes actuelles, la sélection des candidats est marquée par davantage de justice : les élèves d'origine populaire, les garçons, les élèves en retard sont plus souvent reçus ». Selon une enquête du chercheur, un collégien sur cinq se déclare souvent ou assez souvent humilié par son professeur. Le problème de ces petites phrases assassines tient dans ce qu'elles peuvent avoir des conséquences irrémédiables sur un parcours scolaire. Les profs doivent comprendre comment les élèves traduisent certains propos : de « Devoir nul » ils passent à : « Je suis mauvais » puis très vite à « Je n'ai pas d'avenir ». Face à cette escalade, Pierre Merle prescrit une plus grande vigilance et le respect absolu de la vie privée des élèves, à commencer par ne pas dévoiler publiquement les notes à toute la classe. Le chercheur de conclure : « Un professeur serait sûrement choqué de voir afficher en salle des professeurs et dans la cour de récréation sa note pédagogique, sa note administrative et son avancement à l'ancienneté[14]. »

Les appréciations ne sont pas des jugements

« Quand je rédige un bulletin, j'insiste en fait surtout sur la bonne volonté de l'élève dans son travail. Mais recommandations officielles obligent, je fais preuve d'une grande vigilance dans mes appréciations », confie Véronique, prof d'anglais. Depuis plusieurs années en effet, les enseignants n'ont plus le droit de mentionner des remarques dépréciatives ou des critiques laconiques sur les élèves. Les profs auront donc tendance à mettre l'accent sur les aspects positifs de la scolarité. On écrira plutôt : « Aucun investissement réel » pour un mauvais élève, et pour un élève en progrès : « Après un début difficile, Paul semble s'être ressaisi. L'ensemble reste encore insuffisant mais son attitude est très encourageante. Continuez dans cette voie, les résultats vont suivre. »

S'impliquer pour impliquer l'élève

En rompant avec le style impersonnel et en pratiquant des commentaires à la première personne (« Je souhaiterais que… », « Il me paraît plus raisonnable de… »), on implique davantage l'élève dans sa reprise en main.

À quoi sert le redoublement ?

Même si la France détient un des taux de redoublement les plus élevés au monde, et même si certains professeurs considèrent souvent « que l'on fait passer tout le monde », il faut rappeler que depuis plusieurs décennies, de très nombreux travaux de recherche ont montré que la pratique coûte cher à l'institution et ne prémunit pas contre l'échec scolaire. Les bienfaits pédagogiques du redoublement restent à prouver, et il est vécu par les élèves comme une stigmatisation. On ne peut donc que trop conseiller aux enseignants de réfléchir à deux fois avant de le préconiser en conseil de classe. Il vaudra

14- P. Merle, *L'Elève humilié. L'école, un espace de non-droit ?*, Puf, 2005.

toujours mieux lui préférer le suivi individualisé et laisser ses chances à un élève aux résultats un peu justes[15].

8- JUGER, ORIENTER, UNE LOURDE RESPONSABILITÉ

Le rôle de l'enseignant dans le processus d'orientation relève d'une responsabilité morale. Mieux que personne, il connaît les capacités et le potentiel de l'élève, et peut donc le conseiller finement sur la poursuite d'études et la profession envisagée.

Le bulletin scolaire

Chaque professeur a obligation de contrôler aptitudes et acquisitions des connaissances. Le bulletin scolaire, qui est avant tout un relevé de notes et d'appréciations, permet de mesurer les progrès des élèves, et demeure une base de discussion quand il s'agit de faire le point sur la scolarité. Il est obligatoirement communiqué aux parents (en cas de divorce ou de séparation aux deux parents) et doit être signé en retour. Il est utilisé lors du passage d'une classe à l'autre, pour toute nouvelle inscription ou changement d'établissement, et lorsqu'un jury d'examen le demande.

Assurer un parcours continu de l'école au collège

Depuis la rentrée 2010, les collégiens disposent tous d'un livret personnel de compétences, qui rassemble les attestations des connaissances et compétences acquises. En 2011-2012, la version numérique du livret est généralisée à l'école primaire, pour que les enseignants puissent suivre le parcours de chaque élève sur toute sa scolarité obligatoire. Le livret atteste l'acquisition du socle commun, indispensable pour obtenir le diplôme national du brevet. Pour favoriser la liaison entre école et collège, des commissions de transition, qui rassemblent les enseignants de l'école et du collège, peuvent proposer aux élèves en difficulté un programme personnalisé de réussite éducative (PPRE) dit « passerelle », pour les remettre à niveau dès le début de l'année. En sixième, un accompagnement personnalisé aide les élèves à s'habituer à la nouvelle organisation du travail et à se remettre à niveau si nécessaire.

Pour en savoir :
http://eduscol.education.fr/cid49889/livret-personnel-de-competences.html

15- J.-P. Caille, « Le redoublement à l'école élémentaire et dans l'enseignement secondaire «», *Éducation et formations*, n° 69, juillet 2004. « Le redoublement permet-il de résoudre les difficultés rencontrées au cours de la scolarité obligatoire ? », Haut Conseil de l'évaluation de l'école, Avis n° 14, décembre 2004. Le rapport très complet du CNESCO : http://www.cnesco.fr/fr/conference-redoublement/

Le conseil de classe

On y arrive tendu, anxieux. C'est normal. C'est un moment difficile, pour les élèves comme pour les enseignants. On attend du prof qu'il maîtrise ses propos, qu'il choisisse un ton adapté, notamment parce qu'il doit être compris des non professionnels que sont les élèves et les parents. Ce peut parfois être une épreuve quand certains délégués prennent un enseignant directement à parti. Mais c'est surtout un moment vécu comme un tribunal par les élèves, pour qui la partie est rude dès le collège, et en particulier au troisième trimestre. Ils savent bien que ce qui devrait être un lieu de négociation, mêlé de fermeté, de bienveillance et de recherche commune de solution prend souvent des formes plus triviales. « Les vrais moyens de s'occuper de tous ces élèves, ils ne sont pas là. On rafistole. On bricole. On n'est pas souvent fiers. Il y a peu de joie dans un conseil de classe », raconte la romancière et ancienne professeur Jeanne Benameur. Aussi, entre le conseil de classe ordinaire et le conseil de classe idéal, il y a parfois un monde (voir tableau ci-après).

Le service enseignant de l'Onisep

Sur son site réservé aux enseignants[16], l'Onisep, le service du ministère de l'Éducation nationale dédié à l'orientation, offre une présentation claire des temps forts des procédures d'orientation ainsi que des ressources pédagogiques pour les interventions des profs. On y trouve des outils utilisables en classe comme des fiches-actions téléchargeables, des diaporamas de récits de jeunes, et des dossiers pédagogiques qui ont pour fonction, entre autres, de modifier les représentations toutes faites que les élèves ont sur les différents métiers. On peut aussi en savoir plus sur les différentes possibilités d'initiation au monde de l'entreprise offertes aux collégiens (stage en entreprise pour la classe de 3e ; option découverte professionnelle ; apprentissage junior). Une ressource précieuse pour son rôle d'accompagnement auprès de ses élèves dès la classe de 6e au collège.

Les informations pratiques à donner aux élèves :

– L'Onisep a mis en place un numéro d'appel téléphonique national unique pour toutes questions ayant trait à l'orientation :
N° Azur 01 7777 12 25, ainsi qu'une adresse électronique unique : monorientationenligne.fr/qr/index.php

– Une base de données comportant 78000 adresses et 230000 formations et cursus existe sous la forme d'une information cartographique géolocalisée depuis septembre 2009 sur le site : http://geolocalisation.onisep.fr/

16- http://www.onisep.fr/Espace-pedagogique

	Les 10 erreurs à ne pas commettre dans un conseil de classe	Les 10 règles d'or du conseil de classe idéal
1	Il ne s'intéresse qu'aux destins des élèves	Il permet de faire le point sur le succès ou l'échec des dispositifs élaborés par les professionnels que sont les enseignants
2	Il se focalise sur la comparaison et la confrontation des notes pour prendre ses décisions	Il considère que les notes mesurent des notions trop complexes pour suffire à juger un élève, et se réfère à des outils modernes d'évaluation comme des fourchettes de notes par capacité, le profil d'apprentissage de chaque élève, ou comme des niveaux d'acquisition de compétences
3	Il a trop tendance à se référer à la note moyenne comme élément central	Il tient vraiment compte des matières dites « secondaires »
4	Il assigne aux enseignants un simple rôle d'enregistreur de résultats	Il accorde une lourde responsabilité aux enseignants qui doivent se sentir comptables des résultats de leurs élèves
5	Les profs sont peu motivés à y participer et montrent vite des signes de fatigue	Les profs s'y sentent impliqués et essayent d'inventer des stratégies facilitatrices
6	Il utilise un certain flou dans les critères d'évaluation	Il cherche à faire prendre conscience des mécanismes qui ont conduit l'élève à tel mauvais résultat
7	Il minimise le rôle des délégués élèves et des représentants des parents d'élèves	Il considère les délégués élèves et les représentants des parents d'élèves, selon les textes officiels, comme des membres à part entière susceptibles de prendre collectivement les décisions
8	Face à un cas difficile, il recherche rarement des informations ou des causes extra scolaires	Face à un cas difficile, il prend en compte les qualités personnelles de l'élève, s'il a su fournir du travail personnel et mobiliser ses efforts même sans résultats à la clé
9	La grande majorité des propositions qu'il fait aux élèves sont soit des mises en garde et des sanctions…	Il propose soit à l'élève des solutions de type remédiation, groupe de niveau, ou contrat…
10	…soit une orientation expéditive et/ou accompagnée d'une filière de relégation	…soit une orientation fine fondée sur le travail mis au point par le conseiller d'orientation-psychologue (co-psy)

Tableau inspiré du dossier « Apprenons pour enseigner », *Cahiers pédagogiques,* n° 2,1990.

Le rôle stratégique de l'enseignant

Son rôle d'aide à la décision reste stratégique et représente une véritable responsabilité morale : l'observation de l'élève, l'évaluation de ses résultats scolaires et de sa progression, l'information sur la poursuite d'études, le retour sur la profession qu'il envisage dépendent de l'enseignant pour une large part. Il tient beaucoup à lui d'engager un dialogue des plus constructifs avec les parents pour qu'une orientation ne soit pas vécue comme une relégation ou comme un choix par défaut.

Chaque enseignant a un devoir d'orientation, et perçoit d'ailleurs une indemnité forfaitaire dite de suivi et d'orientation (ISO). Le professeur principal, lui, reste l'interlocuteur privilégié des parents. C'est lui qui mène les entretiens personnalisés d'orientation en classe de troisième, première et terminale et transmet l'information sur la formation, l'emploi et l'insertion. Chaque famille a droit à un entretien avec le chef d'établissement avant toute décision définitive.

Les objectifs de l'orientation

C'est un rôle à part entière de l'enseignant dès les années collège. Il s'agit d'aider les élèves à élargir un horizon souvent bien plus étroit qu'on ne le pense, souvent avec des idées toutes faites bien ancrées, à se construire un chemin personnel de formation, à se projeter dans l'avenir. À partir du lycée, le prof doit chercher à faire une place à la réflexion sur l'orientation, à toujours favoriser chez ses élèves l'interrogation avant la décision, à les aider à se faire une idée plus juste de diplômes, d'études et de métiers qui évoluent constamment.

Les grandes étapes

La politique d'orientation commence en classe de 6e, année dont le thème de travail est l'observation du milieu et de l'entourage familial. En 5e, les élèves mènent des enquêtes sur le quartier et le voisinage. En 4e, ils approfondissent leurs connaissances des métiers et des professions et effectuent un premier stage d'une semaine en entreprise. La classe de 3e est déterminante :

– Dès le début de l'année, le co-psy intervient en classe entière puis en entretiens individuels avec élève et parents ;
– Se tient ensuite une réunion entre les professeurs principaux et les représentants des entreprises locales ;
– Un entretien d'orientation obligatoire a lieu au second trimestre entre le professeur principal, l'élève et la famille ;
– Dans l'année, les élèves doivent participer au « Forum des mé-

tiers » où ils rencontrent les professionnels de nombreux secteurs d'activités ;
– Ils font un stage en entreprise d'une semaine ;
– Ils peuvent suivre une option « découverte professionnelle » facultative de trois heures hebdomadaires ;
– Enfin, les élèves souhaitant suivre une formation professionnelle après le collège bénéficient d'un enseignement facultatif de six heures hebdomadaires appelé « module de découverte professionnelle » (cours situés en lycées professionnels).
– En première, une procédure d'entretien obligatoire au second trimestre identique à celle de la classe de 3e est mise en place. En terminale, les lycéens remplissent un dossier unique d'orientation, avec leurs demandes. Ce dossier est soumis à un avis du conseil de classe en janvier et transmis à l'université qui donne aussi son avis.

! **La procédure d'appel**. La décision finale d'orientation d'un élève ne revient pas aux enseignants puisqu'elle est prise, en fin de 5e et en fin de première par les familles qui gardent le choix du passage, et pour les autres classes par le chef d'établissement. En cas de désaccord persistant avec ce dernier, la famille peut faire appel.

Le rôle de l'enseignant dans l'entretien individuel

L'entretien individuel d'orientation concerne tous les élèves de 3e, est effectué en présence des familles, et est pris en charge par le professeur principal, seul ou accompagné d'un conseiller d'orientation-psychologue. Pour certains élèves en difficulté, il faut s'attendre à ce que certains entretiens individuels soient assez douloureux : le problème consiste à amener les familles à faire un choix différent de celui initialement envisagé, du fait du décalage existant entre les compétences et les orientations demandées. Les déceptions et critiques vis-à-vis de l'école ont tendance à surgir à ce moment-là et ne sont pas toujours faciles à gérer. Il faut donc s'y préparer.

Une charge de travail accrue pour le professeur principal

En 3e, le travail fourni par le professeur principal dans le cadre de l'éducation à l'orientation augmente d'année en année : recherche de documents, rapports de stage individuels à corriger intégralement, rencontres individuelles des familles de tous les élèves de la classe, absence d'heure de vie de classe pour gérer les problèmes administratifs liés à l'orientation, saisie individuelle des vœux.

« L'adulte professionnel »

En conseillant les élèves, on fait montre d'une grande ouverture si on ne reste pas bloqué sur les activités d'analyse, de synthèse, de rédaction, toutes fondées sur des références avant tout intellectuelles. Il est important de redonner confiance à ces élèves qui, jusqu'en 3e, n'ont pas acquis la culture de l'école, mais ont su développer d'autres capacités. Son rôle consiste, avec le co-psy, à valoriser ces compétences et qualités personnelles, en y incluant la culture extrascolaire de ces adolescents. « Malgré les avatars du monde économique, les élèves de milieu populaire nous ont appris que mieux vaut apprendre un métier qui donne une qualification et rend fier d'être un professionnel (quitte à reprendre ensuite des études par plaisir) que de végéter dans "des classes halls de gare" parce que la norme est de faire des études longues. Mieux vaut être un "adulte professionnel", disent-ils »[17].

Les autres acteurs stratégiques de l'orientation

Le chef d'établissement

Personnage clé, il préside le conseil de classe et prend la décision finale à chaque fin d'année scolaire.

Les conseillers d'orientation-psychologues

Présents en collège et lycée, spécialistes du conseil individuel en orientation, les 4500 conseillers d'orientation-psychologues (COP)... sont aussi les conseillers techniques de l'équipe éducative et interviennent comme formateurs auprès des équipes de profs chargées de mettre en place des séquences d'éducation à l'orientation. Ils ont pour mission d'aider l'élève à définir son projet d'orientation et utilisent différentes techniques comme l'entretien individuel mais aussi les travaux de groupes, les tests d'évaluation, etc. Ils exercent au sein d'une équipe regroupée dans un centre d'information et d'orientation (CIO).

Le délégué interministériel à l'orientation

Il organise les actions de l'État et doit surtout veiller à ce que chaque élève bénéficie d'une orientation réussie et à faire coïncider les dispositifs d'orientation avec les besoins du marché du travail. Il met en place le dispositif « d'orientation active » destiné à permettre une inscription plus pertinente et plus adaptée des lycéens vers les filières de l'enseignement supérieur.

17- B. Bergier et G. Francequin, *La Revanche scolaire des élèves multiredoublants, relégués, devenus superdiplômés*, Erès, 2005.

Les familles

Une expérimentation lancée depuis la rentrée 2013 vise à laisser aux familles le dernier mot concernant l'orientation de leur enfant en fin de troisième.

L'orientation active

Seuls les professeurs des classes de terminale sont concernés par ce nouveau dispositif, obligatoire depuis 2010, destiné à mieux accompagner les élèves dans leur dernière année de lycée et pour les aider à intégrer les filières qui correspondent le mieux à leurs aptitudes et à leurs goûts. En décembre, les enseignants et les parents réfléchissent avec l'élève sur des parcours d'études possibles et s'informent sur les formations et les établissements de l'enseignement supérieur, notamment sur le site : http://admission-post-bac.fr/index.php?desc=accueilM#close Il s'agit de construire un véritable projet d'orientation. Entre janvier et début février, se tient un conseil de classe entièrement dédié à l'orientation, juste avant les préinscriptions dans l'enseignement supérieur.

Les séquences d'éducation à l'orientation

Depuis 1996, les professeurs principaux ont la charge d'organiser des séquences spécifiques d'éducation à l'orientation pour leurs élèves. Au niveau national, ils sont environ 88 % à le faire, 69 % en se faisant accompagner par des conseillers d'orientation-psychologues, 36 % en présence d'intervenants issus du monde de l'entreprise, 24 % à consacrer ces séances à des visites d'entreprises, en y réservant en moyenne dix heures dans l'année.

Le rapport du Haut Conseil de l'éducation (HCE)

En 2008, le Haut Conseil de l'éducation rend un rapport très critique qui présente l'orientation comme un processus d'exclusion et montre notamment que la décision d'orientation « s'appuie sur des notes et des moyennes de notes, méthode dont les insuffisances ont été démontrées depuis longtemps ». Selon le rapport, l'institution scolaire renforce le sentiment d'injustice et « a encore des progrès à faire pour que les décisions d'orientation encouragent, lorsqu'elles sont légitimes, les ambitions des élèves des milieux les moins favorisés, les moins diplômés, et aussi les moins informés ».

Originalité : le rapport préconise la création d'une mission de professeur référent sur la base du volontariat et rémunérée spécifiquement, avec la responsabilité d'aider quelques élèves à construire leur projet d'orientation[18].

18- hce.education.fr/gallery_files/site/21/49.pdf

BIBLIOGRAPHIE

Ouvrages généraux

- A. Barrère, *Les Enseignants au travail. Routines incertaines*, L'Harmattan, 2002.
- M. Postic, *La Relation éducative*, Puf, 2001 (9e éd.).
- V. Troger, *Une histoire de l'éducation,* éd. Sciences humaines, 2006.

Évaluations

- J. Benameur, *Présent ?*, Denoël, 2006.
- C. Hadji, *L'Évaluation démystifiée*, ESF, 1999.
- P. Merle, *L'Élève humilié. L'école, un espace de non droit*, Puf, 2005.

Orientations

- N. Baudouin, *Le Sens de l'orientation. Une approche clinique de l'orientation scolaire et professionnelle*, L'Harmattan, 2008.
- D. Odry, *L'orientation, c'est l'affaire de tous*, tome I. *Les enjeux*, Crdp d'Amiens, 2006.

Le redoublement

- T. Troncin, J.-J. Paul, *Les Apports de la recherche sur l'impact du redoublement comme moyen de traiter les difficultés scolaires au cours de la scolarité obligatoire*, Haut Conseil de l'évaluation de l'école, Les rapports, 2004.

Comprendre l'échec scolaire

Chapitre VI

L'échec scolaire est aujourd'hui facteur d'exclusion sociale, le combattre est donc une mission des enseignants. La question de l'échec scolaire est-elle celle de l'échec de certains enfants à l'école, ou de l'échec de l'école vis-à-vis d'eux ? Aucun enseignant ne peut se dérober devant cette question, qui oblige à changer de regard sur l'élève qui se trompe.

1- L'ÉCHEC SCOLAIRE N'EST PAS UNE MALADIE

Le regard que l'on porte aujourd'hui sur l'échec scolaire trouve sa filiation directe dans les premiers moments de l'école de Jules Ferry. Les inspecteurs d'académie du début du siècle avaient en effet déjà tracé deux profils d'élève inadapté à la culture scolaire : l'instable et l'arriéré. Si « l'instable » est surtout un élève indiscipliné, « l'arriéré » est une catégorie fourre-tout. Les responsables de l'Éducation nationale avaient défini ces élèves comme porteurs d'une « anormalité qui passe inaperçue à l'extérieur de l'école » !
Pour la pédagogie normative de la IIIe République, l'enfant qui met en échec l'apprentissage scolaire ne pouvait qu'appartenir au domaine du pathologique.

Dépister les enfants mentalement déficients : les travaux de Binet

Quand il essaie de mettre au point son test d'intelligence en 1904, le fameux QI, Alfred Binet commence par mesurer les crânes des enfants « anormaux d'hospice », mais les résultats ne sont pas probants. Il trouve bien une graduation entre l'intelligence la plus haute et l'idiotie la plus basse, mais il n'a pas d'échelle pour classer ces enfants en différentes catégories.
Il se tourne alors vers la seule institution qui réalise ce type de mesure : l'école. Le scientifique adopte les classifications scolaires existantes (« anormaux d'écoles » répartis entre arriérés et instables) et le modèle intellectuel de l'école devient le modèle naturel. L'échelle d'intelligence de Binet détermine un âge mental : « Si une série définie de tâches est réussie très largement par des enfants de 8 ans, par exemple, et peu par des enfants de 7 ans, la réussite à ces tâches permet de caractériser un enfant inconnu par un "âge mental", ici de 8 ans. Il reste ensuite à comparer son âge mental à son âge chronologique pour apprécier l'importance d'une avance ou d'un retard », explique Michel Deleau, professeur à l'université Rennes-II.

Mais voilà, l'école de l'époque valorise surtout le degré de « civilisation » de l'élève, sa capacité à réprimer ses pulsions. Le test d'intelligence mesurera ainsi une faculté d'adaptation aux codes dominants : l'enfant intelligent sera donc un élève docile et de bonne morale. Patrice Pinell, directeur de recherche à l'Inserm, l'affirme : « Le système éducatif n'a jamais été aussi proche de la définition de l'intelligence de Binet. Aujourd'hui, il s'agit bien d'une rentabilité que le ministère cherche à calculer : on veut des élèves qui maîtrisent les savoirs scolaires avec efficacité et sans perdre de temps. C'est pourquoi le modèle de l'élève français est avant tout une fille, qui ne s'intéresse qu'à l'école, et qui fera sa puberté après le lycée ![1] »

Une conception de l'« échec » scolaire encore tributaire du passé

Aujourd'hui, les enseignants restent à la fois démunis devant l'échec scolaire tout en y contribuant pour une part. Pour un jeune prof qui a de fortes chances d'y être confronté, il est intéressant d'observer comment ce processus de marginalisation des enfants en échec se met très tôt en place.

Un enfant sur quatre ne prend jamais la parole en classe de maternelle. Dérisoire ? Insignifiant ? C'est pourtant là que tout se joue, de manière insidieuse. Ainsi, très vite, dès la grande section de maternelle, 20 à 25 % d'enfants, selon les chercheurs, risquent de basculer dans l'échec. Ce n'est pas un jugement mais bien un constat : à l'exception des plus innovants, les profs ont du mal à faire le grand écart dans les niveaux d'apprentissage. Autrement dit, la tentation naturelle semble être de faire la classe pour un élève moyen, et « à l'heure », c'est-à-dire à l'âge qui correspond à son niveau scolaire, selon la terminologie du ministère de l'Éducation nationale. L'école primaire reste donc encore sous l'influence d'une conception de l'échec scolaire essentiellement fondée sur l'âge : l'élève qui échoue, c'est celui qui n'a pas acquis dans le délai prévu les nouvelles connaissances et les nouveaux savoir-faire que l'institution, conformément aux programmes, prévoyait qu'il acquière.

Constat impitoyable, car si un enfant ne sait pas lire au mois de mars de l'année de CP, il a de fortes chances de ne jamais pouvoir rattraper son retard. S'il redouble à l'école primaire, il est pratiquement assuré de ne pas aller jusqu'au bac (50 % des redoublants du CP sortent du système sans qualification). À l'entrée en sixième, sur les 25 % d'élèves repérés comme ayant

1- M. Deleau, « Intelligence », *Dictionnaire encyclopédique de l'éducation et de la formation*, Retz/SEJER, 2005.

le plus de difficultés, moins de deux sur dix parviendront en seconde générale ou technologique.

La fabrique de l'exclusion

Déjà rude pour les élèves en difficulté moyenne, le système devient cruel pour les élèves très à la traîne, soit environ 10 % d'une génération. « Âge avancé, faible pouvoir de concentration, faible capacité de raisonnement logique, lacunes graves dans l'expression écrite, désintérêt pour le scolaire, et souvent comportement apathique ou, au contraire, agressif », voilà le profil type devant lequel, souvent démunis, les profs proposent une orientation en classe de perfectionnement ou d'intégration scolaire. Mais il arrive également qu'on oriente vers ces structures des élèves qui présentent des troubles du comportement, sans problème d'apprentissage. Or, pour faire du bon travail, les structures de perfectionnement ou d'intégration doivent être réservées à des enfants présentant des déficiences psychologiques. Elles n'ont pas été conçues pour remédier à des difficultés d'ordre comportemental. Les conséquences de cette solution par défaut tournent donc à la catastrophe. Des enfants non handicapés, majoritairement de milieux défavorisés, se retrouvent exclus du système « normal » et relégués dans ces structures spécialisées alors qu'ils n'ont rien à y faire. La plupart sont voués à poursuivre leur parcours dans le dispositif équivalent du collège : la section d'enseignement général et professionnel adapté (Segpa). Ils seraient ainsi 10 % de l'effectif global des Segpa à ne pas être à leur place, c'est-à-dire au collège !

! Les jeunes profs doivent en prendre conscience : on confond encore trop souvent, parce que c'est arrangeant, le déficit pédagogique avec la déficience intellectuelle.

Ces élèves qui ne sont pas assez « aux normes » !

Ensuite, c'est au tour du collège de contourner la difficulté scolaire de ces élèves qui ont tout de même réussi à y entrer. Par exemple, dans la dotation horaire globale mise chaque année à leur disposition par le ministère, de nombreux principaux s'arrangent pour consacrer le moins d'heures possible aux dispositifs de soutien : véritables mangeurs de temps, les élèves à la traîne ne sont pas « rentables ».

Ils coûtent cher à l'établissement, notamment en temps d'enseignement supplémentaire, du fait de la mise en place de tout un dispositif pour un petit nombre d'élèves. Pis, ils nuisent à l'image de marque du collège. Alors, pour se débarrasser d'un élève « incasable », on l'oriente en quatrième technologique dont la seule classe disponible se trouve dans le lycée professionnel situé à l'autre bout de la zone géographique de rattachement. Une « technothérapie » de façade qui masque la gestion des indésirables, et ce sont ainsi 170 000 jeunes qui échappent aujourd'hui au collège unique ! Résultat : sur les 30 % d'élèves qui n'entrent pas au lycée, 10 % vont redoubler leur troisième et 20 % sont orientés vers le brevet d'études professionnelles (BEP)[2].

2- L'ÉCHEC SCOLAIRE N'EST PAS UNE FATALITÉ

Tous les enfants peuvent réussir

« Ils ont redoublé deux à cinq fois entre la maternelle et le bac, ils ont été orientés vers des cycles courts : sixième de transition, CPPN, CAP, BEP, ils ont parfois été rétrogradés ou ont décroché. Leur entourage n'imaginait pas qu'ils puissent "aller loin", voire les déclarait "incapables", "nuls", "inaptes aux études". » Et pourtant ces élèves ont tous validé au minimum un second cycle de l'enseignement supérieur : ici une Maîtrise en sciences de la vie et de la terre, en lettres et arts, là un troisième cycle en sciences humaines et sociales ou en droit, ou encore ils sont devenus ingénieurs, médecins, avocats... », expliquent les universitaires Bertrand Bergier et Ginette Francequin. Si de tels parcours sont possibles, c'est qu'il existe des conditions et des dynamiques que l'enseignant peut contribuer à créer pour favoriser cette résilience et en finir avec les jugements définitifs et contre-productifs.

S'attaquer sérieusement à la difficulté scolaire

La difficulté scolaire, elle, fait partie intégrante de l'école, elle est inhérente aux apprentissages, c'est à elle, et elle seule, que l'enseignant doit s'attaquer en retroussant ses manches. Les vieilles classifications des élèves répartis en « abstraits » ou « concrets », « intellectuels » ou « manuels » n'ont plus cours.

2- Les chiffres de ce paragraphe sont donnés par André Hussenet, Inspecteur général, membre du Conseil national des programmes sur :
back.ac-rennes.fr/gdossier/projacad3/ConfHussenet.pdf
Le ministère considère qu'en 2014, ce sont 110 000 jeunes qui sont sortis du système éducatif sans diplôme.
Pour une confirmation du lien entre échec scolaire et origine sociale, lire J.-P. Caille, F. Rosenwald, « Les inégalités de réussite à l'école élémentaire : construction et évolution », *France, Portrait social*, Insee, 2006.

Mieux vaut toujours avoir en tête qu'une difficulté scolaire provient de multiples facteurs d'ordre pédagogique bien sûr, mais aussi socioculturel, médical, psychologique, institutionnel, écologique, historique, géographique, économique... Ne jamais cesser de croire au développement des capacités intellectuelles des enfants. Il va falloir intervenir dans une classe ayant une très large palette de besoins pédagogiques, méthodologiques, cognitifs. On peut garder en mémoire que les collègues les plus efficaces sont aussi les plus équitables : ils réussissent à élever le niveau moyen de la classe tout en faisant progresser davantage les élèves en difficulté. On le sait aujourd'hui, il existe de nombreuses formes d'intelligence qui ne trouvent pas vraiment de résonance à l'école. Même les enfants trisomiques et les déficients mentaux peuvent voir leur QI se modifier de façon significative sous l'action d'un travail pédagogique adéquat.

Prendre conscience des sélections inconscientes à l'œuvre

Le tri morphologique. Pierre Merle, professeur de sociologie à l'ESPE de Bretagne, le prouve : « Sur des copies identiques, soumises à de multiples corrections, les chercheurs avaient agrafé des photos d'identité jugées plus ou moins attrayantes. Il existe bien un effet positif de l'attractivité du visage sur la notation de la copie. Une relation inconsciente amène à associer la compétence scolaire à la beauté physique » !

Le tri intellectuel. Pour les élèves dont l'échec ne semble pas trop grave, pour ces 15 % d'élèves qui entrent malgré tout en sixième bien que maîtrisant imparfaitement les compétences de base, l'école a réservé deux issues. Soit... le fond de la classe. Soit, au lieu de les laisser dans des classes « normales », hétérogènes, on organise des niveaux, et on les place dans des classes de « mauvais ». Les enquêtes de l'Iredu, un institut de recherche de Dijon spécialisé dans l'éducation, montrent depuis longtemps que 80 % des collèges de France auraient mis en place ce type de classe. Or, depuis l'instauration du collège unique, c'est-à-dire depuis 1977, cette pratique n'a aucune existence institutionnelle. En renfort de la demande des parents, de très fortes pressions s'exercent de la part des enseignants, qui préfèrent des classes homogènes, au moins du point de vue du comportement.

Le tri ethnique et sexuel. Dès l'entrée en 6e, la formation des classes au collège obéit à des lois invisibles de tri sexuel, social et ethnique. Inconsciente ou délibérée, cette ségrégation renforce l'enseignement à deux vitesses. Autrement dit, « les filles françaises "à l'heure" sont scolarisées dans une plus forte proportion dans les "bonnes classes" que les garçons français "à l'heure", qui sont eux-mêmes mieux traités que les filles maghrébines. Les garçons maghrébins cumulent le double handicap de leur sexe et de leur origine », explique Jean-Paul Payet, maître de conférences en sociologie à l'université Lumière/Lyon-II[3]. L'institution semble donc s'arranger pour ne jamais mixer deux sous-groupes d'élèves, les filles françaises et les garçons maghrébins, qui se retrouvent effectivement très peu souvent dans les mêmes classes !

3- L'ERREUR N'EST PAS UNE FAUTE

Il est normal de se tromper en apprenant. On ne peut apprendre sans essayer de faire ce que justement l'on ne sait pas faire.

Comprendre pourquoi l'élève ne comprend pas

Longtemps, l'enseignant a rendu l'élève responsable de ses erreurs. Il est certes plus rassurant de dégager sa responsabilité, mais il est pourtant impératif de comprendre... pourquoi l'élève ne comprend pas. Il faut essayer de se souvenir du processus d'apprentissage : pour retenir une leçon ou résoudre un problème on procède avec tâtonnements et marge d'erreur. Or, on sait aussi que l'erreur, la difficulté et l'échec renvoient à l'élève une image négative de lui-même, qui vient perturber la capacité d'apprentissage.

Certains élèves basculent d'ailleurs résolument dans une peur d'apprendre, comme l'a très bien montré le psychopédagogue Serge Boimare.

C'est pourquoi, dans l'objectif de mieux comprendre l'erreur, non plus comme insuffisance, mais comme le résultat d'un processus très cohérent, l'enseignant peut légèrement décaler son curseur afin de valoriser ce cheminement[4].

3- J.-P. Payet, *Collèges de banlieue. Ethnographie d'un monde scolaire*, Armand Colin, 1997.

G. Felouzis, F. Liot, J. Perroton, *L'Apartheid scolaire : enquête sur la ségrégation ethnique dans les collèges*, Seuil, 2005.

4- G. Bachelard, *Le Rationalisme appliqué*, Puf, 2004.

G. Bachelard, *La Formation de l'esprit scientifique*, European Schoolbooks, Chalteuham, 1999.

M. Fabre, *Bachelard éducateur*, Puf, 2005.

S. Boimare, *L'Enfant et la peur d'apprendre*, Dunod, 2004.

Première étape : inverser le regard. Le rôle du prof est ici de faire comprendre que l'erreur est normale, qu'elle est partie intégrante de la logique naturelle de la cognition. Si un élève est en phase d'apprentissage, il semble attendu qu'il se trompe, cette erreur ne peut être considérée comme une faute et se tromper fréquemment ne signifie pas pour autant que l'on peut soi-même être considéré comme une « erreur ». Il faut le dire aux élèves.

Deuxième étape : faire revenir l'élève sur lui-même. La correction d'un travail ou d'un exercice que l'on donne à un élève est la solution apportée à son erreur. Mais le fait qu'il soit en possession de cette correction ne l'amène pas automatiquement à se corriger. Or, pour que l'élève s'aperçoive effectivement qu'il s'est trompé, il semble nécessaire qu'il se corrige lui-même. C'est donc par l'intermédiaire de la correction du prof qu'il doit ensuite se corriger. Le rôle de l'enseignant est ici de lui faire prendre conscience du mécanisme qu'il a utilisé quand il s'est trompé, comment il a buté et pourquoi.

En adoptant une pédagogie de l'essai, c'est-à-dire :

– D'abord en lui expliquant qu'il a des idées et des représentations mentales sur la plupart des sujets sans forcément les connaître, qu'il est donc normal que ses conceptions soient incomplètes ou erronées. Le rôle du prof consiste à faire évoluer ces conceptions provisoires. C'est un travail à faire au cas par cas, quand un élève bute à plusieurs reprises sur le même obstacle. Par exemple, lorsque l'on commence à apprendre l'addition au CP, beaucoup d'élèves ont déjà des méthodes personnelles pour faire de petites additions en comptant sur leurs doigts. Il faut qu'ils désapprennent ces méthodes pour apprendre la mécanique de l'addition ;

– Ensuite, en lui montrant que ses réponses à une question ne sont jamais le fruit du hasard, mais suivent des règles bien précises liées à ces idées fausses de départ ;

– Puis, en lui faisant constater qu'il est normal de se tromper en apprenant, que l'erreur fait partie du processus d'apprentissage, lui permettant de limiter ainsi la part des nombreuses erreurs commises par peur de la faute ;

– En revenant sur la consigne et le lexique utilisé dans la consigne afin de les clarifier : si les mots sont inconnus ou mal maîtrisés, l'élève ne peut que se tromper ;

– Demander à l'élève de refaire le chemin de son raisonnement, car on peut identifier à quel moment il a pris un chemin de traverse l'ayant conduit à son erreur. En partant de la démarche d'erreur de l'élève, on peut la valoriser comme le pro-

duit d'une logique individuelle qui mérite écoute et analyse ;
– Enfin, en lui proposant de procéder à plusieurs essais dans le cadre d'exercices multiples et de s'auto-évaluer, pour lui permettre de construire son propre itinéraire de compréhension.
Bref, l'élève doit procéder, grâce à l'enseignant, à un retour sur lui-même. L'enseignant aura ainsi réalisé d'une pierre deux coups : l'élève saura alors combien il peut apprendre de ses erreurs et son estime personnelle ne sera plus mise en danger[5].

La réforme de l'orthographe

La réforme de l'orthographe entre dans les manuels scolaires à compter de la rentrée 2016-2017. Il s'agit de 2 400 mots, soit 4% du lexique de la langue française, qui auront désormais 2 orthographes possibles, l'orthographe actuelle restant d'usage. L'accent circonflexe, le trait d'union, les « ph » notamment, voient leur utilisation réduite ainsi que certains accents jugés moins utiles. Ce n'est pas le ministère mais bien les éditeurs de manuels scolaires qui ont pris cette décision d'appliquer une recommandation de l'Académie française qui date de... 1990 ! Il s'agit en fait de suivre les évolutions de la langue pour faciliter son apprentissage par les élèves. Par ailleurs, les professeurs ne sont pas tenus d'enseigner l'orthographe révisée à leurs élèves, puisqu'elle n'a aucun caractère obligatoire.

Pour la liste complète des 2 400 mots concernés :
http://francite.net/education/cyberprof/page522.html

Pour les justifications de l'Académie française :
http://www.academie-francaise.fr/sites/academie-francaise.fr/files/rectifications_1990.pdf

4- COMMENT VALORISER LES ÉLÈVES EN DIFFICULTÉ

La réussite d'un élève dépend de ses compétences et aussi de sa confiance en ses capacités d'apprentissage. Il ne doit pas perdre l'estime de lui-même.

Comment valoriser un élève au parcours difficile ?

– Lui permettre de faire l'expérience tellement satisfaisante d'une bonne note. Lui donner la possibilité de s'identifier à

5- S. Boimare, « Jules Verne au secours de l'échec scolaire », *Sciences Humaines*, Hors Série spécial n° 5, octobre-novembre 2006.

ceux qui font des études et par la bonne note obtenue, tenter de le faire rompre avec son statut de mauvais élève ;
– Le faire bénéficier de sa connaissance d'enseignant sur le système et ses ressources cachées : ses impasses, ses passe-droits, ses bonnes adresses, ses voies d'ascension, ses offres de bourses, ses stratégies d'orientation, ses règles formelles et informelles, etc. ;
– Intervenir dès qu'on le peut directement en sa faveur dans le cadre d'une démarche, d'une lettre de recommandation ou d'un dossier à plaider vis-à-vis de l'administration ;
– Le mettre, avec l'aide du conseiller d'orientation-psychologue, sur les routes de la seconde chance offertes par le système : structures marginales innovantes telles que les Maisons familiales et rurales, les lycées alternatifs ; des classes passerelles permettant d'aller d'un cycle court à un cycle long ; des possibilités de contournement du bac : capacité en droit, diplôme national d'accès aux études universitaires (DAEU). Et porter à sa connaissance l'université Paris-VIII/Saint-Denis qui est la seule à accueillir des non-bacheliers par validation des études, des expériences professionnelles ou des acquis personnels[6].

Comment restaurer l'estime de soi chez les élèves en général ?

« Les recherches montrent clairement que la réussite d'un élève ne dépend pas seulement de ses compétences "objectives", mais également de sa confiance en ses capacités d'apprentissage », analyse Benoît Galand, enseignant-chercheur à l'Université catholique de Louvain, dont les recherches déterminent que les élèves prennent davantage confiance en eux si :

– On leur donne un objectif énoncé en termes de développement de compétence (apprendre à identifier les idées principales d'un texte) plutôt qu'un objectif formulé en termes de production à fournir (répondre aux questions de compréhension) ;
– On leur propose des objectifs précis et à brève échéance (savoir résoudre correctement cinq additions simples pour le prochain cours) plutôt que des objectifs généraux et éloignés dans le temps (réussir le contrôle avant le bulletin) ;
– On procède à des évaluations et surtout à des auto-évaluations régulières (les élèves se corrigent eux-mêmes et gagnent en indépendance) pour leur permettre de réaliser des progrès graduels ;
– On leur offre la possibilité d'observer la réussite ou l'échec

6- B. Bergier, G. Francequin, *La Revanche scolaire des élèves multiredoublants, relégués, devenus superdiplômés*, Erès, 2005.

d'autres élèves, notamment en leur faisant prendre conscience que d'autres ont réussi une tâche grâce aux mêmes méthodes de travail ;
– On leur présente une activité comme une occasion de développer ses compétences et de s'améliorer plutôt que comme un test ou une compétition ;
– On communique les résultats d'un devoir par un retour sous forme de commentaires sur les points forts et les points faibles et sur les améliorations possibles plutôt que sous forme de notes ou d'appréciation générale ;
– On situe les progrès de l'élève par rapport à ses performances antérieures plutôt que par rapport à celles des autres élèves[7].

! Ne plus définir les élèves par leurs manques

« Ici, on aime que les résultats des élèves laissent à désirer, car cela signifie pour nous qu'ils sont porteurs de l'espoir d'une amélioration », explique avec humour Bernard Gerde, enseignant et cofondateur du Collège Lycée Élitaire Pour Tous (CLEPT) situé dans le quartier de La Villeneuve à Grenoble. Depuis son ouverture en 2000, l'équipe tente de redonner le goût de l'école aux élèves déscolarisés. Elle refuse l'orientation vécue comme une relégation en inscrivant les jeunes sur la base du volontariat. Elle propose une offre scolaire de qualité avec uniquement des classes d'enseignement général (S, L et ES) à des élèves qui en avaient été privés. Les 15 collégiens et 70 lycéens inscrits étaient en rupture scolaire avérée, et vont aujourd'hui au cours d'initiation à la philosophie, travaillent en français sur *Un cœur simple* de Gustave Flaubert, et suivent des ateliers d'archéologie et de cinéma du réel ! Mieux, chaque année, ils sont environ 80% à être reçus au baccalauréat. On ne se prive ici d'aucune originalité pédagogique : cours décloisonnés pour faire comprendre les liens existant entre les disciplines, « sas » pédagogique à 15 élèves maximum permettant une longue plage de réadaptation avant de réintégrer la classe normale, et surtout regard positif porté sur ces jeunes. Et Bernard Gerde de conclure : « Ces élèves manquaient à l'école parce qu'ils n'étaient plus définis par l'école qu'à travers leurs manques[8]. »

7- B. Galand, M. Frenay (dir.), *L'Approche par problèmes et par projets dans l'enseignement supérieur. Impact, enjeux et défis*, Presses universitaires de Louvain, 2005.
A. de la Garanderie, *Tous les enfants peuvent réussir*, Marabout, 1999.
« Estime de soi », *Éducation & Management*, n° 31, CRDP de l'Académie de Créteil, juin 2006.

8- Collège Lycée Élitaire Pour Tous, 6 avenue Marcelin Berthelot, 38029 Grenoble cedex 2, Tél. : 04 76 86 64 32, ac-grenoble.fr/mounier/clept.htm

5- FAIRE FACE À L'ABSENTÉISME

Une conduite addictive en voie de banalisation

À seize ans en seconde, Hugo a beaucoup de mal à se lever le matin depuis le début du mois de janvier. À treize ans en quatrième et dès la rentrée de novembre, Laurent connaît une chute brutale de ses notes. À 18 ans en terminale au lycée professionnel, Ahmed ne se rend plus à son cours de basket depuis plusieurs semaines. Les uns et les autres arrivent régulièrement en retard à certains cours, à certaines heures... On ne le voit pas toujours venir, mais l'absentéisme scolaire prend souvent au début des formes assez banales. « Le phénomène intervient rarement de manière brutale, c'est un processus insidieux qui prend un certain temps d'élaboration et que l'on peut comparer à une conduite addictive », confirme Jean-Guy Lebeau, conseiller d'éducation du lycée de Châlon-sur-Saône. Les élèves absentéistes sont en grande majorité des garçons (70 %), âgés de 17-18 ans et inscrits en lycée professionnel. Mais les collèges et lycées de centre-ville commencent à être concernés par le phénomène où une tendance apparaît depuis plusieurs années : l'absentéisme de confort d'ailleurs assez souvent « couvert » par les parents. Un rendez-vous administratif, une fête religieuse, un départ en week-end et pourquoi pas des courses au moment des soldes... tout devient sujet à contourner l'obligation scolaire [9]!

Préférer l'inclusion à l'exclusion

Mais sauf cas lourds, il est préférable de jouer soit la carte de la négociation soit celle de la sanction douce. L'exclusion ne faisant qu'aggraver le phénomène, les spécialistes préconisent plutôt aujourd'hui ce qu'on appelle des « inclusions », c'est-à-dire des heures de retenue dans l'établissement pendant les périodes de permanence ou de vacances pour effectuer un travail scolaire. Certaines sont assurées par l'enseignant, d'autres par le CPE. « Je profite de ce moment privilégié pour nouer un dialogue avec l'élève et lui faire passer le message du sens de l'école », confie Marie Plasse, conseillère d'éducation au lycée Claude Monet à Paris.

Les absents ont-ils toujours tort ?

Un élève ne peut pas refuser d'étudier ou d'assister au cours. L'obligation d'assiduité a été introduite dans la législation ré-

9- P. Huerre (dir.), *L'Absentéisme scolaire : du normal au pathologique*, Hachette, 2006.

publicaine par la loi du 28 mars 1882. Elle est mentionnée à l'article 10 de la loi du 10 juillet 1989, et consiste à participer au travail scolaire et à respecter les horaires d'enseignement. Elle s'impose pour les enseignements obligatoires, les enseignements facultatifs deviennent obligatoires dès lors que les élèves y sont inscrits. Un élève ne peut donc en aucun cas refuser d'étudier certaines parties du programme ni se dispenser de l'assistance à certains cours. Un élève qui cumule plus de quatre demi-journées par mois d'absence non justifiée est considéré comme absentéiste.
Attention, face aux éventuelles contestations d'élèves, il faut savoir que pour des raisons techniques, l'Éducation nationale assimile très souvent une heure d'absence injustifiée à une demi-journée !

L'absentéisme est géré par la vie scolaire

Si l'enseignant a comme obligation de faire l'appel à chaque cours, c'est le conseiller principal d'éducation qui a en charge la gestion des absences. C'est lui qui prévient les familles et essaye de trouver des solutions avec les élèves en cas d'absentéisme chronique. Lorsque des signes avant-coureurs de l'absentéisme se manifestent (élève ayant tendance à dormir en classe, se plaignant des cours ou des profs, étant confronté à une chute brutale de ses notes), l'enseignant peut par prévention en alerter la vie scolaire. Certains dossiers d'absentéisme lourd peuvent aller jusqu'à la saisine du procureur de la République par le chef d'établissement.
En décembre 2005, le tribunal correctionnel de Blois a condamné à quatre mois de prison avec sursis et à une mise à l'épreuve de dix-huit mois la mère d'un garçon de 12 ans qui ne fréquentait plus son collège depuis le printemps.
Le montant de l'amende venant sanctionner le manquement à l'obligation scolaire varie de 750 à 7 500 €.

6- LES DISPOSITIFS D'ACCOMPAGNEMENT POUR LES ÉLÈVES EN DIFFICULTÉ LÉGÈRE

C'est dans l'assistance individuelle au travail que se joue l'avenir scolaire des élèves en difficulté. Un dispositif nécessaire quand le soutien à la maison est inexistant.

Les chiffres qui parlent

4 % des collégiens et lycéens français sont concernés par l'absentéisme. Mais le phénomène touche très inégalement les établissements. Les collèges restent moins exposés que les lycées.
3 % d'absentéistes en classes de 4e et 3e où se manifestent les premiers signes du phénomène ;
11,5 % d'absentéistes en lycées professionnels, qui sont les plus touchés ;
1 établissement sur 5 ne connaissent pas du tout d'absentéisme ;
1 établissement sur 10 atteint des taux de 13 % ou plus (notamment en Rep) ;
1 % des jeunes connaissent un absentéisme lourd ou chronique, c'est-à-dire plus de dix demi-journées par mois d'absences non justifiées ;
5 % du temps d'enseignement des élèves de France est perdu en raison de leurs absences (régularisées ou non).

Source : DEPP, MEN, Note d'information 05-02, 2015.

La notion de l'élève en difficulté

« La surenchère du vocabulaire, entre élèves en difficulté, en grande difficulté et en très grande difficulté, traduit l'incapacité fondamentale à maîtriser le problème. Plus on pense avancer, plus on découvre de nouveaux obstacles qui paraissent insurmontables », constatait il y a déjà presque vingt ans et de manière assez féroce un très sérieux rapport de l'Inspection générale de l'Éducation nationale. Et le rapport d'ajouter plus loin : « Cet exemple témoigne bien du caractère flou et relatif de la notion d'élève en difficulté, et de la nécessité de l'utiliser avec la plus grande précaution sous peine de voir se développer exagérément cette catégorie d'élèves. » C'est justement dans un esprit de prévention, pour éviter que la difficulté scolaire ne prenne trop d'ampleur, que l'institution a, dès le début des années 1990, mis en place des dispositifs de traitement de l'échec scolaire[10].

L'intervention des Rased

De la maternelle au CM2, il s'agit des Réseaux d'aides spécialisées aux élèves en difficulté (Rased). Ces 10 000 professionnels (rééducateurs, psychologues scolaires, maîtres spécialisés en aide pédagogique) interviennent à la demande du professeur des écoles (ou des familles) et prennent en charge environ 250 000 jeunes chaque année. Principalement des garçons, issus de familles nombreuses défavorisées, de milieux ouvriers ou employés.

10- *Le Collège. Sept ans d'observations et d'analyses*, Les rapports de l'Igen, CNDP/ Hachette Éducation, 1997.

Il s'agit ici d'une prise en charge ponctuelle, individuelle ou par petits groupes, en dehors de la classe pour des élèves ne présentant pas de déficiences intellectuelles, mais des difficultés d'ordre pédagogique suffisamment lourdes pour que l'enseignant « appelle au secours ». Le pédagogue (maître E) redonne aux élèves les outils cognitifs qui leur manquent. Le rééducateur (maître G) les aide à reconstruire autonomie et motivation. Le psychologue leur fait passer des examens cliniques et psychométriques. En octobre 2008, le ministère a décidé de supprimer 3000 postes de maîtres spécialisés (E et G, les psychologues ne sont pas concernés) mobiles allant d'école en école, pour les « sédentariser » dans des classes fixes considérées comme « à difficulté scolaire ». Mais si les enseignants classiques peuvent effectivement résoudre des problèmes scolaires ponctuels d'élèves bloqués sur un point précis, ils ne peuvent remplacer l'approche et l'expérience de ces spécialistes de la difficulté scolaire que sont les enseignants des Rased dont toute la démarche consiste, à la suite de leur intervention, à « remettre l'enfant dans la classe ».
Vu la quasi extinction des centres de formation des personnels des Rased, on peut se demander si ce corps n'est pas menacé lui-même de disparition ?[11].

L'accompagnement à la scolarité

Études surveillées, cours de soutien par des bénévoles, entraide entre jeunes, accompagnement éducatif, l'assistance individuelle au travail en dehors des heures de cours existe certes ça et là, mais elle « devrait se voir généralisée et devenir une des missions premières de l'école dès la classe de 6e, là où se jouent les futurs parcours », insiste le sociologue Bertrand Geay. Comme le souligne un rapport de l'Igaen, « il serait donc peut-être plus intéressant de redonner vie à des pratiques anciennes : études du soir animées par des personnels spécifiques qui étaient, dans le passé, des maîtres d'études, des répétiteurs, des adjoints d'enseignement, etc. Dans cette optique, l'élargissement des fonctions des assistants pédagogiques est une solution à étudier. Ce serait là une manière de répondre aux sociétés commerciales qui contribuent à accréditer l'idée que l'action éducative publique est de qualité insuffisante ». Car, sur les 100 000 personnes qui donnent des cours privés

11- Le rapport « Donner aux Rased les moyens de leurs missions » : senat.fr/rap/r12-737/r12-7370.html
Pour suivre l'actualité des Rased : http://rased-en-lutte.net/ »

de soutien scolaire en France, près de la moitié sont des enseignants de l'Éducation nationale...
À côté des deux heures d'accompagnement personnalisé assurées par les enseignants et dégagées pour l'ensemble des élèves du primaire depuis la rentrée 2008, le ministère a souhaité mettre en place un *accompagnement éducatif* accueillant les élèves après les cours et assuré par différents partenaires. À raison de deux heures, quatre jours par semaine, cet accompagnement s'est organisé autour de l'aide aux devoirs, d'activités culturelles, de la pratique d'un sport ou d'une langue vivante[12].

Les programmes personnalisés de réussite éducative (PPRE)

Les PPRE ont pour objectif de répondre le plus tôt possible aux difficultés d'un élève par la mise en place d'un programme de travail adapté à sa situation individuelle. L'équipe pédagogique effectue son travail de repérage des difficultés sur la base des évaluations nationales en primaire ou des cahiers des élèves pour les autres niveaux. Il peut se faire en début d'année ou durant la scolarité si un élève montre des signes de décrochage. L'enseignant et son chef d'établissement discutent avec les parents, passent un contrat avec l'enfant pour le responsabiliser et construisent un programme précis en fonction des carences réelles de l'élève, qui est signé par l'élève et sa famille. À l'école, le PPRE se concentre prioritairement sur le français et les mathématiques et est obligatoire pour les élèves redoublants. Au collège, l'accent est mis sur la première langue vivante. Selon les préconisations de la Direction de l'enseignement scolaire (DGESCO) du ministère, le PPRE doit répondre « à des difficultés traduisant autre chose qu'une faiblesse passagère. Il concerne également des besoins particuliers qui, s'ils ne sont pas pris en compte, retardent fortement l'acquisition des connaissances et compétences constitutives fondamentales ».

12- Pour en savoir plus : education.gouv.fr/cid5677/accompagnement-educatif.html
« L'accompagnement à la scolarité. Pour une politique coordonnée équitable et adossée aux technologies de l'information et de la communication », IGAENR/IGEN, Rapport n° 2006-010, mai 2006.
B. Geay et A. Meunier (dir.), « La déscolarisation en France : l'invention d'un "problème" social », *Cahiers de la recherche sur l'éducation et les savoirs*, n° 2, Ares/Ird/Msh, Paris, 2003.
D. Glasman, L. Besson, *Le Travail des élèves pour l'école en dehors de l'école*, Rapport pour le Haut Conseil de l'évaluation de l'école, HCEE, Paris, 2004.

Bon à savoir

Pour passer en revue l'ensemble des dispositifs de décrochage scolaire mis en place par le ministère, à la disposition des enseignants : http://www.education.gouv.fr/cid55632/la-lutte-contre-le-decrochage scolaire.html#Tous_mobilises_pour_vaincre_le_decrochage_scolaire_les_actions_de_l_annee_2015-2016

Les PPRE prennent la suite des PPAP (programmes personnalisés d'aide et de progrès) de 1998. Ils sont issus de la loi d'orientation du 23 avril 2005 dite loi Fillon, et des décrets du 24 août 2005[13].

7- LES DISPOSITIFS DE RACCROCHAGE POUR LES ÉLÈVES EN GRANDE DIFFICULTÉ

Il existe toute une série de dispositifs de raccrochage scolaire ou de passerelles entre les cycles pour les élèves en grande difficulté. Il est important de les connaître, tant pour conseiller pertinemment certains de ses élèves, que pour y continuer éventuellement son propre parcours professionnel.

Pour les enseignants et les élèves

Il existe en France 450 dispositifs relais accueillant 8 800 élèves par an. Ces classes relais ou ateliers relais sont rattachés à un collège et accueillent, pour une durée moyenne de trois mois, des élèves de différents collèges, ayant de sérieux problèmes de comportement, avec en général entre neuf mois et un an de retard.

Ces structures ont pour but de réinsérer durablement un jeune qui s'était écarté du cursus normal. Fondée sur le volontariat et la mixité, l'équipe d'encadrement est constituée d'enseignants et d'éducateurs travaillant en étroite relation avec les personnels sociaux et de santé. C'est cette perspective de collaboration au sein d'une équipe élargie, pluriprofessionnelle qui doit motiver les « candidats » enseignants qui voudraient rejoindre ces dispositifs.

En règle générale, comme le précise Louise Debourle, coordinatrice pédagogique du dispositif relais départemental de Seine-Saint-Denis : « Les enseignants qui proposent leur candidature sont, dans leur grande majorité, des pédagogues confirmés,

13- On trouve le rapport critique de l'Igen remis au ministre en juin 2006 sur : media.education.gouv.fr/file/13/4/3134.pdf

déterminés à apporter leur contribution dans la lutte contre le décrochage scolaire[14]. »

! Les structures innovantes de l'enseignement public et privé sont les collèges et lycées alternatifs de l'enseignement public, et les Maisons familiales et rurales du secteur privé sous contrat avec le ministère de l'Agriculture.

Pour les élèves

Il existe de nombreuses possibilités de raccrochage et de retour aux cycles généraux. Elles sont trop souvent méconnues[15] :

Les dispositifs de microlycées

Pour les élèves décrocheurs en mesure de reprendre des études après quelques semaines ou quelques années d'interruption de scolarité.
http://eduscol.education.fr/cid53699/presentation.html

Les passages de cycle court à cycle long

– L'accès à la seconde après une troisième technologique.
– L'accès à un bac technologique, puis à un brevet de technicien supérieur (BTS) par la première d'adaptation pour les titulaires du BEP.
– L'accès à l'université après un bac professionnel.

Les stratégies de contournement du baccalauréat

Par la capacité en droit qui permet soit l'admission en 1re année de licence en droit (pour les candidats ayant obtenu pour l'ensemble des examens une note de 10/20), soit de se présenter à certains concours administratifs, soit de postuler à certains emplois liés aux professions juridiques dans le secteur privé. Les étudiants doivent être âgés de 17 ans accomplis au 1er novembre de l'année de leur première inscription. Cette formation s'étale sur deux ans et est conciliable avec une activité professionnelle[16].

14- Pour en savoir plus :
Côté enseignants : http://eduscol.education.fr/pid23264/dispositifs-relais.html
Côté élèves : sur la liste des correspondants académiques « dispositifs relais » : http://eduscol.education.fr/cid48089/liste-des-correspondants-academiques-des-dispositifs-relais.html

15- Pour les jeunes entre 16 et 25 ans qui ont décroché et souhaitent reprendre une formation : http://reviensteformer.gouv.fr/
Il existe un numéro vert gratuit, le 0 800 12 25 00, pour les jeunes en situation de décrochage qui souhaitent obtenir informations et solutions.

16- cned.fr/vie-active/remise-a-niveau/acces-universite

Par un diplôme national d'accès aux études universitaires (DAEU) qui donne les mêmes droits que ceux du baccalauréat. Il dure une année et se prépare soit dans une université soit par l'intermédiaire du Centre national d'enseignement à distance (CNED). Pour le présenter, il faut avoir interrompu depuis au moins deux ans ses études initiales et être soit âgé de 20 ans au moins au 1er octobre de l'année de l'examen en justifiant à la même date de deux années d'activités professionnelles ayant donné lieu à cotisation à la sécurité sociale, soit être âgé de 24 ans au moins au 1er octobre de l'année de l'examen[17].

Par la validation des études, des expériences professionnelles ou des acquis personnels. L'université Paris-VIII/Saint-Denis est la seule université à accueillir des non-bacheliers. Le dossier du postulant est étudié par un jury qui décide de son aptitude à poursuivre les études désirées. La validation pour études s'adresse aux jeunes ayant suivi une formation publique ou privée, quelles qu'en soient les modalités. La validation pour expériences professionnelles concerne ceux qui justifient de trois années d'expériences professionnelles. La validation pour acquis personnels s'intéresse à des connaissances et des compétences acquises en dehors de tout système de formation[18].

8- DISTINGUER LES ÉLÈVES QUI ONT DES BESOINS PARTICULIERS

Un certain nombre d'élèves ont des besoins éducatifs spécifiques. Les élèves atteints de troubles de la santé évoluant sur une longue période sont scolarisés dans les établissements ordinaires en bénéficiant d'un projet d'accueil individualisé (PAI). Ce PAI, rédigé à la demande des familles avec le médecin et le chef d'établissement, permet ainsi la prise de traitement indispensable ou la mise en place d'un protocole d'urgence. Pour les élèves qui ne peuvent être accueillis dans l'établissement, qui sont hospitalisés, ou qui subissent des thérapies lourdes, des dispositifs d'aide pédagogique, à l'hôpital ou à domicile, peuvent leur apporter un soutien scolaire[19].

Les enfants intellectuellement précoces (EIP)

Ce sont des enfants qui manifestent des capacités intellectuelles nettement supérieures à celles de la moyenne des enfants

17- http://www.enseignementsup-recherche.gouv.fr/cid21053/le-d.a.e.u.html

18- http://www.univ-paris8.fr/Validation-des-acquis

19- http://www.esen.education.fr/?id=79&a=83&cHash=22a8990068
Sur le cas précis des enfants handicapés, voir pages 222-225.

de leur âge. Le seuil de quotient intellectuel (QI) au-delà duquel on peut parler de précocité se situant à 130, on estime que 2,3 % de la population scolaire, soit environ 200 000 élèves entre 6 et 16 ans, peuvent être considérés comme des EIP.
Un tiers de ces élèves ne posent pas de problème particulier et suivent une scolarité normale. Les autres s'adaptent difficilement aux situations scolaires avec des bons résultats dans certains champs d'activité intellectuelle (vocabulaire, lecture...) et des insuffisances marquées dans d'autres domaines (écriture, organisation du travail...). Certains se trouvent même dans des situations d'échec lourd soit parce qu'ils ne sont pas repérés à temps comme précoces par l'enseignant, soit parce qu'ils ne s'adaptent pas du tout au travail scolaire. Aussi est-il déterminant pour l'enseignant de pouvoir repérer ces élèves pour qu'ils bénéficient d'une scolarité adaptée.
Les spécialistes s'accordent à dire que chaque EIP est différent, qu'il n'existe pas de portrait-robot d'un tel enfant, mais qu'il manifeste en général :
– Un sens critique très développé en toutes circonstances, y compris face à lui-même ;
– Un besoin vital de sens, une recherche d'explications en tout domaine, et une grande pertinence de certaines interventions orales ;
– Une forte réactivité émotionnelle doublée, parfois, d'un sens de l'humour très prononcé ;
– Un rejet de tout acte répétitif, comme des exercices ;
– Une écriture et une présentation du travail pas toujours très soignées en raison de leur rapidité d'éxécution ;
– Une capacité de concentration intense quand il est intéressé par le sujet ;
– Une recherche du dialogue avec l'adulte plus qu'avec ses camarades[20].

Les enfants du voyage

Ils sont en règle générale scolarisés :
– pour la maternelle, en classe ordinaire mais à temps partiel ;
– au niveau élémentaire, soit en classe ordinaire à plein temps avec des regroupements temporaires pour un soutien en français, soit en dispositifs itinérants (camions-école) ;
– et dans le secondaire, c'est-à-dire surtout en collège (les poursuites d'études en lycée restant assez rares), en classe ordinaire

20- Inspiré par : ac-toulouse.fr/cid66058/enfants-intellectuellement-precoces.html
Pour un guide d'aide à la conception de modules de formation pour une prise en compte des élèves intellectuellement précoces :
http://www.education.gouv.fr/cid49838/mene0900994c.html

assortie de soutien conséquent (dispositif d'aide et de soutien, classe de rattrapage et de mise à niveau pour assurer la transition école/collège, participation à des activités en ateliers de Section d'enseignement général et professionnel adapté ou en 3e d'insertion, tutorat entre élèves, etc.). Les enseignants accueillant des enfants du voyage dans leur classe sont aidés par des enseignants à fonction spécifique en matière de scolarité, de dialogue avec les parents et de suivi des déplacements des familles non sédentaires sur des territoires limités[21].

Les élèves nouvellement arrivés en France (Enaf)

Ce sont des élèves non scolarisés en France l'année scolaire précédente, francophones ou non, et n'ayant pas une maîtrise suffisante des apprentissages scolaires pour leur permettre d'intégrer une classe du cursus ordinaire.

Dans le premier degré, des classes d'initiation au français appelées « unités pédagogiques pour élèves allophones arrivants » (UPE2A) regroupent les enfants en âge d'être scolarisés du CP au CM2, et dans le second degré, les élèves intègrent soit une classe d'accueil pour élèves non scolarisés antérieurement soit une classe d'accueil spécifique s'ils ont un passé scolaire. Deux dispositifs nommés aussi « unité pédagogique pour élèves allophones arrivants » (UPE2A). L'objectif de tous ces dispositifs vise la maîtrise du français afin de permettre une intégration rapide dans une classe du cursus ordinaire.

Dans le second degré, ce rôle n'est pas seulement dévolu au seul professeur de français, mais à toute l'équipe éducative avec l'appui des Centres académiques pour la scolarisation des nouveaux arrivants et des enfants du voyage (CASNAV, ex-CEFISEM). Ces centres de ressources sont les interlocuteurs privilégiés les mieux placés pour répondre à des demandes émanant d'enseignants ayant en charge des élèves nouvellement arrivés[22].

21- Pour obtenir un ensemble de référence sur les outils et méthodes d'enseignement dédiés aux enfants du voyage :
http://www.educasources.education.fr/selection-detail-135724.html

22- La liste exhaustive des CASNAV est disponible sur le site :
http://www2.cndp.fr/vei/ressources/carnet/casnav.htm

9- ÉDUCATION PRIORITAIRE, UN BILAN DES ZEP

La politique des Zep a échoué depuis vingt-cinq ans parce qu'elle... n'a jamais été vraiment appliquée ! Au total, les établissements classés bénéficient d'environ deux élèves en moins par classe (25 élèves au lieu de 27) et reçoivent en moyenne 10 % à 15 % de postes d'enseignants et de crédits pédagogiques supplémentaires. Les zep ont été remplacées par les réseaux d'éducation prioritaire, REP et REP+. Les professeurs enseignant dans l'éducation prioritaire en 2016 perçoivent tous une prime d'un montant de 1 156 € par an, et bénéficient d'un avancement facilité.

Quel impact a eu cette politique contre l'échec scolaire ?

On peut dire qu'à la fin du collège, plus de 25 % des élèves de Zep ne maîtrisent pas ou maîtrisent mal les compétences générales requises par les programmes, contre 15 % des élèves hors Zep. Une étude de l'Insee portant sur la période 1982-1992 dresse un constat encore plus définitif indiquant que « la mise en place des Zep n'a eu aucun effet significatif sur la réussite des élèves, mesurée par l'obtention d'un diplôme, l'accès en quatrième, en seconde et l'obtention du baccalauréat ». On a simplement pu éviter que les élèves les plus en difficulté s'enfoncent davantage dans l'échec scolaire[23].

Peut-on parler d'un déterminisme social de l'échec scolaire ?

Les inégalités « de contexte », c'est-à-dire les conditions de vie, compteraient autant sinon plus que le capital culturel des parents dans l'orientation des destins sociaux. Éric Maurin, Directeur d'Études à l'EHESS et professeur à l'École d'Économie de Paris, montre comment les ségrégations scolaires s'installent dans des mécanismes irréversibles :

En matière de logement par exemple, sur une population de jeunes de quinze ans, le taux de retard scolaire est de 61 % dans les familles dites surpeuplées, avec plus d'un enfant par chambre, et de seulement 39 % dans les familles avec un seul enfant par chambre. La chambre individuelle devient donc un enjeu stratégique de réussite.

Par ailleurs, en matière de politiques ciblées vers les quartiers en difficulté, les ressources allouées à un élève de Zep ne dépassent pas de 10 % celles allouées à un élève hors Zep. Un

23- Pour des informations de type pédagogique sur l'éducation prioritaire : https://www.reseau-canope.fr/education-prioritaire/accueil.html

écart dérisoire ayant pour conséquence un résultat quasi nul de « l'effet Zep ».

Au début des années 1980, pour pallier des inégalités scolaires déjà criantes, on osait une entorse au principe d'égalité de traitement des enfants en décidant de « donner plus à ceux qui ont moins ». Aujourd'hui, il semble qu'il faille aller plus loin en passant à des politiques orientées plus directement vers les publics en difficulté. Comme l'explique Éric Maurin, le problème de la ségrégation urbaine a en fait été mal posé dès le départ : « Prendre les territoires pour cibles, c'est presque immanquablement s'exposer à oublier une fraction non négligeable des plus démunis – installés ailleurs, dans les interstices des territoires jugés "non sensibles" – et à n'atteindre que trop peu l'autre partie, d'où injustices et inefficacités[24]. »

Être enseignant dans l'éducation prioritaire depuis 2015...

...signifie des incitations fortes pour stabiliser les équipes et reconnaître l'investissement professionnel :

- 1 156 euros d'indemnité annuelle versée à tous les enseignants de l'éducation prioritaire
- + 50% pour tous à partir de 2015
- + 100% pour ceux qui exercent dans les réseaux les plus difficiles
- une indemnité supplémentaire pour les enseignants qui assument des fonctions d'intérêts collectifs
- un avancement facilité, c'est-à-dire un accès prioritaire à la hors-classe et un accès privilégié à la classe exceptionnelle

Pour en savoir plus :
http://www.education.gouv.fr/cid187/l-education-prioritaire.html

24- Voir E. Maurin, *Le Ghetto français. Enquête sur le séparatisme social*, La République des Idées/Seuil, 2004.

Que faire quand on craque ?

Les dispositifs d'aide pédagogique

Pour bénéficier, par exemple en cas de gros problème de discipline des conseils d'un professeur référent, sur le site Internet de son académie, cliquer sur l'entrée « Signalement et suivi des personnels en difficulté » ou « Cellule d'aide et de conseil » ou « Aide aux personnels », etc.

Les cellules d'écoute anonyme à accès confidentiel

Cette écoute est assurée par des volontaires formés. Sur le site Internet de son académie, cliquer sur l'entrée « Ressources humaines », puis, selon les académies, sur l'entrée « Cellule d'écoute », ou chercher les contacts des psychologues cliniciens mis à disposition par le rectorat.

Les dispositifs médicaux d'aide aux enseignants

Les services de médecine de prévention peuvent être sollicités en cas de problème de santé influant sur la vie professionnelle. Sur le site Internet de son académie, cliquer sur l'entrée « Service médical », ou chercher les contacts du médecin conseiller technique et des médecins de prévention mis à disposition par le rectorat.

Pour consulter l'annuaire national des médecins chargés de la santé des personnels : http://cache.media.education.gouv.fr/file/Securite_et_sante_au_travail/37/6/Annuaire-MP_326376.pdf

Pour mieux connaître la prévention des risques psychosociaux dans la fonction publique : http://www.fonction-publique.gouv.fr/files/files/publications/coll_les_essentiels/RPS-Plaquette-RPS-2014.pdf

L'accompagnement des victimes de violence

Sur le site Internet de son académie, cliquer sur l'entrée « Accompagnement des agents victimes de violence », ou chercher les contacts des spécialistes d'aide aux personnels victimes de violence mis à disposition par le rectorat.

Le droit de retrait

Le droit de retrait, c'est-à-dire le refus de faire cours, est utilisé par les enseignants en cas d'incident grave concernant une atteinte à l'intégrité physique d'un collègue ou quand le niveau de violence d'un établissement a dépassé les limites du supportable.
http://sudeducation.org/Le-droit-de-retrait-Textes-de.html
https://www.snes.edu/Le-droit-de-retrait,18946.html

Le harcèlement moral

Les formes du harcèlement sont multiples et insidieuses. Il est important pour un enseignant de bien identifier ce qui relève du harcèlement et de le porter à la connaissance de l'administration. Une circulaire du 27 février 2007 (n° 2007-047) rappelle que le harcèlement moral peut émaner d'un supérieur hiérarchique mais aussi d'un subordonné ou d'un collègue. En cas de harcèlement avéré, on doit : saisir son supérieur, ou, si le harceleur présumé est le supérieur hiérarchique direct, saisir l'échelon hiérarchique supérieur ; consigner par écrit le compte rendu précis et détaillé des faits ; attendre la convocation pour témoignage et la mise en place d'une enquête administrative par le directeur des ressources humaines de l'académie ; si les résultats de cette enquête ne donnent pas satisfaction, on peut soit saisir le médiateur académique, soit, si ce harcèlement prend la forme d'une discrimination, intenter un recours en saisissant le Défenseur des droits.

• Le médiateur. Ministère de l'Éducation nationale, Carré Suffren, 110 rue de Grenelle, 75357 Paris cedex 07 SP, mediateur@education.gouv.fr

• Le Défenseur des droits, 7 rue Saint-Florentin, 75409 Paris cedex 08, Tél. : 09 69 39 00 00. http://www.defenseurdesdroits.fr/competences/missions-objectifs/lutte-contre-les-discriminations

BIBLIOGRAPHIE

Ouvrages généraux

- H. Caglar, *La Psychologie scolaire*, Puf, coll. « Que-sais-je ? », 1996.
- B. Lahire, *Culture écrite et inégalités scolaires. Sociologie de l'échec scolaire à l'école primaire*, Presses universitaires de Lyon, 1998.

Sur les programmes d'égalité des chances

- C. Dardelet, F. Hervieu, T. Sibieude, *Une grande école pourquoi pas moi ? Le droit au mérite*, Armand Colin, 2011.
- F. Dubet, *Les places et les chances. Repenser la justice sociale*, Seuil, 2010.

Sur le repérage des enfants en difficulté

- N. Catheline, *Psychopathologie de la scolarité,* coll. « Les âges de la vie », Masson, 3e éd. 2012.
- J. Hardy-Durst, M. Hybert, T. Rigaudy, *Les Services médicaux, infirmiers et sociaux de l'Éducation nationale*, Berger-Levrault, 1997.
- S. Robin, F. Chabaud, D. Marcelli, « Repérage des élèves en difficulté en milieu scolaire. Évaluation comparative des pratiques de deux systèmes d'accueil et d'orientation », *Santé publique*, vol. 18, n° 2, 2006.

Sur la pédagogie de l'erreur

- J.-P. Astolfi, *L'Erreur, un outil pour enseigner*, ESF, 2015.

Éducation prioritaire et déterminisme social

- R. Bénabou, F. Kramarz, C. Prost, « Zones d'éducation prioritaires : quels moyens pour quels résultats ? », *Économie et Statistique*, n° 380, septembre 2005.
- C. Ben Ayed, *L'École démocratique. Vers un renoncement politique ?*, Armand Colin, 2010.
- M. Millet, D. Thin, « Ruptures scolaires et conflits de normes », *Nouveaux regards, Morale, école et société,* n° 32, janvier-mars 2006.
- T. Piketty, « Éducation : les promesses de la discrimination positive », *Le Monde*, 21/02/2006.
- A. Van Zanten, J.-P. Obin, *La Carte scolaire*, Que-sais-je ?, Puf, 2010.
- J.-Y. Rochex, J. Crinon, *La construction des inégalités scolaires. Au cœur des pratiques et des dispositifs d'enseignement*, Presses Universitaires de Rennes, 2011.

Innover

Chapitre VII

En matière de pédagogie, il n'y a pas d'innovation miracle. Seule compte la volonté d'un enseignant ou d'un groupe d'enseignants prêts à réinventer des outils à leur échelle, selon le contexte dans lequel ils évoluent, et en fonction de leurs inclinations personnelles. Des pédagogies et des pratiques innovantes fondées sur une meilleure connaissance de la relation éducative enrichissent les enseignants et stimulent les élèves.

1- LES PRÉALABLES À L'EXPÉRIMENTATION PÉDAGOGIQUE

Faire de l'inédit, réaliser autrement les objectifs de l'Éducation nationale, intégrer d'autres objectifs que ceux de l'Éducation nationale... Avant même toute démarche militante, une action innovante ou une expérimentation prend corps avec le refus d'une certaine routine, ou bien avec la recherche de réponse à un problème pédagogique sur lequel on bute.

Ne pas avoir peur de l'innovation

Entrée dans les mœurs, l'innovation est reconnue officiellement au niveau du ministère par l'article 34 de la Loi d'orientation pour l'avenir de l'école du 23 avril 2005 qui offre pour chaque établissement l'opportunité de s'engager dans un processus expérimental :
« Sous réserve de l'autorisation préalable des autorités académiques, le projet d'école ou d'établissement peut prévoir la réalisation d'expérimentations, pour une durée maximum de cinq ans, portant sur l'enseignement des disciplines, l'interdisciplinarité, l'organisation pédagogique de la classe, de l'école ou de l'établissement, la coopération avec les partenaires du système éducatif, les échanges ou le jumelage avec des établissements étrangers d'enseignement scolaire. Ces expérimentations font l'objet d'une évaluation annuelle[1]. »

Localiser et dépasser les résistances au changement

Dans une étude sur l'évolution de l'enseignement aux États-Unis de 1890 à 1990, des historiens américains ont montré que, dans leur grande majorité, les professeurs enseignent globalement comme leurs collègues d'il y a un siècle !

1- « Accompagner une idée neuve en éducation », *Cahiers pédagogiques*, n° 393, avril 2001.

Une corporation souvent fermée aux réformes ? Une culture professionnelle ne privilégiant ni la coopération ni le partage ? Des individus qui ont choisi ce métier par goût de la sécurité et de la tradition ? Il y a en tout cas une tendance naturelle du corps enseignant, largement entretenue par l'inertie du système éducatif dans son ensemble, à maintenir ses anciennes pratiques dans des structures nouvelles, à rebaptiser des choses déjà pratiquées de longue date. « Tant et aussi longtemps que les enseignants seront enfermés seuls dans leurs classes, devant faire en solitaire leurs preuves avec leurs élèves avec les mêmes moyens et dans les mêmes conditions qu'autrefois, nous aurons un métier à évolution lente, une sorte d'artisanat survivant au sein de la grande industrie scolaire », s'insurgent Maurice Tardif et Claude Lessard, professeurs à l'université de Montréal[2].

Innover c'est parfois simplement « prendre des risques ». Chercher à s'interroger plutôt qu'à reproduire. Cette enseignante en formation à l'Exploratorium de San Francisco en témoigne. Elle explique le choc qu'a représenté le fait de se passer pour la première fois du manuel et de la méthode de direction de classe qu'elle avait l'habitude d'utiliser : « Je me suis sentie plus confiante dans ma capacité à véritablement utiliser mes observations, à utiliser mon intuition et mon expérience passée. J'étais plus engagée dans ce qu'était réellement l'activité. »
Les réticences au changement sont d'autant plus faciles à lever quand on se sait soutenu. C'est officiellement le cas grâce au réseau Viaeduc, une plateforme collaborative qui propose une approche innovante du métier enseignant. Outil d'échanges d'expériences et de pratiques, il donne accès à des ressources, permet de nouvelles méthodes de travail en réseau et stimule le partage pédagogique entre professionnels. Viaeduc n'est pas le réseau institutionnel du ministère. En 2015, il compte 4000 inscrits.

Pour rejoindre la communauté des enseignants innovants en France : http://www.viaeduc.fr/login

Pour joindre son conseiller académique spécialiste de l'innovation : http://eduscol.education.fr/cid47240/conseillers-academiques-cardie.html

2- M. Tardif, C. Lessard, « L'école change, la classe reste », *in Éduquer et Former*, éd. Sciences Humaines, 3e éd. 2008.

La civilisation de la question
Au moment de se lancer dans une innovation, se poser les « bonnes » questions est indispensable. « Les changements en cours nous obligent à passer d'une civilisation de la réponse à une civilisation de la question. Il n'existe plus de réponses définitives », rappelle le biologiste André Giordan.

Apprendre de l'expérience des autres ?

Certains des dispositifs innovants peuvent être adoptés avec profit par plusieurs établissements. D'où l'intérêt de se tenir au courant, de se documenter, de fureter... Évoquant l'expérience Freinet du groupe scolaire de Mons-en-Baroeul, Yves Reuter, professeur en sciences de l'éducation à l'université Charles-de-Gaulle/Lille III, confirme la possibilité de transférer les approches pédagogiques d'une école à une autre : « Prenons par exemple la dictée coopérative dans laquelle il existe une entraide entre élèves selon des règles codifiées : ils n'ont pas le droit de livrer la bonne réponse à celui qui hésite ou se trompe, mais ils peuvent l'orienter sur des pistes qui lui permettent de la trouver. Ce dispositif induit une réflexivité des élèves, enlève du stress et suppose un rapport différent à la langue et à l'orthographe. »
Accompagné d'un bon manuel d'utilisation, voilà une innovation facilement applicable ailleurs. C'est surtout de l'esprit d'innovation qu'il faut s'inspirer pour pouvoir la transposer en un autre dispositif innovant adapté à ses propres besoins. L'état d'esprit de l'innovateur correspond à une sorte de déviance, de « désobéissance » aux méthodes et procédés classiques, pour laisser une large place à l'intuition.

Avant de se tourner vers les expériences extérieures, innover, c'est commencer par faire le bilan de sa propre expérience. D'abord être à l'écoute de qui on est, de son mode de fonctionnement professionnel. Après tout, on peut être innovant en cours magistral !
Chercher à prendre conscience des décalages existant entre ce que l'on veut faire, ce que l'on croit faire et ce que l'on fait sur le terrain. Cela donne une mesure de ses propres limites et de la distance qui sépare de l'innovation à mettre en place[3].

3- Sur les soutiens à l'innovation au niveau local et national :
http://eduscol.education.fr/pid23275/innover-et-experimenter.html

2- COMMENT METTRE EN PLACE UNE INNOVATION

Les bonnes questions à se poser avant de se lancer

Si l'on est tenté par l'aventure d'aller travailler dans un établissement innovant ou alternatif public ou privé, il faut connaître les questions essentielles à se poser pour ne pas regretter son choix :
– Quels sont le parcours professionnel et l'expérience des enseignants qui composent l'équipe pédagogique de cet établissement ?
– Sur quelles bases de travail, sur quel contrat moral, fonctionne l'équipe ?
– L'équipe est-elle isolée au sein de l'établissement, ou l'adhésion à son travail est-elle majoritaire ?
– Le chef d'établissement se montre-t-il favorable à cette action et aux personnes qui la portent ? Favorise-t-il matériellement le travail d'équipe, notamment en matière d'emploi du temps ?
– Quels sont concrètement les moyens matériels alloués à cette innovation y compris en matière de rémunération supplémentaire des enseignants ?
– Quels sont les partenaires extérieurs de l'équipe et quels sont les soutiens institutionnels à ce projet innovant ?
– L'équipe prévoit-elle des temps de débat, des allers-retours entre expérimentation et approche théorique, des liens avec des centres de recherche susceptibles de porter un regard extérieur ?
– Quel est le climat de travail au sein de l'équipe, accepterait-elle facilement un nouveau venu, existe-t-il un leader qui porte le projet ou la collégialité est-elle entière ?
– Les membres de l'équipe appartiennent-ils à des réseaux extérieurs à l'établissement du type mouvement pédagogique ou organisation syndicale ?

Quelques conditions à remplir pour se lancer

Pour se lancer dans une innovation ou enseigner dans un établissement qui adopte une pédagogie alternative, il faut avant tout une solide expérience de classe.
Pour les débutants, il s'agit donc de :
– Rester souple dans ses approches et avoir la possibilité de passer d'une méthode pédagogique à une autre, d'une façon traditionnelle à une façon plus novatrice de faire la classe selon les besoins des élèves à différents moments de leur apprentissage ;
– Faire preuve d'une grande maîtrise pour reconnecter les rythmes et les savoirs individuels de chaque élève à un savoir collectif ;

– Être capable de consacrer beaucoup de temps (donc des heures supplémentaires peu souvent rémunérées) à la vie de l'établissement, notamment en ce qui concerne les réunions et les préparations ;
– Ne jamais cesser de se former (conférences, stages, colloques, etc.) ;
– Se montrer prêt à jouer un rôle pour maintenir la cohésion de l'équipe éducative ;
– Ne jamais confondre surinvestissement et désir de pouvoir ou d'influence sur l'équipe éducative ;
– Avoir l'ambition des moyens qui sont mis à sa disposition, un projet trop ambitieux sans moyens peut créer de grandes frustrations ;
– Comprendre qu'il n'y a pas d'antagonisme entre offrir aux élèves un cadre stable, un projet cohérent, une équipe fixe et cultiver souplesse, adaptation et liberté dans les apprentissages.

Le passage à l'acte

Ne pas s'imaginer qu'il s'agit de décrocher la lune ! « Il faut débarrasser notre verbiage pédagogique de ce mot "nouveau" ou "nouvelle" qui nous a fait tant de tort parce qu'il laisse croire que nous cherchons la nouveauté avant tout, alors que ce qui nous préoccupe exclusivement, c'est de rendre plus rationnel, plus intéressant, plus efficace notre travail scolaire », expliquait déjà Célestin Freinet en 1939.
Se sentir prêt à mettre une innovation en marche, c'est parfois seulement se montrer disponible à interroger sa propre pratique. Une légère prise de distance par rapport aux comportements habituels. Passer à l'acte, cela peut aussi ressembler à des tout petits riens… qui finissent par faire de grandes choses. Comme ce collège où, après deux mois de violence et de vives tensions entre professeurs et élèves, il a été décidé de faire passer l'heure de cours à 45 minutes. Quinze minutes bien dérisoires auxquelles personne ne croyait à l'époque. Pourtant, bien vite, un temps de deux heures par semaine (intégrées dans le temps de service) fut dégagé pour la concertation pédagogique. Les enseignants ont commencé à vouloir travailler en équipe, ont mis en place de l'aide au travail personnalisée et ont engagé ensemble des solutions aux problèmes de violence. Les élèves, de leur côté, ont tout de suite apprécié : les cours duraient moins longtemps, leur attention était donc plus soutenue et ils sortaient plus tôt du collège en fin d'après-midi. Quinze minutes pour assurer un retour au calme et redonner l'envie d'aller en cours. Il n'y a donc pas d'innovation

miracle, mais la seule volonté d'un enseignant ou d'un groupe d'enseignants prêts à réinventer des outils à leur échelle, selon le contexte dans lequel ils évoluent, et aussi, pourquoi s'en priver, en fonction de leurs inclinations personnelles.

L'innovation comme réflexe
Un prof a toujours intérêt à faire profiter ses élèves d'une grande diversité d'approches pédagogiques ainsi qu'à mettre à leur disposition une large richesse de ressources selon les différentes situations d'apprentissage.

3- EXERCER DANS UN ÉTABLISSEMENT ALTERNATIF

Les structures dites alternatives, actives, ou parallèles sont 2 200 en France secteurs public et privé confondus. Elles cherchent en priorité le respect de l'enfant et le développement de son intelligence, des méthodes actives, qui donnent à l'élève des clés pour optimiser ses apprentissages, lui permettent de construire ses connaissances en augmentant son autonomie. Selon l'enquête de la chercheuse Marie-Laure Viaud de l'Institut Français de l'Éducation, on peut distinguer plusieurs types d'établissements alternatifs en France.

Les « écoles adaptées » aux exigences du système scolaire français

Lycées alternatifs faisant passer le baccalauréat, structures créées pour le raccrochage des élèves en grande difficulté... Ces dispositifs proposent un climat de travail particulier alliant liberté et responsabilisation sans chercher à modifier la relation au savoir de l'enseignement public traditionnel. Les lycées de ce type, un peu plus que les collèges, semblent faire leurs preuves, y compris en matière de résultats aux examens. Si les enseignants doivent plus s'investir, notamment en direction des publics en grande difficulté scolaire, ils y trouvent un environnement pédagogique familier, à commencer par les programmes.

Un exemple de lycée alternatif : Hérouville-Saint-Clair

Ouvert depuis 1982, le lycée expérimental situé dans la banlieue de Caen accueille deux types d'élèves : des enfants de la classe moyenne de bons niveaux et des enfants en échec scolaire en quête de la solution de la dernière chance. Particularité pédagogique : cours classique le matin et activités épanouissantes obligatoires l'après-midi. Avec le choix entre les ateliers d'expression (théâtre, orchestre, construction de robots, etc.) et l'aide au travail où chaque élève bénéficie d'un enseignant référent avec lequel il peut vraiment approfondir notamment sur ses points faibles. De l'avis unanime, cette relation personnalisée constitue le véritable plus pédagogique de l'établissement[4].

Les « écoles intégrales »

Elles ont comme objectif principal une éducation globale de l'individu. Certaines pratiquent la non-directivité, d'autres la pédagogie institutionnelle.

Celles qui pratiquent la non-directivité laissent la fréquentation des cours entièrement à l'appréciation des élèves, que seul le « désir d'apprendre » doit mobiliser en toute liberté. Les enseignants doivent se montrer capables de jouer un rôle vraiment décalé par rapport à la transmission classique. Ce sont généralement des militants accomplis de l'alternative pédagogique.

Un exemple historique : Summerhill

Une école anti-autoritaire est fondée pour la première fois en 1924 à Summerhill en Angleterre par Alexander Sutherland Neill dont la devise est : « Laisser l'enfant épuiser son désir et ses intérêts ». À Summerhill, les règles de la petite collectivité d'une soixantaine d'élèves sont encore aujourd'hui discutées au cours d'assemblées hebdomadaires où la voix de chaque élève a le même poids que celle d'un adulte. On peut donc décider de faire des cabanes plutôt que d'aller en cours, ceux-ci étant facultatifs. À travers cette absence de cadres, le fondateur pose la question de l'impossibilité de l'éducation, et vise surtout le bonheur des enfants. Un principe va diriger toute son activité pédagogique fondée sur la liberté et le *self government* : « Mes gosses ont fait ce qui leur a plu et je ne doute pas qu'ils ont exprimé le meilleur d'eux-mêmes »[5].

Celles qui pratiquent une pédagogie institutionnelle montrent une grande réussite avec une organisation très structurée et des règles de vie fixées sur un mode démocratique et coopératif. En veillant à la progression de tous et de chacun, les enseignants y sont beaucoup plus interventionnistes que dans les autres structures et doivent donc faire preuve d'un surcroît d'investissement.

Un exemple d'école pratiquant la pédagogie institutionnelle : La Neuville

Fondée en 1973, l'école de La Neuville se caractérise par l'existence d'institutions très structurantes pour les enfants : les ceintures de comportement, le carnet, les amendes, l'épicerie, les réunions de classe, les responsabilités... Les élèves prennent conscience qu'ils

4- http://college-lycee-experimental.etab.ac-caen.fr/spip.php?article118

5- summerhillschool.co.uk/

doivent respecter le règlement de l'école, ils sont d'accord avec les lois en vigueur, ils les ont adoptés par vote. La résolution des conflits est gérée par les élèves eux-mêmes, en présence et avec l'aide des adultes. L'exemple des ceintures de comportement illustre bien l'état d'esprit de l'école. L'instituteur Fernand Oury, père de la pédagogie institutionnelle, a mis au point, dans les années cinquante, le système des ceintures de couleurs inspiré des ceintures de judo. À chaque couleur correspond un niveau d'acquisition de l'élève dans les domaines liés à sa socialisation à l'intérieur du groupe (indépendance, bonnes manières, respect, effort, etc.). Avec les ceintures, chaque enfant sait où il en est et voit clairement ce qu'il doit apprendre pour progresser. Originalité de l'outil : droits et devoirs sont ici définis non seulement en fonction des besoins des élèves mais aussi de leur possibilité à les exercer[6].

4- QUAND LA CLASSE DEVIENT UNE RUCHE : AU CŒUR DU COURS

Quelques exemples emblématiques d'expérimentation menée dans des classes ordinaires.

Mieux que deux classes en une !

Collège Le Haut-Gesvres de Treillières

Anne Benaîtreau, professeur de technologie, confirme les progrès des élèves et le confort des professeurs depuis la mise en place de son innovation : « Chaque enseignant garde son autonomie pédagogique tout en apprenant à accepter le regard de l'autre sur ses propres pratiques. » Un simple regroupement géographique des salles de sciences physiques et de technologie a incité les enseignants d'un collège de Loire-Atlantique à prévoir une mise en commun de leurs moyens matériels, pour aboutir à… un pôle scientifique et technologique !

La classe de 5e comprenant de nombreuses notions communes en sciences physiques et en technologie, les deux enseignants de ces matières élaborent ensemble de nouveaux outils de travail, et font naître ainsi une nouvelle façon de faire la classe : d'une part, un cours interdisciplinaire mené par les deux profs aux deux classes réunies, et d'autre part, des cours disciplinaires traités indifféremment par chaque prof pour toute la classe.

Ce décloisonnement, soutenu par les inspecteurs pédagogiques régionaux, donne des résultats positifs à plusieurs titres : chercher à plusieurs enseignants les moyens de remédier aux échecs des élèves, analyser les succès pour mieux les généraliser, pouvoir harmoniser le vocabulaire et les pratiques, doubler le temps accordé aux

6- ecoledelaneuville.fr

acquisitions (puisque les nouveaux cours sont réalisés sur l'ensemble du temps attribué aux deux disciplines)...[7]

Quand les « grands » font la classe aux « petits »

École Henri-Wallon de Vitry-sur-Seine et lycée Romain-Rolland d'Ivry

Tout a commencé quand des élèves de terminale S du lycée Romain-Rolland d'Ivry ont visionné en classe un document vidéo dans lequel des élèves de CM2 posent des questions à un scientifique. L'exercice demandé consistait à répondre aux questions des élèves puis seulement ensuite à confronter leurs réponses à celles du scientifique. Ce travail soulève tellement d'enthousiasme que les terminales veulent le continuer avec une vraie classe. Un partenariat est donc établi avec les CM2 de l'école Henri-Wallon de Vitry-sur-Seine pour plancher en commun sur la biodiversité et l'évolution. Les deux classes dialoguent ainsi durant toute une année scolaire sous forme de questions-réponses par l'intermédiaire du site Science et vie de la terre (SVT) de l'académie de Créteil. « Les élèves du primaire ont fourni par messagerie électronique les photographies numériques de leurs observations à leurs aînés. Puis, les élèves de terminale leur ont en retour proposé des jeux de rôle », raconte Martine Pernodet, professeur de SVT en terminale S. Les « grands » donnent des réponses personnelles à leur correspondant, effectuent des recherches documentaires, s'évertuent à formuler des réponses simples mais précises. Ainsi, les terminales se sont prises au jeu du pédagogue, et les CM2 ont redoublé de passion pour les sciences. Seul celui qui a appris à quelqu'un d'autre sait qu'il sait vraiment !

L'école sans classe

Collège Anne-Frank du Mans

Ici les élèves élaborent eux-mêmes leur emploi du temps et ne sont pas répartis en classe. Ils se regroupent de trois façons selon les activités : en groupe de tutorat, en séquences et en cours au choix. Chaque élève appartient à un groupe de tutorat qui est son groupe de référence : il s'agit d'une dizaine d'élèves, de tous les âges, de tous les niveaux scolaires, placés sous la responsabilité d'un enseignant qui les guide toute l'année. Le groupe se retrouve 5 h 30 par semaine pour du travail personnel : aide pédagogique ou discussion sur l'orientation avec le tuteur, aide d'un élève plus avancé sur un point mal compris, utilisation de l'ordinateur, entraînements, révisions et préparations de dossier divers, etc. À côté de cela, les élèves suivent également deux types de cours en groupes de 12 à 20 élèves : les séquences (13 h 30 par semaine) ressemblent plus à un cours classique, si ce n'est qu'on les choisit en fonction de son niveau dans une matière, mais aussi de son projet, des exigences du programme. Ces choix

7- http://www.pedagogie.ac-nantes.fr/innovation-pedagogique/ressources-pedagogiques/recits-de-pratiques/pole-scientifique-et-technologique-college-le-haut-gesvres-treillieres-44-105775.kjsp?RH=PEDA

s'effectuent avec une certaine liberté, mais sur les conseils du tuteur qui veille à éviter les lacunes. Enfin, les cours au choix (3 heures par semaine) auxquels l'inscription reste totalement libre, peuvent être assurés soit par un prof, soit par un élève très compétent sur un point donné. L'absence de la notion de classe permet notamment aux élèves plus âgés de reprendre des notions de base sans l'humiliation d'être avec les petits. Et les parcours plus individualisés ouvrent la possibilité à de nombreux élèves blessés de se réconcilier avec l'école. « L'essentiel de notre travail consiste à redonner confiance aux gamins », précise Marie-Danielle Pierrelée, fondatrice du collège.
Info sur : http://clg-annefrank.sarthe.e-lyco.fr/

Des ateliers de compétences à côté de la classe

Collège René-Cassin de Chanteloup-les-Vignes

Suite au constat de l'échec scolaire chronique de certains élèves dès l'entrée en 6e, des professeurs d'un collège classé Zep de Chanteloup-les-Vignes ont mis en place des ateliers (texte, image, corps, son, voix) pour développer des compétences transversales utiles dans plusieurs disciplines : mémorisation, prise d'information et observation, repérage dans le temps et l'espace... Chaque atelier de deux heures hebdomadaires est animé par deux profs et regroupe 12 à 15 élèves. Résultats : les enfants en échec scolaire se montrent très motivés par ces nouvelles activités et font des progrès notables. Par exemple, « Jémuel, qui était incapable de mémoriser un seul vers d'un poème en cours de français, a réussi à être performant sur la mémorisation lorsqu'il associe enchaînements corporels et textes à retenir », explique Emmanuel Rouault, professeur de mathématiques. De leur côté, les enseignants enregistrent des répercussions positives dans leurs cours « disciplinaires » ; les tableaux de compétences informatisés utilisant un repérage couleur (vert : acquis, jaune : en voie d'acquisition, rouge : non acquis) sont appréciés par les élèves comme par les profs parce qu'ils sont moins définitifs et humiliants que les notes[8].

5- QUAND LA CLASSE DEVIENT UNE RUCHE : AU SEIN DE L'ÉTABLISSEMENT

Quelques exemples emblématiques d'expérimentation menée dans des établissements ordinaires.

S'engager par contrat

Collège André-Chénier d'Eaubonne

Une équipe d'enseignants soudée, motivée, formée à certaines techniques de communication (l'entretien d'explicitation permettant aux

8- *Motiver > Remotiver. Des pratiques innovantes de l'école au lycée*, CRDP de l'académie de Versailles, 2006.

élèves de prendre du recul sur certaines de leurs attitudes) décide de créer une 3e de remotivation pour rompre avec l'orientation subie et la spirale de l'échec. Il s'agit d'« une classe qui permettrait aux élèves dont on savait qu'ils se seraient retrouvés en difficulté dans une 3e "classique" de sortir de leur situation d'échec », explique Stéphane Dalby, professeur principal. Cette classe de troisième générale utilise le plus souvent possible une pédagogie du détour (on enseigne la même chose mais on change de méthode), pratique dès que nécessaire un enseignement en effectifs allégés, et impose la signature d'un contrat par l'élève et sa famille dans lequel sont mentionnés les devoirs basiques qui lui incombent. Au moindre manquement, un entretien avec un membre de l'équipe permet de rappeler le contrat, et l'expérience prouve que ce procédé est considéré par les élèves comme une aide et non comme une sanction. Bilan sur sept ans : les élèves, en grande difficulté en 4e, atteignent un niveau de connaissances moyen pour une 3e ; les résultats obtenus par la classe aux contrôles communs sont similaires à ceux obtenus dans les autres 3e ; tous les élèves obtiennent gain de cause pour leur premier vœu d'orientation. Ces résultats et la motivation des élèves restent largement imputables au changement de regard sur le prof perçu « comme un guide qui peut fournir à chaque individu du groupe les éléments nécessaires pour un nouveau départ », note Stéphane Dalby[9].

Adopter un code de conduite

École primaire de Montfleury à Corenc

Voilà plus de dix ans que Georges Gay, le directeur de l'école primaire de Montfleury dans l'Isère, a mis en place un « Permis de bien se conduire ». Douze points sont octroyés en début d'année à chaque élève qui doit toujours avoir son permis sur lui. L'équipe éducative sanctionne surtout les actes qui touchent au respect, à l'altruisme, aux valeurs de l'école. Les résultats sont impressionnants sur le climat général de l'école : le nombre d'incidents/accidents est passé en cinq ans de 85 % à 0, 25 % ! « La règle de vie quotidienne dans les écoles où j'ai enseigné a toujours été la même. Il faut une structure autour de l'enfant sans laquelle il ne peut pas vivre correctement, s'épanouir et grandir. Il lui faut un support moral, mental et des référents adultes parce qu'il va construire sa vie autour des signes visibles », explique le directeur de l'école.

Expérimenter grandeur nature

École Alphonse-Daudet de La Rivière-des-Corps

Il a fallu sept semaines de travail à cette classe de CE2 de l'Aube pour construire la maquette d'une maison entièrement écologique. Depuis l'étude des isolants thermiques jusqu'à l'alimentation électrique de

9- lepoint.fr/actualites-societe/2007-03-29/des-enseignants-qui-ne-baissent-pas-les-bras/920/0/176535

la maison par un moulin et une éolienne, sans oublier le choix des matériaux de construction et la question du nettoyage des eaux usées, les élèves ont mené un véritable travail d'investigation alliant science et technologie. Les élèves se sont questionnés, se sont trompés, ont continué à chercher des améliorations successives, ont expérimenté et manipulé en accordant une grande importance à la communication orale et écrite, à la construction collective. Ils ont ainsi pu réinvestir des connaissances acquises isolément auparavant au long de l'année dans un même projet fédérateur. Cette expérience entre dans le cadre de l'opération *La main à la pâte* qui vise à promouvoir au sein de l'école primaire un enseignement des sciences fondé sur une démarche de construction des connaissances par l'exploration, l'expérimentation et la discussion. « Ce travail a permis d'échanger sur les possibilités et les impossibilités quant à certains choix à effectuer, comme la sélection des matériaux pour la construction de la maison par exemple. Les enfants sont alors confrontés au réel, ils mesurent l'écart entre ce qu'ils avaient prévu et la réalité », raconte Jean-Paul Sacchetti, professeur dans cette école[10].

Devenir auteur de ses apprentissages

Groupe scolaire Concorde de Mons-en-Baroeul

Depuis 2001, dans une école publique de la banlieue lilloise, une équipe d'enseignants du mouvement Freinet met en œuvre un projet global de la maternelle au CM2. L'emploi du temps est ici découpé en plusieurs séquences : travail personnel selon un plan de travail défini pour chaque élève, travail collectif (la correction par la classe d'un texte d'élève ou d'une lettre aux correspondants), plages consacrées à la création littéraire, à la recherche mathématiques ou à la préparation d'exposés, conseils d'élèves destinés à réguler l'organisation coopérative… « Ici, les élèves ne sont pas simplement acteurs de leurs apprentissages, ils en sont aussi les auteurs », souligne Sylvain Hannebique, le directeur de l'école. On adapte ainsi les préceptes de la pédagogie Freinet (texte libre, imprimerie, journal scolaire, lettres aux correspondants, tâtonnement expérimental, etc.) aux exigences spécifiques de l'école. En cinq ans, les résultats de l'école se sont redressés de manière spectaculaire. Ils dépassent, pour certaines aptitudes, la moyenne nationale aux évaluations CE2-6e[11] de l'époque.

Pour une sélection de 30 innovations dans toute la France en 2016 : http://cache.media.education.gouv.fr/file/Maternelle_baccalaureat/85/3/4-_Cahier_TOP_30_RESUME_544853.pdf

---

10- Sur l'expérimentation de l'approche La main à la pâte au collège : fondation-lamap.org

11- Voir M. Fournier, « Enquête sur les pédagogies alternatives », *Sciences Humaines*, n° 179, février 2007.

6- MÉTHODES ET PRATIQUES PÉDAGOGIQUES : REPÈRES HISTORIQUES

Les enseignants croisent toute une terminologie pédagogique dans la littérature spécialisée ou lors de discussions avec leurs collègues. Il faut donc clarifier les termes et donner des points de repères sur les grandes avancées de la pédagogie en entrant par les inventions, techniques et procédés toujours d'actualité[12]. Dès l'Antiquité, des hommes se sont penchés sur la meilleure façon de transmettre les connaissances, de les organiser ou encore sur le sens à donner à la relation éducative. Ainsi le cours dialogué d'aujourd'hui n'est pas sans rappeler la maïeutique de Socrate (470-399 av. J.-C.). Les méthodes pédagogiques ont donc une longue histoire.

Philippe Meirieu rappelle fort justement que :
« L'usage de l'expression "méthode pédagogique" est extrêmement extensif dans la littérature pédagogique. De manière très générale, on peut cependant distinguer trois acceptions dominantes...
D'une part, l'expression désigne un courant pédagogique cherchant à promouvoir certaines finalités éducatives et suggérant, pour cela, un ensemble plus ou moins cohérent de pratiques : c'est en ce sens que l'on peut parler des "méthodes traditionnelles", des "méthodes nouvelles", des "méthodes actives", des "méthodes Freinet", etc.
D'autre part, l'expression est utilisée pour désigner précisément un certain type d'activités visant à permettre certains apprentissages ou à développer certaines capacités : ainsi parle-t-on de la "méthode globale d'apprentissage de la lecture" de Decroly, de la "méthode des projets" chez Dewey (...). Enfin, le terme désigne des outils, des instruments spécialisés dont les usages sont précisément codifiés et qui sont liés à des objectifs très exactement déterminés : ainsi peut-on parler de "la situation-problème" ou des "problèmes ouverts"[13]. »

12- Sur l'ensemble de cette partie, voir *Éduquer et Former*, éd. Sciences Humaines, éd. 2011.

13- meirieu.com/DICTIONNAIRE/methodepedagogique.htm

Les précurseurs

Coménius (1592-1671)

Philosophe, théologien et pédagogue tchèque, Jean Amos Komensky voulait transformer l'école en « atelier d'humanité ». Dans *La Grande Didactique ou l'Art universel d'enseigner à tous* (1632), il recommande de laisser l'enfant découvrir, discuter et faire par lui-même. Surnommé le « Galilée de l'éducation », Coménius est l'un des précurseurs de la psychologie constructiviste et le fondateur d'une forme de pédagogie différenciée en fonction du développement de l'élève.

Jean-Jacques Rousseau (1712-1778)

L'Émile ou De l'éducation (1762) est souvent considéré comme un ouvrage fondateur de la pensée éducative.
Rousseau, qui soutient que c'est la vie en société qui pervertit la bonté originelle de l'homme, prend le contre-pied des usages de son temps, en affirmant :
– la spécificité de l'enfant : « petit d'homme » et non pas « petit homme », l'enfant n'est pas un adulte en réduction et l'on doit respecter les étapes de son développement ;
– une pédagogie du bonheur et de la liberté qui vise le contentement et la libre expression. La première étape de l'éducation doit préserver du vice et de l'erreur, pour apporter des savoirs et des savoir-faire.

Johann Heinrich Pestalozzi (1746-1827)

Ce pédagogue suisse a tenté de mettre en pratique les idées de Rousseau. C'est à Yverdon (1805-1825) qu'il expérimente sa méthode.
La recherche-action en pédagogie trouve son origine chez Pestalozzi et ouvre ainsi directement ou indirectement toutes les voies de la recherche pédagogique : apprentissage de la lecture et de l'écriture, bilinguisme, rythmes de l'enfant, pédagogie des mathématiques, gymnastique élémentaire et hygiène corporelle, approche des handicaps, etc.

L'École nouvelle de John Dewey (1859-1952)

Dans son « école laboratoire » du Massachusetts (États-Unis), on enseigne à partir des besoins des enfants, et les activités manuelles sont le support des activités intellectuelles. Dewey est considéré comme le fondateur de la pédagogie de projet. Il est l'auteur de la célèbre formule : « *learning by doing* » (se construire en agissant) qui s'inscrit dans la ligne des méthodes actives. Le projet permet de clarifier ses objectifs d'enseignant tout en donnant du sens aux activités que l'on met en œuvre.

La situation-problème également inventée par John Dewey, pose une question à l'élève qu'il ne peut résoudre par simple répétition de connaissances acquises mais qui implique la formulation d'hypothèses nouvelles.

Maria Montessori (1870-1952)

Dans son école de Rome, elle élabore sa méthode avec des enfants autistes. Elle met au point un matériel éducatif (cubes, cylindres, lettres découpées...) qui, utilisé librement, permet d'accéder à des compétences intellectuelles. Selon la pédagogue, il s'agit d'aider l'enfant à exprimer son individualité et lui donner les moyens de développer le meilleur de lui-même dans le respect de sa nature. C'est la grande inspiratrice de l'école maternelle française.

Ovide Decroly (1871-1932)

Ses grands thèmes sont l'importance de la vie en plein air, l'organisation de l'enseignement en grands centres d'intérêt. Il est le théoricien de la « méthode globale » de lecture. Il illustre une démarche que l'on retrouve chez beaucoup de théoriciens de l'École nouvelle : la pédagogie est considérée comme un lieu d'expérimentation destiné à fonder la psychologie de l'enfant.

Le plan Dalton

Du nom de la ville où il a été élaboré. En 1917, dans une école du Massachusetts, les élèves peuvent travailler à leur rythme et répartir leurs tâches comme ils l'entendent, à partir de « contrats » passés dans chaque discipline. L'enseignant vient en aide et contrôle le travail, qui est individualisé. Cette méthode est à l'origine de la pédagogie de contrat entre l'élève et l'enseignant. S'appuyant sur la notion de progression individuelle, on peut la rapprocher de la pédagogie différenciée.

Célestin Freinet (1896-1966)

Il est considéré en France comme le véritable fondateur des méthodes actives pour les enfants des milieux populaires et des classes rurales où il enseigne. Sa psychologie s'appuie sur le dynamisme naturel de l'enfant (« l'élan vital ») et le « tâtonnement expérimental » qui lui permet de se développer (l'erreur est réhabilitée comme moyen d'accès à la connaissance). Freinet restera surtout comme le génial inventeur de techniques pédagogiques originales : l'imprimerie, la coopérative scolaire, les fiches de travail autocorrectives, le texte libre qui permet d'introduire la « méthode naturelle » de lecture et d'écriture.

Points de repères pour aujourd'hui

La pédagogie du projet

Cette pédagogie propose aux élèves des réalisations concrètes (par exemple la réalisation d'un journal), qui mobilisent leurs activités en leur donnant l'occasion de s'approprier des connaissances. Marc Bru et Louis Not distinguent cinq fonctions principales à la pédagogie du projet[14] :
– une fonction de motivation : les élèves s'engagent dans des activités dont ils perçoivent le sens, et renouvellent leurs intérêts pour l'école ;
– une fonction didactique : le traitement des connaissances et des compétences à acquérir est restitué dans l'action du projet ;
– une fonction économique : le produit ou l'action à réaliser nécessiteront des moyens et des aides financières. Il faudra donc intégrer des contraintes qui imposent une rigueur dans la gestion du temps et des ressources ;
– une fonction sociale : tout projet passe par une médiation avec des partenaires ;
– une fonction politique : dans une perspective de participation active à la vie collective, c'est une formation à la vie civique.

La pédagogie par objectifs (PPO)

C'est Benjamin Bloom qui a posé le premier les principes de la PPO ou « pédagogie de maîtrise », en proposant une « taxinomie » (liste) de comportements cognitifs et affectifs. Contrairement aux programmes déterminés à l'avance, les objectifs pédagogiques permettent de définir une activité précise de l'apprenant (être capable d'accorder le participe passé…) et de préciser les critères qui serviront à l'évaluation.
Son intérêt est d'être centrée sur l'apprenant et, en remettant en cause les formes traditionnelles d'évaluation, d'être entièrement orientée vers la réussite : l'analyse des objectifs a connu une vogue exceptionnelle dans les années 1970.
Cependant, la PPO est aujourd'hui critiquée pour les excès dont elle a fait l'objet.

La pédagogie différenciée

Le développement des recherches sur la construction des savoirs et de la personnalité, sur les styles cognitifs, sur la relation éducative, a mis en évidence la complexité de l'acte d'apprentissage et la diversité des individus face à ce processus. L'hétérogénéité des élèves incite à leur proposer des stratégies d'apprentissage différentes. La pédagogie différenciée varie les démarches didactiques, les formes de travail, les supports utilisés et, en

14- *Où va la pédagogie du projet ?* Éditions universitaires du Sud, 1987.

respectant la singularité de chacun, permet une forme d'individualisation des parcours des élèves dans leur cursus scolaire.

La pédagogie institutionnelle

Elle trouve son origine chez Fernand Oury dont la critique de « l'école-caserne », c'est-à-dire de la pédagogie traditionnelle, connaît un grand succès dans la période de Mai 1968. Le mouvement trouve une filiation naturelle avec la pédagogie Freinet mais il s'agit en plus d'établir et de faire respecter des règles de vie scolaire par des institutions appropriées (Quoi de neuf ?, conseil de classe coopératif, ceintures de comportement et de compétences) de façon à ce que l'élève considère la classe comme un endroit de repères et de sécurité où l'on peut réellement régler des questions qui le concernent.

Redéfinition de la relation pédagogique et réflexion didactique

On distingue aujourd'hui deux grands courants : les méthodes traditionnelles ; les méthodes actives et méthodes « actuelles » apparentées à ces dernières, mais particulièrement marquées par la psychologie contemporaine. La relation entre élève et formateur est redéfinie. Elle est le plus souvent pensée comme triangulaire, en raison de la prise en compte des interactions entre l'apprenant, l'enseignant et le savoir. L'un des aspects de cette mutation est l'émergence de réflexions sur les didactiques. De manière générale, on a vu se développer de nouvelles interrogations, des réflexions sur les notions de représentation et de métacognition, c'est-à-dire les savoirs du sujet sur ses propres modes d'apprentissage.

7- ENRICHIR SA PÉDAGOGIE GRÂCE AU HANDICAP

Les cinq apports de l'enseignement avec un élève handicapé

Réalisée dans de bonnes conditions, l'intégration d'un élève handicapé dans une classe ordinaire peut apporter de grandes satisfactions professionnelles à l'enseignant. Car il apprend ainsi beaucoup sur lui-même :

– Il remplit à plein sa mission de service public qui doit accueillir l'ensemble des enfants d'une classe d'âge ;

– Il s'inscrit dans une lignée : de grands pédagogues ont développé leurs méthodes au contact d'élèves handicapés ;

– Il apprend à ses élèves une qualité humaine irremplaçable : vivre avec la différence ;

– Il est conduit à adapter sans cesse sa pédagogie ;

– Les « embûches » traversées ici lui serviront durant tout son parcours, il sera professionnellement armé.

Les cinq réflexes de base avec un élève handicapé dans sa classe

– Se montrer encore plus vigilant sur la clarté des consignes ;
– Se pencher encore plus sur le processus d'apprentissage de l'élève ;
– Varier encore plus les techniques et les astuces pédagogiques ;
– Apprendre à lâcher prise sur le temps d'apprentissage de l'élève handicapé et accepter qu'il lui arrive de « décrocher » ;
– Transformer en acte éducatif ce moment de malaise que tous les enfants connaissent en allant vers leur camarade handicapé.

Il faut prendre conscience de l'intérêt pour toute la classe de ce que l'on a mis en place pour l'élève handicapé. Même si l'on ne peut nier la surcharge de travail en préparation, en réunion avec l'équipe éducative, en temps de concertation avec l'auxiliaire de vie scolaire, en échange avec les parents de l'enfant handicapé et les autres parents...

Dans quelles classes les handicapés sont-ils accueillis : CLIS et Ulis

Les élèves présentant un handicap d'origine mentale, sensorielle ou motrice peuvent être accueillis dans des classes normales dès l'âge de trois ans en maternelle. À partir de l'école élémentaire, l'intégration peut être individuelle, dans une classe normale. L'accueil collectif peut avoir lieu au niveau de l'élémentaire dans une classe pour l'inclusion scolaire (CLIS/classe accueillant 10 à 12 élèves handicapés dans un établissement ordinaire), et au niveau du secondaire dans une unité localisée pour l'inclusion scolaire (Ulis/classe accueillant des élèves handicapés qui profitent en alternance de cours en classe normale dans un établissement ordinaire). Certains élèves sont scolarisés en établissement médico-social spécialisé, d'autres enfin bénéficient du cursus scolaire du Centre national d'enseignement à distance (CNED) avec la possibilité d'obtenir le soutien pédagogique d'un enseignant à domicile[15].

15- Le service Aide-Handicap-École mis en place par le ministère de l'Éducation nationale répond à toutes les questions concernant la scolarisation des élèves handicapés : N° Azur : 0 810 55 55 00.
ecolepourtous.education.fr/accueil-scolarisationdeslv.html
crisalis-asso.org/
Plus de 20 000 enfants handicapés soumis à l'obligation scolaire sont non scolarisés, auquel il faut ajouter 4 820 jeunes scolarisés en Belgique faute d'avoir pu trouver un établissement médico-éducatif.
Le rapport du Conseil de l'Europe qui fait le point sur les porteurs de handicap non scolarisés : https://wcd.coe.int/com.instranet.InstraServlet?command=com.instranet.CmdBlobGet&InstranetImage=2723506&SecMode=1&DocId=2256640&Usage=2

Des besoins spécifiques
En début d'année, il faut en parler naturellement pour bien présenter l'enfant handicapé à ses camarades comme un élève avec simplement des besoins spécifiques. On peut s'appuyer sur cette phrase clé du pédopsychiatre Stanislas Tomkiewicz : « Chaque enfant, celui qui porte un handicap et celui qui n'en a pas, trouve sa place et enrichit l'autre par son existence même[16]. »

Comment faire la classe sur la durée avec un élève handicapé ?

L'élève handicapé est intégré au sein d'un établissement dans le cadre d'un projet d'accueil individualisé ou d'un projet personnalisé de scolarisation. Ce projet dresse une évaluation globale de la situation et des besoins de ce dernier : accompagnements thérapeutique ou rééducatif, attribution d'un auxiliaire de vie scolaire ou de matériels pédagogiques adaptés. Pour l'enseignant, il s'agit donc de :

Changer de regard. L'enfant handicapé n'apprécie rien tant que d'être considéré comme les autres. Il faut donc trouver le juste équilibre entre une posture qui définirait cet élève par ses seuls manques (cataloguer), et une posture qui refuserait de voir la différence (banaliser). Ces deux attitudes risquent d'installer l'élève en situation d'échec. L'enseignant peut donc reconnaître l'existence d'une différence avec ses besoins et ses difficultés, sans pour autant y faire sans cesse référence.

Adapter son enseignement. S'il n'est pas nécessaire de changer complètement sa pédagogie, il paraît logique de modifier sa manière habituelle de faire cours en acceptant une certaine lenteur, une relative réduction de la taille des exercices, un aménagement des rythmes de travail. L'élève handicapé peut effectuer trois types de tâches : soit le même travail que ses camarades mais avec des critères d'évaluation adaptés (meilleure intégration à la classe) ; soit un travail avec des conditions de réalisation différentes mais avec un objectif identique à la classe (intéressant pour le travail en petits groupes) ; soit enfin un travail spécifique réalisé à côté de ses camarades (meilleure possibilité d'évaluer les progressions). Il faut varier ces tâches selon la difficulté du travail réalisé en classe entière : plus le travail de la classe est soutenu, plus il faut privilégier une individualisation pour l'enfant porteur de handicap.

16- S. Tomkiewicz, « Des institutions qui respectent, une intégration réaliste », *Cultures en mouvement,* n° 46, avril 2002. Et du même auteur, « Intégration scolaire des enfants handicapés », *Sauvegarde de l'enfance,* n° 3-4, 1991.

Se faire aider par des partenaires. En dehors de la classe, le médecin et le psychologue scolaire dans le primaire et le médecin et le co-psy dans le secondaire, peuvent informer le prof sur la nature du handicap et les conduites spécifiques à tenir. Dans la classe, l'enseignant, tout en restant maître de sa pédagogie, doit accueillir les professionnels non enseignants qui interviennent auprès de l'enfant : les auxiliaires de vie scolaire (AVS) et les emplois vie scolaire (EVS) assurent les fonctions d'aide à l'accueil et à la scolarisation des élèves handicapés pour faciliter la tâche des équipes pédagogiques. Ces partenaires permettent surtout au prof de prendre du recul[17].
Ne pas hésiter à faire appel au secrétaire des commissions départementales d'éducation spécialisée (CCPE en primaire, CCSD au secondaire). Il peut faciliter les contacts avec les familles et les services d'accompagnement et de soins.

Des enseignants référents

Depuis la rentrée 2006, tout élève handicapé est doté par l'inspecteur d'académie d'un enseignant référent qui va le suivre tout au long de sa scolarité. Parents, enseignants et autres partenaires doivent être en mesure d'identifier clairement l'enseignant référent et de disposer des moyens de prendre contact avec lui. Cette information doit ainsi être transmise par écrit à tous les parents d'élèves de l'établissement scolaire, sans exception, dès le jour de la rentrée. On ne devient enseignant référent qu'après un certain nombre d'années d'ancienneté et il faut en plus être titulaire d'un diplôme de l'enseignement spécialisé[1].

1- http://www.education.gouv.fr/pid285/bulletin_officiel.html?cid_bo=91062

17- Un guide complet sur la scolarisation des enfants handicapés : http://cache.media.education.gouv.fr/file/Maternelle_baccalaureat/65/9/Guide_pour_la_scolarisation_des_enfants_et_adolescents_en_situation_de_handicap_469659.pdf

8- AU-DELÀ DU DÉBAT ENTRE « PÉDAGOGUES » ET « RÉPUBLICAINS »

Instruction ou éducation ?

En plaçant l'élève au centre du système éducatif dès le début des années 1990 (Loi d'orientation de 1989), l'Éducation nationale demande aux enseignants de s'adapter aux nouveaux publics scolaires. De leur côté, les familles formulent de plus en plus de demandes de type éducatif et disciplinaire. Dans ce contexte, les profs regrettent de ne pas pouvoir consacrer suffisamment de temps à l'instruction, c'est-à-dire à l'enseignement *stricto sensu*, cœur du métier pour lequel ils ont été formés. Certains enseignants se sont raidis sur des positions idéologiques au point de créer un débat tranché entre partisans de l'instruction et partisans de l'éducation, où il s'agit à chaque fois de défendre contenus contre méthodes, culture générale contre savoirs socialisés, rigueur critique contre créativité, discipline contre non-directivité, effort contre apprentissage autonome, etc. Renforçant ainsi une division en deux camps bien distincts :

Les tenants de l'instruction (ou « républicains »)

Ils considèrent que le savoir s'impose de lui-même, que c'est à l'élève de faire les efforts pour s'élever vers lui, que la mission première de l'enseignant consiste à transmettre des connaissances. C'est le professeur qui est au centre, il forge le respect du savoir et l'exigence de travail et n'a pas besoin de méthodes pédagogiques pour être efficace. Les tenants de l'instruction se posent en gardiens du temple de l'école républicaine conçue dans l'esprit de ses pères fondateurs.

Principaux représentants : Marc le Bris, Danièle Sallenave, Rachel Boutonnet, Fanny Capel, Jean-Paul Brighelli, Alain Finkielkraut, Laurent Lafforgue, Denis Kambouchner, Charles Coutel, Henri Pena-Ruiz, Pierre Jourde, Catherine Kintzler, Jean-Claude Milner, Natacha Polony, Jacques Julliard, Pedro Cordoba, Mara Goyet, Jacques Muglioni...[18]

Les tenants de l'éducation (ou « pédagogues »)

Face à l'hétérogénéité dans les classes, c'est aux enseignants de se mettre à l'écoute des besoins et des capacités des élèves

18- Association Sauvez les lettres : sauv.net/
Association Reconstruire l'école : r-lecole.fr

en cherchant, en tâtonnant, en innovant grâce aux méthodes pédagogiques les plus adaptées. C'est donc l'élève qui est au centre, il doit plus comprendre qu'apprendre, l'enseignant devient alors un accompagnateur des apprentissages. Les tenants de l'éducation tentent de préparer l'école aux mutations des sociétés contemporaines.

Principaux représentants : Philippe Meirieu, Jean-Michel Zakhartchouk, François Begaudeau, Louis Legrand, Bernard Charlot, Jean Houssaye, Michel Fabre, Jacques Pain, Antoine Prost, Philippe Perrenoud, André de Peretti, Michel Develay, Claude Lelièvre, Francis Imbert, Céline Alvarez...[19]

Derrière la division, une synthèse est nécessaire

Républicains et pédagogues sont avant tout des penseurs et le travail de terrain demande forcément de synthétiser les théories pour se les approprier. La synthèse semble donc nécessaire. « Tout ne peut pas être enseigné sous forme de situations-problèmes. Tout ne peut pas être enseigné sous forme de leçons magistrales. C'est l'équilibre des deux qui est à penser », explique Michel Develay, professeur en sciences de l'éducation à l'université Lumière-Lyon-II. Sur le terrain en effet, une large majorité des enseignants, surtout des jeunes, tentent de faire la synthèse de ces deux approches, passant de l'une à l'autre quand le besoin s'en fait sentir, panachant, par exemple, un mode de transmission plus magistral avec une leçon en pédagogie différenciée. Il faut aussi savoir dépasser les définitions trop strictes : instruire ne se réduit pas à délivrer des savoirs purement rationnels, aseptisés sans tenir compte de la relation, éduquer ne se borne pas à faire de l'animation ou des jeux pédagogiques sans se préoccuper d'apprentissage.

Les enseignants restent unanimes pour constater que :

– la pédagogie est utile dans la mesure où elle permet à un cours de « fonctionner », terme récurent chez de nombreux confrères ;
– le premier travail pédagogique consiste, notamment au collège, à élaguer un certain nombre de connaissances inutilisables en classe, donc à lâcher sur les compétences disciplinaires pour faire plus la place aux compétences pédagogiques ;
– le discours pédagogique tombe facilement dans le trop théorique, le jargonnant et le tout pragmatique, et reste donc souvent difficile d'accès[20].

19- Info sur : Fédération internationale des mouvements d'école moderne : http://www.fimem-freinet.org/ - Site de Philippe Meirieu : meirieu.com

20- A. Barrère, *Les Enseignants au travail. Routines incertaines*, L'Harmattan, 2002.

! Concilier pédagogie et élitisme républicain

Professeur de français en terminale technique en Seine-Saint-Denis, Cécile Ladjali réalise chaque année une œuvre collective (recueil de poèmes ou tragédie) avec ses élèves partant du principe que « l'on ne peut pas écrire si l'on n'a pas beaucoup lu ». À chacun de ses cours, elle apporte donc des malles de livres, remplies d'œuvres du répertoire classique, chaque élève effectuant ses choix selon ses goûts et capacités. Écriture, ratures, réécriture… l'enseignante accompagne de près ses élèves. Adepte d'une pédagogie de l'exigence, elle cherche à démocratiser l'accès à la culture sans céder un pouce ni sur l'effort ni sur les contenus. Publiées ou mises en scène en fin d'année, ces œuvres d'élèves se trouvent alors valorisées et s'apparentent à de véritables passeports pour la culture[21].

école — Débats autour de la « méthode globale » de lecture

La méthode globale de lecture a été théorisée par le médecin et pédagogue belge Ovide Decroly (1871-1932) : l'enfant perçoit mieux des ensembles organisés et signifiants (mots ou phrases) que des éléments sans signification (lettres ou syllabes).

En matière d'apprentissage de la lecture, la circulaire du ministre de Robien en date du 03/01/2006 (n° 2006-003) proscrit aux enseignants toute tentative d'utiliser la méthode globale et incite à un « retour » à une méthode unique, la méthode syllabique. Or, si les spécialistes sont unanimes à souligner qu'il est indispensable de commencer très tôt le travail de reconnaissance de correspondance entre les sons et les lettres pour bien apprendre à lire, ils sont aussi presque unanimes pour reconnaître qu'il n'existe pas de méthode universelle de lecture. Et une grande majorité des enseignants utilisent une méthode mixte, syllabique et globale. Le débat semble donc plutôt se situer autour de la question de l'échec scolaire, car quelle que soit la méthode, on retrouve toujours environ les mêmes résultats : un tiers des élèves réussissent à lire, un tiers lit à peu près bien, un dernier tiers reste en difficulté lourde et nécessite un soutien individualisé.

21- C. Ladjali, G. Steiner, *Éloge de la transmission : le maître et l'élève*, Hachette, 2007.

9- LES GRANDS « LABORATOIRES » DE L'INNOVATION

Que ce soient des pédagogues isolés, des mouvements constitués ou des institutions qui répertorient les aides à l'innovation, les ressources sont multiples en la matière.

Les « pédagogues bricoleurs »

- **Philippe Perrenoud et Olivier Maulini**
  unige.ch/fapse/SSE/teachers/perrenoud/php.html
  Ces deux chercheurs de l'université de Genève entendent développer à la fois les savoirs sur l'innovation et les savoirs d'innovation.
- **Philippe Meirieu**
  meirieu.com
  Site dédié aux travaux de Philippe Meirieu, spécialiste de la pédagogie, professeur en sciences de l'éducation, et aussi très complètes références dans les domaines de l'actualité et de l'histoire, avec portraits et théories des grands pédagogues.
- **Michel Tozzi**
  philotozzi.com
  Site de réflexion et d'aide à la recherche philosophique en classe de terminale, mais aussi de collège et d'école primaire.
- **Mario Asselin**
  http://blogue.marioasselin.com/
  Ancien directeur d'école primaire, l'animateur de ce site se présente comme « coach scolaire et catalyseur de communautés d'apprentissage ». Il est très en pointe sur les questions de nouvelles technologies pour l'enseignement (outils, réseaux, réflexions).
- **Philippe Watrelot**
  philippe-watrelot.blogspot.com/
  Une revue de presse des quotidiens français sur le thème de l'éducation accompagnée de réflexions personnelles sur l'école.
- **Bernard Collot**
  education3.canalblog.com/
  Site d'un spécialiste de l'école primaire, des petites structures et de l'hétérogénéité (classes hétérogènes, multi-âge, multiprogrammes, multi-niveaux ou multigrades).
- **Bernard Defrance**
  bernard-defrance.net/
  Site d'un militant pédagogique membre du comité de rédaction des *Cahiers pédagogiques* et professeur de philosophie au lycée Pierre-de-Coubertin à Meaux.
- **Bruno Devauchelle**
  brunodevauchelle.com/blog/
  Un site consacré à la veille informative et à l'analyse des technolo-

gie de l'information et de la communication pour l'enseignement (Tice).

Patrick Robo
gfapp.fr
Site très en pointe sur les questions d'analyse de pratiques enseignantes.

Antonella Verdiani
educationalajoie.com
Pour une éducation humaniste et faire en sorte que les enfants soient heureux d'aller à l'école.

Mara Goyet
http://maragoyet.blog.lemonde.fr/
Une enseignant d'histoire-géographie qui épingle les travers du collège.

Claude Lelièvre
https://blogs.mediapart.fr/claude-lelievre/blog
Un spécialiste de l'histoire du système éducatif et des politiques scolaires, de l'école primaire, des valeurs de l'école.

Jean-Michel Zakhartchouk
http://blog.educpros.fr/Jean-Michel-Zakhartchouk/
Réflexion sur ce que peut et doit être le métier d'enseignant aujourd'hui.

Le professeur masqué
http://leprofesseurmasque.blogspot.com/
Commentaires instructifs sur l'actualité éducative du Québec.

Céline Alvarez
https://lamaternelledesenfants.wordpress.com/
L'approche de Maria Montessori enrichie par les découvertes récentes des neurosciences dans une classe de banlieue difficile.

Marcel Gauchet
http://gauchet.blogspot.sn/
L'actualité du philosophe et historien, co-directeur de la revue Le Débat, spécialiste de l'éducation.

François Jourde
https://profjourde.wordpress.com/
Carnet d'un professeur de philosophie dans le secondaire qui explore avec ses élèves une pédagogie par projets, collaborative, par détours créatifs, donnant lieu à des publications.

Guillaume Vergne et Julien Gautier
http://skhole.fr/
Réflexions et débats sur l'école et l'éducation.

Matthieu Cisel
http://blog.educpros.fr/matthieu-cisel/
La référence en matière de réflexion sur la révolution MOOC et son impact sur les processus d'enseignement.

La veille scientifique

Veille scientifique de l'Institut français de l'éducation (ex-irnp)
http://ife.ens-lyon.fr/vst/DA/ListeDossiers.php
Veille sur l'actualité des revues françaises et internationales, de la bibliographie, des rapports, des colloques, et des appels d'offre.

Veille documentaire en éducation de l'Iredu
http://iredu.u-bourgogne.fr/centre-de-documentation/veille-documentaire.html
Deux fois par mois, l'Iredu, un institut de recherche sur l'économie de l'éducation, publie en ligne une sélection de références spécialisées en éducation trouvées sur Internet. On peut la recevoir gratuitement par courriel en en faisant la demande à l'adresse ci-dessus.

Netvibes, un service qui rassemble et met à jour vos informations personnalisées
http://www.netvibes.com/fr
Prestation gratuite, le site Netvibes est ce que l'on appelle un agrégateur, et permet, par un procédé d'abonnement en ligne (format RSS), d'afficher sur une seule page dans son ordinateur, la mise à jour régulière des sites liés à ses principaux centres d'intérêt, et de bénéficier ainsi d'une veille automatique.

L'Observatoire des zones prioritaires
ozp.fr
L'association a pour but de favoriser les échanges et la réflexion sur l'éducation prioritaire, la lutte contre l'échec scolaire et l'exclusion des territoires de la politique de la Ville. On peut s'abonner à sa revue de presse quotidienne.

Eurypedia
https://webgate.ec.europa.eu/fpfis/mwikis/eurydice/index.php/France_fr:Aper%C3%A7u_des_principaux_%C3%A9l%C3%A9ments
L'encyclopédie européenne sur les systèmes éducatifs nationaux et les réformes éducatives en Europe.

Le Labo BnF
http://labo.bnf.fr/concept.html
Premier laboratoire expérimental public des usages des nouvelles technologies de lecture, d'écriture et de diffusion de la connaissance.

Les ressources documentaires

La Lettre de l'éducation du groupe Le Monde
lalettredeleducation.fr/
Lettre d'actualité hebdomadaire donnant des informations sur : projets de réforme, entretiens avec des experts, suivi de la politique éducative, panorama de la jurisprudence, expériences innovantes, réalisations des collectivités territoriales et des autres pays…

› L'Agence Éducation Formation
http://www.aef.info/
Agence de presse publiant une quarantaine de dépêches quotidiennes dans les domaines de la jeunesse, de l'enseignement scolaire, de la recherche et de la formation professionnelle.

› Le Café pédagogique
cafepedagogique.net/Pages/Accueil.aspx
Réseau d'enseignants, de chercheurs et de cadres éducatifs, croisant informations et réflexions, le Café pédagogique souhaite faire bouger l'école et soutenir l'innovation pédagogique. Il compte 250 000 abonnés.

› vousnousils
vousnousils.fr
Le site d'informations parrainé par la Casden avec le suivi des dépêches AFP éducation et des interviews exclusives.

› Canopé
https://www.reseau-canope.fr/
Un réseau documentaire du ministère de l'Éducation nationale, dédié à l'édition pédagogique tous supports pour les acteurs du système éducatif, avec une entrée spécifique pour les nouveaux enseignants.

› Revues de sciences humaines de CAIRN
cairn.info/
Les articles de plus de 200 revues de sciences humaines et sociales disponibles en texte intégral dont : *Éducation et sociétés*, *Mouvements*, *Actes de la recherche en sciences sociales*, etc.

› La Classe
laclasse.fr/
Le site des mensuels des professeurs des écoles : *La Classe maternelle* et *La Classe*. Des informations très adaptées avec notamment des fiches pratiques et une boîte à idées qui recense tous les trucs et astuces pédagogiques des enseignants pour faire la classe.

› Les Éditions du mouvement Freinet
http://www.pemf.fr/site/
Les publications de l'École Moderne Française réapparaissent et réimpriment des titres incontournables de la pédagogie Freinet.

› La littérature jeunesse
http://www.ricochet-jeunes.org/sommaire/
Le site de référence de la littérature jeunesse comprenant des fichiers auteurs, illustrateurs, éditeurs, revues pour enfants et institutionnels.

› Les Salons de l'éducation
salon-education.org/

› La Revue internationale d'éducation de Sèvres
http://www.ciep.fr/revue-internationale-deducation-sevres
Une approche internationale des grandes questions de politique

éducative à raison de trois numéros par an.

- **La newsletter du Céreq**
  cereq.fr/index.php/collections/Bref
  Bref, la lettre d'information du Centre d'études et des recherches sur les qualifications est une mine et une référence en matières de statistiques, d'analyses notamment dans les domaines de la formation, des compétences, de l'apprentissage et de l'emploi.
- **Le site Aide aux profs**
  http://aideauxprofs.org/index.asp?affiche=Accueil.asp
  Un site consacré aux conditions de travail, à la santé et à la souffrance au travail des enseignants.
- **Le site Zéro de conduite**
  http://zerodeconduite.net/
  Un outil de référence sur l'actualité éducative du cinéma avec outils et contenus pour l'utiliser intelligemment en classe.
- **Une sélection de serious games scientifiques**
  http://www.cite-sciences.fr/inmediats/seriousgame/projet.php
  Les meilleurs jeux vidéos à contenus scientifiques sélectionnés par la Cité des sciences et de l'industrie et le Cnam.
- **Le site de l'enseignement agricole**
  http://www.educagri.fr/
  Le site d'information et de promotion des établissements publics d'enseignement agricole.

Les sites des journalistes spécialisés

- **Le blog « Il y a une vie après le bac » d'Olivier Rollot**
  http://orientation.blog.lemonde.fr/
- **Le site de Pascal Bouchard**
  http://www.touteduc.fr/fr/
- **L'émission de Louise Tourret « Rue des écoles » sur France Culture**
  http://www.franceculture.fr/emissions/rue-des-ecoles
- **Le blog « Interro écrite » de Luc Cédelle du quotidien Le Monde**
  http://education.blog.lemonde.fr/

Les ressources audiovisuelles

- **L'Institut national de l'audiovisuel**
  inatheque.fr
  Première banque d'archives audiovisuelles en ligne au service de l'éducation, Jalons met à disposition des élèves et des professeurs des documents issus de la presse filmée, de la télévision et de la radio de 1919 à nos jours, restitués dans leur contexte historique et médiatique.
- **Le site TV**
  lesite.tv
  Une vidéothèque complète de type documentaire dédiée aux enseignants.

- **Enseigner le français avec TV5Monde**
http://enseigner.tv5monde.com/
Dédié aux professeurs de français et de français langue étrangère (FLE), le site est une véritable mine d'informations et d'outils pédagogiques.
- **EduTube, une vidéothèque éducative européenne**
http://www.edutube.org/fr
Avec des milliers de vidéos multilingues, cette plate-forme européenne de vidéos éducatives est un site de partage de vidéos comme YouTube.

La boîte à outils pédagogique

- **Répertoire national des établissements**
http://www.education.gouv.fr/pid24301/annuaire-accueil-recherche.html
Site officiel comprenant un annuaire et un programme de recherche assistée.
- **Ressources en ligne**
educasources.education.fr/
La base de ressources numériques de Canopé met à disposition des ressources en ligne pour enseigner avec des sélections thématiques, et un convertisseur de métadonnées (ensemble structuré d'informations servant à décrire une ressource) pour l'éducation.
- **Logiciels libres pour l'enseignement**
http://www.reseau-canope.fr/sialle/
Site du pôle de compétences en logiciels libres de Canopé de l'Éducation nationale.
- **Gestion de classe**
http://www.comportement.net/pedagogie/
Ce site propose des fiches pratiques pour l'enseignant en situation de classe : « comprendre l'enfant », « analyser les comportements », « gérer les apprentissages », etc.
- **Diversifier sa pédagogie**
http://francois.muller.free.fr/diversifier/
Un site d'auto-formation pédagogique en ligne développé par François Muller, consultant en éducation et formation, à partir des travaux d'André de Peretti.
- **Le site NéoPass@ction**
http://neo.ens-lyon.fr/neo
Un portail de ressources et de formation dédié à l'accueil, l'accompagnement et la formation des professeurs stagiaires et des professeurs néo-titulaires.

Les ressources alternatives

- **Le Centre de recherche interuniversitaire sur la formation et la profession enseignante**
  crifpe.ca/
  Le plus important centre de recherche en éducation au Canada essaye notamment d'apporter des réponses aux questions relatives à l'exercice de la profession enseignante en lien avec la réussite éducative des apprenants.
- **La Fédération des établissements scolaires publics innovants (Fespi)**
  http://www.fespi.fr/
  La fédération veut promouvoir l'innovation et proposer une offre pédagogique alternative dans le cadre du service public d'éducation.
- **L'Association Krishnamurti**
  http://www.krishnamurti-france.org/index.php
  Les écrits du penseur indien Jiddu Krishnamurti sont surtout consacrés à l'éducation, l'enseignement ainsi qu'à notre capacité à nous déconditionner de nos fermetures et déterminismes culturels.
- **Les cordées de la réussite**
  cordeesdelareussite.fr
  Ce dispositif existe depuis 7 ans et vise à favoriser l'accès à l'enseignement supérieur de jeunes quel que soit leur milieu socio-culturel, en leur donnant des clés pour s'engager avec succès dans les filières d'excellence.

Mouvements et forums pédagogiques

- **Le Forum des enseignants innovants**
  http://www.enseignants-innovants-2015.net/
  Organisé par des associations d'enseignants, cette rencontre sur les expériences innovantes a lieu chaque année en mars à Rennes et récompense des expériences de terrain.
- **Les professeurs « désobéisseurs » de l'Éducation nationale**
  http://resistancepedagogique.blog4ever.com/
  http://retraitbaseeleves.wordpress.com/
  Le blog de Bastien Cazals est devenue une référence en matière de contestation de la doxa ministérielle de l'Éducation nationale concernant le refus d'application des programmes du primaire. Soutenus aussi par Alain Refalo, instituteur dans l'académie de Haute-Garonne et initiateur du Mouvement des enseignants en résistance pédagogique.
- **La lettre ouverte de Charlotte Magri**
  https://marsactu.fr/agora/tribunes/je-nous-accuse/
  Professeur dans une école primaire des quartiers Nord de Marseille, Charlotte Magri écrit en décembre 2015, une lettre ouverte à la ministre de l'Éducation nationale sur les mauvaises conditions de travail des enseignants, soutenue sous forme de pétition par

plus de 20 000 signataires en mars 2016.

- **Les Centres d'entraînement aux méthodes d'éducation active (CEMEA)**
  Revue : *Vers l'éducation nouvelle*
  cemea.asso.fr
- **L'Institut coopératif de l'école moderne (ICEM)**
  Revue : *Le Nouvel Éducateur*
  http://www.icem-pedagogie-freinet.org/
- **Le Groupe français d'éducation nouvelle (Gfen)**
  Revue : *Dialogue*
  http://gfen.asso.fr/fr/accueil
- **Le Cercle de recherche et d'action pédagogiques (Crap)**
  Revue : *Cahiers pédagogiques.*
  cahiers-pedagogiques.com
- **Éducation et Devenir**
  Revue : *Cahiers d'Education et Devenir*
  educationetdevenir.fr/
- **La Ligue française de l'enseignement et de l'éducation permanente**
  http://www.laligue.org/
- **L'Office central de la coopération à l'école (Occe)**
  Revue : *Animation et Éducation*
  http://www2.occe.coop/
- **La Fédération des œuvres éducatives et de vacances de l'éducation nationale (Foeven)**
  Revue : *La revue Foeven*
  http://www.aroeven.fr/
- **La Fédération nationale des Francas**
  Revue : *Camaraderie*
  francas.asso.fr

BIBLIOGRAPHIE

Sur l'innovation

- G. Delacote, *Savoir apprendre. Les nouvelles méthodes*, Odile Jacob, 1996.
- P. Bouchard, *Innovation école ! De la maternelle au lycée...*, Autrement, 2001.
- B. Lesterlin, D. Moreau, *Se former en enseignant. Devenir pédagogue*, CRDP des Pays de la Loire, 2010.
- P. Meirieu, *L'Éducation en question. Que faire avec les enfants qui ne veulent pas de vous ?*, Pemf, 2001.
- R. Steiner, *Vers un renouveau de la pédagogie*, Triades, 2001.
- F. Tilman et D. Grootaers, *Les Chemins de la pédagogie. Guide des idées sur l'éducation, la formation et l'apprentissage*, Vie ouvrière, rééd. 2007.

Les établissements alternatifs

- R. Auffrand, *Le Guide annuaire des écoles différentes*, AIE, 2013.
- S. Chavenas, *Guide des écoles pas comme les autres 2007-2008*, Horay, 2007.
- M.-L. Viaud, *Des collèges et des lycées différents*, Le Monde/Puf, 2005.

Méthodes et pratiques : repères historiques

- J.-M. Besse, *Decroly, psychologue et éducateur*, Privat, 1982.
- J. Dewey, *L'École et l'Enfant*, Fabert, 2004.
- M. Montessori, *Pédagogie scientifique*. T.2. *Éducation élémentaire*, Desclée de Brouwer, 2004.
- D. Ottavi, L. Gutierrez, *Roger Cousinet, Un philosophe à l'épreuve de la pédagogie*, INRP, 2007.
- H. Przesmycki, *La Pédagogie de contrat*, Hachette, 2003.
- Y. Reuter, *Une école Freinet : fonctionnement et effets d'une pédagogie alternative en milieu populaire*, L'Harmattan, 2007.

Éducation ou instruction

- L. Guillaume, J.-F. Manil, *La Rage de faire apprendre... De la remédiation à la différenciation. Un nouveau modèle pédagogique*, Jourdan, 2006.
- C. Ladjali, G. Steiner, *Éloge de la transmission : le maître et l'élève*, Hachette, 2007.
- P. Lecarme, *Pédagogue et républicain : l'impossible synthèse ?*, Esf, 2002.
- B. Montelh, *Ainsi change l'école. L'éternel chantier des novateurs*, Autrement, 1993.

Accomplir
sa mission de service public

Chapitre VIII

C'est l'exemplarité qui doit guider les pas de l'enseignant tout au long de sa carrière et de sa vie quotidienne dans l'établissement. Un professeur qui donne l'exemple par son comportement, par le respect de ses droits et devoirs, par son éthique professionnelle reste un adulte de référence pour les élèves.

1- DROITS ET OBLIGATIONS LÉGALES

Un engagement moral…

Dans l'exercice de son métier, le professeur se doit de respecter une série de devoirs fondateurs. En plus de son obligation de service, l'enseignant a un devoir de neutralité : il doit ainsi « impérativement éviter toute marque distinctive de nature philosophique, religieuse ou politique qui porte atteinte à la liberté de conscience des enfants ainsi qu'au rôle éducatif des familles ». La laïcité de notre système éducatif garantit aux élèves la possibilité de recevoir un enseignement « dans un égal respect de toutes les croyances ». L'enseignant a aussi un devoir de réserve qui l'oblige à la retenue dans l'extériorisation de ses opinions et à s'abstenir de manifestations individuelles incompatibles avec la sérénité de sa fonction (ne pas faire de prosélytisme, ne pas tenir de propos diffamatoires sur son blog, ne pas rendre publics des documents confidentiels internes à l'établissement, etc.). Il doit respecter l'obligation de moralité et se tenir à un comportement empreint de dignité dans sa vie privée, sans faire preuve d'inconduite notoire, ni être mêlé à un scandale.

… et un service public

En matière de devoirs, et en tant que fonctionnaire, l'enseignant est tenu au secret professionnel vis-à-vis de son administration et doit faire preuve de discrétion professionnelle, ces dispositions ayant pour objet de protéger les intérêts matériels et moraux des élèves et des membres de la communauté éducative. Mais en même temps, il doit déroger à cette obligation de discrétion s'il estime qu'un élève court un danger moral ou physique. Il a aussi une obligation d'impartialité et doit traiter de manière égale les usagers du service public qui sont en relation avec lui sans accorder de faveur à l'un d'eux (en donnant, par exemple, les mêmes informations au père et à la mère en cas de parents divorcés). Comme fonctionnaire, l'enseignant doit se conformer à l'obligation d'effectuer les tâches confiées, à l'obligation d'obéissance hiérarchique, et à l'obligation d'information du public. Enfin, il ne peut exercer à titre professionnel une activité privée lucrative de quelque nature que ce soit (interdiction du cumul d'emplois et de rémunérations), sauf dans le cas de production d'œuvres scientifiques, littéraires ou artistiques, ou bien d'expertises, consultations et enseignement ou encore, dans le cas de l'exercice d'une profession découlant de son enseignement (ex : professeur de droit/conseil juridique ; professeur de lettres/auteur de livres ; professeur de langues/traduction de documents pour une entreprise, etc.).

En matière de droits, l'enseignant bénéficie

– de la liberté d'opinion politique, syndicale, philosophique ou religieuse ;
– du droit de grève (pour un motif strictement professionnel, par un collectif de profs et jamais par un seul, à l'aide d'un préavis déposé au moins cinq jours avant) ;
– du droit à la formation continue (stages offerts par le plan académique de formation, les associations de spécialistes ou l'entreprise, en candidature individuelle ou collective) ;
– du droit à la protection juridique (protection du fonctionnaire + couverture spécifique de l'enseignant en cas d'engagement de sa responsabilité civile) ;
– du droit à la rémunération pour service fait ;
– du droit à congés ;
– du droit d'accès à son dossier[1].

Laïcité française, laïcité de l'école : valeurs et principes à respecter

En France, la laïcité repose sur trois valeurs indissociables :
La liberté de conscience, qui permet à chaque citoyen de choisir sa vie religieuse ou spirituelle ;
L'égalité en droit des options religieuses ou spirituelles, qui interdit toute discrimination ou contrainte et implique que l'État ne privilégie aucune option ;

1- Sur les droits et devoirs, le Code de l'éducation est téléchargeable dans son intégralité sur : legifrance.gouv.fr/telecharger_pdf.do?cidTexte=LEGITEXT000006071191
Sur le temps de service et le statut des enseignants de second degré :
les décrets qui les ont régis pendant 57 ans sont les n° 50-582, n° 50-581 et n° 50-583 du 25/05/1950. Ils ont été amendés par les décrets n° 2007-187 et 2007-188 du 12/02/07, dits décrets Robien.

La neutralité du pouvoir politique, qui reconnaît ses limites en s'abstenant de toute immixtion dans le domaine religieux ou spirituel.
À l'école publique, la laïcité implique certains principes :
L'institution « ne privilégie aucune doctrine » et ne « s'interdit l'étude d'aucun champ du savoir », comme le précise une circulaire de 1989.
Dans sa majorité, l'opinion publique approuve l'idée de renforcer l'étude du fait religieux à l'école publique. Les rapports du recteur Philippe Joutard en 1989 et de l'intellectuel Régis Debray en 2002 ont montré que la connaissance des cultures religieuses était nécessaire à la formation de tout citoyen éclairé. Peu à peu des enseignements des faits religieux s'imposent au sein des programmes.

Pour prendre connaissance du très complet Livret laïcité envoyé par le ministère dans tous les établissements scolaires :
http://www.cafepedagogique.net/lexpresso/Documents/docsjoints/livretlaicite.pdf

! La loi du 15 mars 2004 fixe que « le port de signes ou tenues par lesquels les élèves manifestent ostensiblement une appartenance religieuse » est interdit dans les établissements publics en France.

Les gestes du quotidien : le respect de l'autre

Avec les élèves, ne jamais... laisser sa classe sans surveillance ; fouiller le cartable d'un élève ; prendre l'argent de ses élèves en son nom (toujours passer par l'établissement, le foyer éducatif, la maison des lycéens ou l'Office central de la coopération à l'école (OCCE) ; faire usage des châtiments corporels ; toucher un élève et s'isoler avec un élève (interdites en général, ces règles nécessitent parfois quelques ajustements au cas par cas : prendre un enfant par le bras pour le faire entrer en classe en primaire, ou se retrouver seul après la classe avec un collégien et lui expliquer la sanction qu'il mérite pour avoir perturbé un cours).
Avec la communauté éducative, ne jamais... diffamer son administration et lancer des attaques personnelles ; faire grève pour un motif politique ; quitter son service sans autorisation administrative.

! **Deux exceptions dans lesquelles on peut utiliser la force physique** : la légitime défense et la séparation d'élèves dans le cas d'une bagarre. Dans ce dernier cas, il s'agit de s'interposer en évitant bien entendu d'utiliser directement la force physique et en cherchant à calmer l'affrontement, donc en restant très calme soi-même.

2- RESPONSABILITÉS CIVILES

Les enseignants bénéficient d'un régime dérogatoire au droit commun particulièrement protecteur en matière de responsabilité civile. L'État se substituant automatiquement à l'enseignant pour assumer les conséquences du comportement de son agent.

De la surveillance

La plupart des accidents liés au monde de l'école ont lieu à l'intérieur des locaux scolaires (97 %) dont plus de la moitié au cours des récréations, 2 % pendant des sorties, 1 % lors de classes transplantées. Par principe, l'enseignant est considéré comme responsable des élèves qui lui sont confiés, sa responsabilité peut donc être engagée pour un accident survenu lors de la classe, pendant les temps de pause entre ses cours, la récréation, au cours d'une sortie scolaire ou lors des activités organisées dans le cadre de l'Union nationale du sport scolaire (UNSS). Cependant, pour des mineurs, la surveillance doit être continue et l'enseignant ne peut pas quitter son poste sans s'assurer de la continuité de la prise en charge des élèves. Par contre, pour des élèves âgés de 18 ans révolus, il est admis que la surveillance peut être moins stricte (certains lycées autorisent la sortie de l'établissement aux élèves de plus de seize ans avec demande préalable à la vie scolaire).

Responsabilité civile

Les enseignants bénéficient d'un régime dérogatoire au droit commun particulièrement protecteur concernant leur responsabilité civile. Souvent la faute consiste en un manque de vigilance, d'initiative ou de diligence. On doit faire une distinction entre faute de service et faute personnelle (qui est sanctionnée au pénal). « La faute de service est celle qui résulte d'actes dommageables dont ni la gravité, ni le caractère intentionnel ou malveillant ne permettent de rechercher la responsabilité personnelle de l'agent. » Celui-ci est protégé par la loi du 5 avril 1937, qui désigne automatiquement l'État comme responsable. Autrement dit, l'État se substitue à l'enseignant pour assumer les conséquences du comportement de son agent. Dans sa grande majorité, ce type de cas est géré par les tribunaux administratifs, l'État se chargeant de verser les indemnités aux victimes. Outre les enseignants fonctionnaires de l'Éducation nationale, cette substitution s'étend également aux enseignants des établissements privés sous contrat d'association, rémunérés par l'État ou sous la tutelle de l'Éducation nationale.

Cas où la responsabilité de l'enseignant n'a pas été retenue par la jurisprudence

La faute du service. Si le dommage résulte d'un défaut d'organisation du service, comme par exemple dans le cas d'une blessure d'un élève liée à l'absence de planning de surveillance des récréations de la mi-journée, la responsabilité de l'enseignant n'est pas mise en cause (responsabilité de l'État).

L'accident inopiné. L'enseignant, malgré la surveillance qu'il a exercée, ne pouvait ni le prévoir ni l'empêcher comme dans le cas d'un élève qui, en classe, pousse le coude d'un camarade qui tient un stylo et le blesse grièvement à l'œil (responsabilité civile des parents)[2].

Cas très rares

Toutefois, et après avoir indemnisé la victime, l'État peut se retourner contre son agent (action récursoire), et dans le cas d'une faute de service considérée comme très grave, il peut quand même exiger de l'enseignant un remboursement de tout ou partie des intérêts touchés par la victime.

! La loi de 1937 instaure un système de responsabilité spécifique pour les membres de l'enseignement public (étendu ensuite aux membres de l'enseignement privé sous contrat). Elle est reprise dans l'article 911.4 du Code de l'éducation[3].

Une judiciarisation excessive ?

Si les accidents scolaires demeurent plutôt rares au regard du nombre d'élèves scolarisés, les familles sont de plus en plus nombreuses à porter des affaires autrefois jugées banales devant les tribunaux. Pour atténuer une sanction prise à l'égard d'un élève ou même contester une décision d'expulsion, certains parents peuvent aller jusqu'à faire appel à un avocat pour défendre leur enfant en conseil de discipline, transformant ainsi une instance éducative en une tribune judiciaire !

2- Exemples rapportés par G. Delecroix, *Guide juridique de l'enseignant,* CRDP de Poitou-Charentes, 2003.

3- À consulter : maif.fr/enseignants/vos-responsabilites/grands-principes/responsabilites-civile-enseignant-1.html

Cette judiciarisation excessive provoque des dommages collatéraux non négligeables pour l'institution.
On peut par exemple se demander si l'accroissement du nombre de directions d'école vacantes d'une année sur l'autre n'est pas dû au fait que les responsabilités semblent trop lourdes à assumer, et si la peur d'être impliqué pénalement n'y est pas pour quelque chose. En cas d'incident ou d'accident, les familles devraient pourtant savoir qu'il existe des étapes logiques bien avant de faire appel à un avocat : négociation avec les acteurs éducatifs, recours hiérarchique si le besoin s'en fait sentir, et pour les affaires plus exceptionnelles, saisine du médiateur de l'Éducation nationale. Ainsi, peu soutenus par leur hiérarchie, dans l'exercice quotidien de leur métier, les enseignants peuvent avoir tendance à « s'autocensurer » pour se protéger de cette surenchère judiciaire. On prend le maximum de précautions. On minimise les risques. On supprime certaines activités à caractère pédagogique qui enrichissaient pourtant incroyablement les cours comme les sorties scolaires. On évite des disciplines jugées trop violentes ou qui nécessitent un contact physique avec l'élève, en éducation physique par exemple. Heureusement, nombreux sont les profs qui ont bien compris le nouveau contexte requis par certaines activités : s'armer de la plus grande des sécurités sans pour autant renoncer à la part noble du métier.

3- RESPONSABILITÉS PÉNALES

La faute personnelle

Les enseignants sont comme tous les fonctionnaires susceptibles d'être mis en cause devant les tribunaux répressifs sur le plan pénal. Une faute personnelle est la transgression d'une loi ou d'un règlement de manière intentionnelle ou lorsqu'elle est d'une exceptionnelle gravité. On distingue ainsi :

Les fautes personnelles détachables du service (diffamation, injures, violences physiques ou sexuelles à l'égard des élèves, copie d'un logiciel mis à la disposition des élèves, détournement des fonds du foyer socio-éducatif) ;

La non-assistance à personne en danger (connaissance d'un cas de maltraitance ou de pédophilie non signalé à la justice) ;

La non-dénonciation de crime ;

La fabrication et usage de faux ;

Les atteintes involontaires à l'intégrité de la personne (coups et blessures involontaires...). Autant de fautes personnelles pour lesquelles la responsabilité pénale de l'enseignant est engagée et pour lesquelles il risque de lourdes peines : amendes et emprisonnement du tribunal, sanctions disciplinaires pouvant aller jusqu'à la révocation de l'Éducation nationale.

Les délits non intentionnels

Une meilleure définition du délit non intentionnel a été marquée par le vote de la loi du 10 juillet 2000 : désormais, pour condamner un agent, auteur indirect de faits ayant entraîné un dommage (mort ou blessures), le juge pénal est tenu de caractériser une faute d'une certaine gravité soit qui expose autrui à un risque particulièrement grave et que cet agent ne pouvait ignorer, soit qui consiste en la violation manifestement délibérée d'une obligation particulière de prudence ou de sécurité prévue par la loi ou le règlement, c'est-à-dire par un décret ou un arrêté. En cas de poursuites pénales, les enseignants peuvent bénéficier de la protection de l'administration sous forme de prise en charge des frais de justice, désignation d'un avocat et garantie des éventuelles condamnations civiles. L'État assure une assistance juridique, à condition que le délit non intentionnel qui est reproché à l'agent résulte d'un dysfonctionnement du service. En tout état de cause, même si l'enseignant est condamné pénalement, c'est l'État qui, *in fine*, assumera l'indemnisation civile du préjudice, consécutivement à la procédure pénale.

Les syndicats d'enseignants

école

Primaire

Le Snuipp-Fsu. Le syndicat national unitaire des instituteurs, professeurs des écoles et PEGC-Fédération syndicale unitaire. Publication hebdomadaire : *Fenêtres sur cours* : snuipp.fr

Le Se-Unsa. L'Union nationale des syndicats autonomes. Publication mensuelle : *L'Enseignant* : http://www.se-unsa.org

collège lycée

Secondaire

Le Snes-Fsu. Le syndicat national des enseignants du second degré-Fédération syndicale unitaire. Publication hebdomadaire : *L'Université Syndicaliste Mag* : snes.edu

Le Sgen-Cfdt. Le syndicat général de l'Éducation nationale et de la recherche publique-Confédération française démocratique du travail. Publication mensuelle : *Profession Éducation* : https://sgen.cfdt.fr/portail/sgen-recette_9896

Sud Éducation. Fédération des syndicats Sud Éducation. Solidaires, Unitaires, Démocratiques. Publication bimestrielle : *Sud Éducation Journal Fédéral* : sudeducation.org

Le Snalc. Syndicat national des lycées et collèges. Publication mensuelle : La Quinzaine Universitaire : https://snalc.fr/national

Le Spelc. Syndicat professionnel de l'enseignement libre catholique. Publication bimestrielle : L'éducateur chrétien : http://www.spelc.fr/

Pour des conseils juridiques

Le Code Soleil. Établi pour la première fois par Joseph Soleil en 1926, le Code Soleil qui en est à sa 62e édition, est une « bible » de référence, de tradition publique et laïque, à usage des enseignants du premier et second degré. Avec les mêmes finalités ambitieuses qu'aux premiers temps – les professeurs « enseignent ce qui élève et unit les hommes » –, chaque question fait surtout l'objet d'une analyse administrative et d'une liste des textes réglementaires[1].

Le Kisaitou… ou presque, SNUIPP, 2014, est une référence administrative pour le professeur des écoles et les instituteurs[2].

Les rectorats et les inspections académiques sont dotés de services juridiques[3].

Le site de la Maif est particulièrement complet sur ce sujet. Il donne une photographie détaillée de l'état des lieux juridique accompagnée de fiches pratiques très pointues : « La hiérarchie des normes » ; « Tri et conservation des archives » ; « Prise de médicaments » des élèves. Il met notamment l'accent sur la possibilité pour les différents régimes de responsabilité de jouer concurremment à l'occasion d'un dommage[4].

La Fédération des autonomes de solidarité-Union solidariste universitaire (FAS-USU) assure la défense des intérêts moraux et matériels des enseignants de l'enseignement public et privé laïque. Cette association prend en charge la protection des professeurs dans les domaines classiquement assurables (dégradation de véhicule, agression physique, vol…) et, plus rares, dans les domaines non pris en charge par les assureurs traditionnels (insultes, menaces, diffamation, accusations…). La Fédération apporte à ses adhérents une assistance juridique, psychologique et financière avec un réseau de 150 avocats-conseils. Il existe un membre de l'association dans chaque département et 50 000 correspondants dans les établissements qui tous connaissent les problématiques du métier. La FAS-USU et la Maif sont partenaires[5].

Certains syndicats enseignants mettent à disposition de leurs adhérents une cellule juridique permettant d'obtenir conseils personnalisés et assistance.

1- *Le Code Soleil. Le système éducatif, carrières et statuts*, éd. Sudel, 2005.

2- snuipp.fr

3- Leurs coordonnées sont sur le site : http://www.education.gouv.fr/cid3/les-rectorats-les-inspections-academiques.html?feuilleCSS=firefox

4- http://www.maif-oje.fr/scenes-de-classe/

5- http://www.autonome-solidarite.fr/contact

! **Pour assurer sa défense devant les juridictions pénales**, l'enseignant doit solliciter l'assistance et le concours d'un avocat. Le choix de cet avocat est libre, mais pour bénéficier de la prise en charge des frais et des honoraires qu'il occasionne :
– Il faut demander un devis à l'avocat que l'on soumet aux services académiques pour établir une convention d'honoraires ;
– Il faut en faire la demande expresse par écrit auprès de l'administration en précisant la date et le lieu de la plainte ;
– Il est par ailleurs recommandé de suivre son affaire personnellement.

4- UN ENSEIGNANT, QU'EST-CE QUE C'EST ?

Un professeur n'a pas pour unique tâche de faire la classe. Il doit pouvoir assurer toute une série de fonctions annexes, comme le travail en équipe. Sa mission de service public s'étend même au-delà : il contribue par exemple à l'égalité des chances.

Dispenser un enseignement...

« Un enseignant est une personne physique dotée d'une formation et d'une qualification reconnues en vue de dispenser un enseignement, conformément à un programme établi, à un groupe d'enfants ou d'adultes. » Avant de savoir quel regard on porte sur son métier, il est toujours bon de savoir comment son employeur le définit. L'article L. 912-1 du Code de l'éducation complète ainsi la définition : « Les enseignants sont responsables de l'ensemble des activités scolaires des élèves. Ils travaillent au sein d'équipes pédagogiques... Les enseignants apportent une aide au travail personnel des élèves et en assurent le suivi. Ils procèdent à leur évaluation. Ils les conseillent dans le choix de leur projet d'orientation en collaboration avec les personnels d'éducation et d'orientation. Ils participent aux actions de formation continue des adultes. Leur formation les prépare à l'ensemble de ces missions. »
Tâches auxquelles il convient d'ajouter la préparation des heures d'enseignement, la participation aux travaux du conseil de classe, la participation aux jurys et au déroulement des examens sur convocation de l'autorité académique, la présence à la prérentrée des enseignants et aux réunions de rencontre avec les parents d'élèves.

... mais ne pas seulement faire cours

Un enseignant qui s'acquitte de la totalité de ses obligations et de son service d'enseignement en présence des élèves est considéré « en règle » au regard de la durée hebdomadaire du travail dans la fonction publique. Ce « service fait » lui ouvre droit au versement de l'intégralité de sa rémunération. Cependant, l'enseignant doit être conscient des enjeux implicites de son métier : on attend de lui par exemple qu'il transmette un savoir mais aussi des savoir-faire, qu'il rende les élèves autonomes, donne du sens aux apprentissages, qu'il éduque à la citoyenneté, ou encore qu'il ait conscience de sa responsabilité dans la maîtrise orale et écrite de la langue, quelle que soit sa discipline, même s'il ne dispense pas le français. L'enseignant doit surtout bien comprendre la mission conférée par la loi au service public d'éducation : le professeur contribue à l'égalité des chances, il a en charge la formation de futurs adultes.

Photographie des profs

En France, l'âge moyen de l'enseignant du secteur public est de 43 ans. Près de 2 enseignants sur trois sont des femmes : 82% des professeurs des écoles, 58% dans le secondaire, 37% dans le supérieur.

Alors que les établissements scolaires se démocratisent, les jeunes enseignants ont progressivement tendance à « s'embourgeoiser » ! Les profs sont en effet de moins en moins issus du même milieu social que leurs élèves, et font des études de plus en plus longues (bac + 5). Les professeurs des écoles sont 75 % à posséder un diplôme de l'enseignement supérieur. D'ailleurs, l'image qu'ils ont d'eux-mêmes reste celle d'un ex-bon élève. Mais on ne fait plus cours, comme dans les années 1950, pour une élite sélectionnée par le concours d'entrée en sixième ! Le discours démissionnaire du type : « Je travaille à la marge, pour les deux ou trois par classe, ni bons ni mauvais, que je peux encore sauver », ne semble plus de mise. Comme le rappelle Claude Arz, professeur de sciences économiques et sociales au lycée Jean-Lurçat dans le XIIIe arrondissement de Paris : « On n'enseigne plus aujourd'hui aux classes moyennes mais aux couches populaires. Il s'agit d'une mutation plus profonde qu'on ne croit. Raison pour laquelle je me considère comme un nouveau hussard avec pour but de socialiser ces nouveaux élèves. » Bien souvent, les profs doivent aujourd'hui jouer un rôle pour lequel ils n'ont pas été formés et qui grignote le temps consacré aux savoirs scolaires. Les jeunes profs se montrent heureusement plus disposés que leurs aînés à affronter ces nouveaux défis.

5- UNE PROFESSION AU MICROSCOPE

Le métier de professeur est amené à évoluer vers plus de professionnalisme dans les années à venir. Selon les recommandations du Haut Conseil de l'éducation, on lui demandera certes des connaissances mais de plus en plus de compétences.

Comment le Haut Conseil de l'éducation voit les profs

Toujours d'actualité, les recommandations remises en octobre 2006 au ministre par le Haut Conseil de l'éducation en matière de formation des futurs enseignants en apprennent sur les évolutions à venir. « De bonnes connaissances disciplinaires ne suffisent pas à faire un bon enseignant », explique le rapport qui souhaite que les professeurs connaissent bien les exigences du socle commun à maîtriser à l'issue de la scolarité obligatoire et qui dresse une liste d'aptitudes professionnelles nécessaires au métier : compétences « à prendre en compte la diversité des élèves », « à gérer une classe », « à travailler en équipe », « à innover », et aussi « à agir de façon éthique et responsable »[4].

Comment les chefs d'établissement voient les profs

La sociologue Anne Barrère résume très bien le regard porté par l'ancien professeur qu'est le chef d'établissement sur ses collègues. « L'ensemble des chefs d'établissement a un discours plutôt critique sur les enseignants dont les deux principaux thèmes sont très clairement l'évaluation, jugée souvent trop sévère, démotivante voire bloquante, et "l'incivilité". Ce dernier mot peut surprendre bien sûr, rapporté aux enseignants, et non plus aux élèves, mais il résume bien toutes les anecdotes racontées sur les enseignants qui finissent par être selon eux injurieux, irrespectueux, que ce soit habituellement pour quelques "cas" très difficiles, ou de manière réactionnelle à des problèmes de gestion de classe, le cas le plus fréquent... Enfin, le bon enseignant est très clairement défini dans l'ensemble par sa capacité à s'investir dans l'établissement, à travailler en équipes, à être dynamique et porteur de projets, en contraste avec celui qui "monte dans sa classe" et en ressort pour prendre sa voiture, celui qu'on ne voit pas[5]... »

4- Info sur : hce.education.fr/gallery_files/site/19/33.pdf

5- A. Barrère, *Sociologie des chefs d'établissement. Les managers de la République*, Puf, 2006.

Comment les parents voient les profs

On compte 33 % de Français qui recommanderaient le métier d'enseignant à leur enfant. Dans les sondages, les Français se montrent en règle générale beaucoup moins durs à leur égard que ne le pensent les enseignants. Les sondés n'ont en effet pas de doute sur le fait que les profs « aiment leur métier ». De même, dans l'esprit des personnes interrogées, c'est d'abord « l'envie de transmettre un savoir » qui motive le choix du métier, avant « la sécurité de l'emploi » et le « temps libre ». Ils sont 84 % à considérer les instituteurs et professeurs des écoles, et 78 % les professeurs de collège et lycée, comme « compétents dans leur discipline ». Voilà pour la part belle.

Le revers de la médaille montre que seulement 49 % des Français jugent les profs du second degré susceptibles de s'intéresser à tous les élèves, y compris à ceux qui sont en difficulté. Plus généralement, les Français mettent en doute la capacité des enseignants à faire fonctionner l'ascenseur social et à former les jeunes aux besoins de la société d'aujourd'hui. La classe moyenne urbaine leur réclame moins d'encyclopédisme et plus d'ouverture aux parents. Enfin, ce sont les familles les plus favorisées qui font le moins confiance aux profs[6].

Comment les sociologues voient les profs

Alors qu'en règle générale, les professeurs de la « génération 68 » parlaient de vocation, se lançaient dans le métier pour la vie, s'intéressaient plus à la transmission du savoir, se montraient plus réticents au travail en équipe, faisaient cours à des élèves et non à des enfants, et s'attachaient à ce que l'école reste un sanctuaire fermé aux parents, les jeunes enseignants passés au crible par les sociologues adoptent un autre rapport au métier. Selon les spécialistes, les nouveaux enseignants âgés de moins de 30 ans ont des relations moins passionnées avec les parents d'élèves et estiment que ces derniers doivent jouer un rôle de partenaires. Ils ont conscience, plus que leurs aînés, que les élèves sont aussi des enfants et des adolescents avec des centres d'intérêt en dehors de l'école. Ils se montrent plus prêts à tenir compte des événements difficiles vécus par les familles, comme un décès ou la perte d'emploi d'un parent. Ils prennent plus de recul sur leur métier, et souhaitent certes faire progresser les élèves, mais avoir aussi une vie personnelle après l'établissement. Moins susceptibles sur leurs façons de

6- Sondage CSA/Le Monde de l'éducation/Télérama, *Le Monde de l'éducation,* n° 339, septembre 2005.

faire cours, ils donnent plus de leur temps pour expliquer une leçon mal comprise par les élèves. Bref, pour les sociologues, ces nouveaux profs qui commencent leur carrière à 25 ans sont des pragmatiques.

6- DU ROI LIBRE EN CLASSE... AUX LIMITES DU POUVOIR

En matière de pédagogie, de créativité personnelle dans la classe, et d'organisation du temps, l'enseignant est un professionnel très libre. Mais le métier connaît, ces dernières années, une nette complexification des tâches qui limite son autonomie.

Un métier particulièrement libre

La pédagogie. Chaque enseignant a liberté totale de choisir sa pédagogie, le rythme de ses progressions, les activités et les situations d'apprentissage à mettre en œuvre. Mais dans la mesure où les familles se montrent souvent sceptiques devant certaines méthodes pédagogiques, il est souhaitable que l'on explicite son approche dès le début de l'année en réunion avec les parents.

La classe. C'est là que se développe à plein sa créativité personnelle. On a la liberté de porter des appréciations sur les productions des élèves, la liberté de répartir son temps de travail sur la semaine, en fonction de ses heures d'enseignement, et une certaine tolérance quant à l'utilisation d'œuvres de l'esprit, notamment audiovisuelles, sans consentement de l'auteur et hors droits d'auteur (appelée « exception pédagogique »).

Les avantages liés au statut. Une formation rémunérée, un statut rassurant et un salaire moyen de 1 703 euros nets mensuels (après deux ans de carrière). Une grande liberté dans la classe, des effectifs moins importants par classe ces dernières années (exemple : taux moyen d'élèves par classe dans le second degré public = 21). Un emploi du temps hebdomadaire de présence dans l'établissement situé entre 23 et 25 heures. Des vacances de 16 semaines (15 dans les années 1950).

école

La polyvalence des enseignants du primaire. Issue de la tradition des classes uniques, la polyvalence des maîtres appartient à l'identité professionnelle des instituteurs et professeurs des écoles. C'est une grande liberté et une grande satisfaction, pour chaque maître du primaire, de prendre en effet en charge différentes disciplines, donnant ainsi à l'élève une cohérence dans les apprentissages. Rien n'empêche en plus chaque enseignant de se réserver une dominante, et de mettre au service de sa classe et des autres membres de l'équipe pédagogique un domaine de la connaissance où il se sent plus à l'aise.

La complexification des tâches, une vraie limite à l'indépendance

Christian Maroy, professeur de sociologie à l'université de Louvain, explique que l'on « assiste à une diversification et à un accroissement du nombre de tâches demandées formellement aux enseignants dans la plupart des pays européens. L'intensification se marque moins par un allongement de la durée du travail, que par un alourdissement et une extension des tâches à réaliser, et par une complexification du travail en classe qui constitue le cœur du métier. » Les enseignants seraient ainsi incités, au niveau de l'établissement, à s'impliquer davantage dans des tâches administratives et de gestion scolaire, à élargir leur rôle en relation avec les métiers du social, et en matière de gestion de la classe, ils seraient conviés à utiliser les technologies de l'information et de la communication, à promouvoir les droits humains et l'éducation civique, et à former les élèves à se former dans une perspective d'apprentissage tout au long de la vie. De plus, leur travail deviendrait tout autant intellec tuel qu'émotionnel[7].

Les limites de l'autonomie professionnelle

L'esprit maison. À chaque nouvel établissement correspond un nouvel état d'esprit, une façon de travailler, des modes de relations particuliers entre ses membres. Cette culture maison provient en grande partie de la personnalité du chef d'établissement. Mais elle dépend aussi beaucoup de la communauté enseignante, surtout si elle travaille en équipe.

Les prescriptions officielles. Le milieu éducatif connaît une prolifération de textes, circulaires et autres documents officiels à tel point qu'il est très difficile de s'y retrouver. Ces prescriptions viennent encadrer l'activité enseignante et lui imposent parfois certaines restrictions.

La procédure administrative. Enseignant, il faut souvent utilisez la procédure, sans chercher à comprendre la logique admi-

7- C. Maroy, « Les évolutions du travail enseignant en Europe. Facteurs de changement, incidences et résistances », *Les Cahiers de recherche en éducation et formation*, n° 42, Girsef/CPU, juillet 2005.

nistrative. L'administration vit sur des habitudes héritées de longue date, et la hiérarchie se refuse souvent à vous en expliquer les finalités. En tant que prof, on ne peut presque jamais opposer des arguments solides sous peine de se voir fermer les vannes. Comme le rappelle le principal de collège Denis Dougé : « Pour le service intendance des collèges et lycées, véritable « État dans l'État », c'est parfois pire avec un triple enjeu : la force des habitudes, le goût du secret, le pouvoir financier (...). Les intendants et agents comptables peuvent se crisper sur la réglementation au point de décourager toute initiative pédagogique ou culturelle exigeant des fonds ».[8]

La pression du programme. Rien de possible sans respect du cadre et de l'esprit du programme, de son niveau ou de sa discipline, qui est publié au B.O. Le but : atteindre les objectifs fixés au plan national. Il comporte une liste structurée de sujets à traiter, avec des précisions sur ce que doivent savoir ou savoir faire les élèves.

Les conditions de travail. Certains pensent qu'une heure de cours équivaudrait à la dépense d'énergie de deux heures d'un autre emploi. Un temps de travail hebdomadaire global assez soutenu situé entre 39 heures 47 (source ministère) et 45 heures (source Snes). Une trop forte mobilité : mutations, éloignement familial, double logement. Une grande précarité pour 15 % des effectifs (remplaçants, non-titulaires, maîtres auxiliaires, contractuels, vacataires, reçus-collés, etc.). Des conditions de travail très difficiles pour une minorité ce qui se traduit par des démissions, congés longue maladie, ou des volontés de départ. Un monde globalement résistant au changement.

Les élèves. Lors de sa première heure de cours au lycée professionnel Mendès-France de Ris-Orangis, Céline Barre a subi un électrochoc. Les insultes fusaient de tous côtés, les élèves se coupaient sans arrêt la parole, les téléphones portables sonnaient à tue-tête... Le plus dur à supporter ? Cette tension sourde installée dès le début de l'heure, pouvant basculer dans la violence d'une seconde à l'autre. La jeune prof d'histoire-géographie qui entamait sa troisième année d'enseignement, dont deux passées dans un collège plus calme, a failli craquer à l'issue du premier trimestre. « Les élèves nous remettent tout le temps en question. On se culpabilise, on doute, on se demande même si on est bien fait pour ce métier », confie-t-elle.

8- Denis Dougé, *Être professeur. 10 leçons pour rendre le métier possible*, Chronique Sociale, 2013.

Mythes et croyances personnelles. L'enseignant est souvent le principal ennemi de son autonomie, de son champ de vision, de ses propres possibilités. Jean-Paul Julliand, professeur d'éducation physique et sportive, témoigne : « Les profs produisent des mythes sur les façons d'apprendre de leurs élèves qui occultent les autres pistes d'apprentissage possibles. Ces croyances constituent parfois de véritables verrous didactiques dans nos têtes. » Comme par exemple, la croyance qu'apprendre du point de vue de l'élève fonctionne de manière identique qu'enseigner du point de vue du prof. Alors que ce qui est toujours progression linéaire pour le prof, à chaque nouvelle étape de son cours, peut partir dans tous les sens, y compris avec des régressions, pour l'élève.

7- QU'EST-CE QU'UN BON PROF ?

Avoir des attentes positives vis-à-vis de ses élèves. Prendre son public tel qu'il est et en avoir une fine connaissance sociopsychologique. Le bon prof sait faire preuve de pragmatisme et doit pouvoir trouver les stratégies pédagogiques les plus efficaces.

Un intellectuel ouvert

Suivre de près les importantes évolutions intellectuelles dans sa discipline, s'intéresser aux controverses et aux débats qui agitent sa matière, mais aussi lire et se cultiver dans des domaines distincts du sien, demeurent des preuves évidentes de l'ouverture intellectuelle du bon enseignant. De plus, un grand prof est capable de réfléchir à sa propre pensée en la matière, d'en analyser la nature et d'en évaluer la qualité. « Cette aptitude à pratiquer une pensée métacognitive entre pour beaucoup dans l'excellence pédagogique », explique l'enseignant d'histoire Ken Bain[9].

Un pragmatique

En 1991, le sociologue François Dubet soulignait avec quelles nuances étaient perçues les qualités de l'enseignant selon le public concerné : « intérêt intellectuel pour les filières générales, charme personnel et relation pour les filières technologiques, explication et compréhension pour les filières professionnelles »... Aujourd'hui, le bon prof doit dépasser l'image qu'il

9- Ken Bain, *Les secrets des meilleurs professeurs*, Nouveaux Horizons, 2011.

a de lui-même comme ex-bon élève. Il doit avoir des attentes positives vis-à-vis des élèves, et se montrer capable de donner le goût d'apprendre à des publics variés. « Le prof efficace est un pragmatique, il prend son public tel qu'il est et non tel qu'il aimerait qu'il fût, et il est persuadé que tout le monde peut progresser », affirme l'universitaire Georges Felouzis.

Autrefois, le paysage éducatif en rassurait plus d'un car les grandes figures de la fonction reflétaient parfaitement les catégories d'enseignants. Les « éducateurs » dans le premier degré, les « instructeurs » dans le second degré et les « animateurs/travailleurs sociaux » dans les lycées professionnels et certains collèges difficiles. Le profil qui se dessinera demain réunira-t-il l'ensemble de ces figures comme autant de composantes de l'identité de chaque professeur ?

Une identité exigeante qui demandera à l'enseignant tout à la fois de maîtriser les savoirs disciplinaires, de les adapter pour les transmettre, et d'avoir une fine connaissance sociopsycho logique de ses élèves.

Un pédagogue « explicite »

De nombreux travaux anglo-saxons renvoient dos à dos les pédagogies centrées sur la transmission de savoirs et celles centrées sur l'élève.

« Dans l'enseignement traditionnel, on fait peu de rappel des connaissances antérieures et l'on procède comme si ce qui a été enseigné auparavant avait été compris et retenu. Les buts visés ne sont pas nécessairement clairs ni explicites. L'enseignant, le plus souvent, fournit quelques explications puis met les élèves au travail en situation de pratique autonome. L'erreur de compréhension a donc le temps d'émerger et de se cristalliser dans l'esprit des élèves. La responsabilité de l'échec est alors attribuée à l'enfant et non à un défaut d'enseignement. Dans le cas des pédagogies dites actives, de projet, de découverte, que l'on peut regrouper comme des pédagogies centrées sur l'élève, même si le rappel des connaissances antérieures peut être présent, ces méthodes ne s'assurent pas assez que les savoirs ont été bien compris et suffisamment pratiqués pour être mobilisés aisément. De plus, l'enseignant n'exerce pas un contrôle minutieux de la difficulté de la tâche dans une séquence du simple au complexe. Enfin, on observe souvent dans les pédagogies de projet une tendance à l'éparpillement et au survol », précise Clermont Gauthier, professeur titulaire au département d'études sur l'enseignement et l'apprentissage de l'université Laval au Québec.

L'enseignement explicite

Dans sa recherche de la stratégie pédagogique la plus efficace appelée enseignement explicite, Clermont Gauthier distingue trois étapes : le « modelage », la « pratique guidée » et la « pratique autonome ».

Le modelage. On doit essayer de veiller ici à présenter l'information de son cours en petites unités, dans une séquence graduée allant du simple au complexe. Dans son discours, on reste attentif à faire le lien avec les connaissances apprises antérieurement, et l'on énonce clairement les objectifs de la leçon afin que les élèves sachent ce qui est attendu d'eux. Toute la subtilité de cette étape réside dans le fait que l'on va « modéliser les procédures », autrement dit exécuter devant les élèves les tâches à réaliser. On le fait en pensant à haute voix, c'est-à-dire en énonçant pour les élèves les opérations mentales de la tâche.

La pratique guidée. Cette étape sert à vérifier la qualité de compréhension de ses élèves, étant entendu qu'il y a un monde entre ce que l'on dit en classe et ce que les élèves retiennent. On propose donc ici des tâches semblables, on observe et questionne ses élèves pour saisir leur niveau de compréhension, la quantité et le type d'erreurs qu'ils font. On cherche ici à obtenir des informations de tous les élèves, on les incite à répondre, on leur donne des explications complémentaires et on continue ainsi jusqu'à ce que la pratique devienne fluide et que ses élèves obtiennent un haut taux de succès. Il s'agit donc ici d'aider les élèves à vérifier, ajuster, consolider leur savoir en arrimant les nouvelles connaissances à celles qu'ils possèdent déjà en mémoire.

La pratique autonome. Lorsque l'on est assuré que ses élèves maîtrisent vraiment les connaissances à apprendre, ils peuvent faire seuls avec fluidité et sans erreurs, automatiser les tâches, facilitant ainsi leur mémorisation. Il sera nécessaire de fréquemment réviser et évaluer ce qui a été enseigné. La meilleure preuve de connaissances acquises par les élèves réside dans leur capacité à transférer les apprentissages. C'est-à-dire leur aptitude à les utiliser dans des contextes différents ou autrement dit, à appliquer une solution connue dans une situation nouvelle[10].

Les paramètres de réussite des élèves

L'équipe Théodile du chercheur Yves Reuter a travaillé durant plusieurs années sur une école Freinet en milieu populaire située à Mons-en-Baroeul, au nord de la France. De cette obser-

10- C. Gauthier, « Qu'est-ce qu'un bon prof ? », *Sciences Humaines*, Hors Série n° 5, octobre/novembre 2006.

vation se dégagent plusieurs paramètres susceptibles pour les enseignants de contribuer à faire réussir les élèves. Il s'agit de :
- solidarité des enseignants, concertation maternelle-élémentaire,
- construction collective de règles de fonctionnement, respect scrupuleux de la part des élèves et des maîtres,
- information précise des parents, souci de leur implication,
- accent mis sur la coopération et l'entraide, reconnaissance du sujet-élève,
- importance accordée à la notion de travail, à sa conscientisation, à la valorisation des efforts de chacun,
- articulation entre production et attitude réflexive,
- diversité des catégories d'activités face aux savoirs,
- établissement d'un climat propice aux apprentissages (sérénité, droit à l'erreur, droit à l'aide),
- recherche de clarté cognitive quant aux cadres, règles, tâches, objectifs...,
- place importante attribuée au temps pour s'ajuster au cheminement de chacun,
- construction d'une culture commune, inscription dans une histoire scolaire, capacité de mesurer l'évolution des progrès[11].

8- L'ÉTHIQUE PROFESSIONNELLE, PRIORITÉ DES PRIORITÉS

À la recherche du supplément d'âme

« Un professeur n'est pas tout à fait quitte avec lui-même, quoiqu'il soit complètement quitte avec l'État qui l'emploie lorsqu'il a préparé ses cours, les a donnés, a corrigé les copies de ses élèves, a participé aux diverses réunions et conseils de classe, éventuellement aux jurys qui ponctuent le déroulement de l'année scolaire », remarque très justement le philosophe Jean Svagelski. Nul enseignant responsable ne peut croire, ou se faire croire, que son métier s'arrête là. Que sa rigueur professionnelle ne lui commande pas un supplément d'âme. Une face immergée de l'iceberg de son métier que les autres, élèves, mais aussi parents et collègues d'ailleurs, n'ont pas besoin de connaître d'entrée, mais qu'ils peuvent avoir surprise à découvrir petit à petit. L'enseignant a des idéaux et devrait faire accéder chaque élève au plus haut niveau culturel possible. L'enseignant a une professionnalité et devrait se

11- Pour en savoir plus : http://theodile.recherche.univ-lille3.fr/cms/index.php

sentir responsable de ses paroles et de ses actes en classe, des documents qu'il utilise ou mentionne. L'enseignant a un code d'honneur et devrait refuser les manipulations idéologiques, médiatiques et commerciales de toutes sortes pour exercer son art en toute indépendance. L'enseignant a de la loyauté et doit *a priori* solidarité à ses collègues ainsi que confiance à son chef d'établissement[12].

Nécessité du code d'honneur

Eirick Prairat, professeur de sciences de l'éducation à l'université Nancy-II, a élaboré le texte d'une charte déontologique très judicieuse qui constitue une sorte de sagesse collective à l'adresse de la profession. Quelques extraits permettent de prendre la mesure du caractère incontournable de l'éthique professionnelle pour l'enseignant d'aujourd'hui.

« Titre I. Article 3. L'attitude de l'enseignant est marquée par un souci de l'accueil, le sens de l'équité et le respect des élèves. (...)

Titre II. Article 1. Au-delà des acquisitions programmées, (l'enseignant) vise à donner (aux élèves) le goût de l'étude et l'envie de poursuivre leurs apprentissages et leur enrichissement intellectuel. (...) Article 2. Un enseignant ne tire jamais de conclusions réductrices ou définitives sur les aptitudes ou les compétences d'un élève, car il sait que celles-ci sont, par définition, mouvantes et évolutives. (...) Article 4. L'enseignant se comporte comme le premier avocat de ses élèves lorsqu'il estime que leur avenir scolaire risque d'être compromis par des décisions familiales hâtives. (...) Article 7. De même, (l'enseignant) ne peut ni écarter ni sanctionner un élève pour défaut de matériel s'il est établi que celui-ci ne peut engager les dépenses nécessaires pour se le procurer[13]. »

12- J. Svagelski, « Déontologie vive et cachée de l'instruction publique », *in Éthique et société. Les déontologies professionnelles à l'épreuve des techniques*, R. Moch (dir.), Armand Colin, 1997.

13- Le texte intégral de cette charte se trouve dans É. Prairat, *De la déontologie enseignante*, Puf, 2005.

Le casier judiciaire des enseignants automatiquement consulté

Jusqu'à aujourd'hui, seuls les casiers des enseignants nouvellement nommés dans un poste étaient contrôlés. Mais dans le cadre de la protection des mineurs, concrètement pour vérifier l'absence de condamnation pour délit ou crime commis à l'encontre de mineurs, une consultation automatisée du casier judiciaire (bulletin B2) des enseignants, titulaires ou non, est maintenant autorisée au ministère de l'Éducation nationale. À partir du début de l'année 2016, le ministère de l'Éducation nationale interroge le ministère de la Justice et le service du Casier judiciaire national transmet l'état du casier aux services de l'Éducation nationale. Vu les 855 000 personnels concernés, le contrôle s'étale sur 18 mois avec un démarrage sur l'académie de Reims. La procédure a été validée par la CNIL et les syndicats considèrent en règle générale cette mesure comme nécessaire. Une décision qui fait suite aux affaires récentes concernant des enseignants déjà condamnés pour un délit ou un crime à caractère sexuel, pédopornographique ou de violence volontaire commise à l'encontre de mineurs, et toujours en poste, sans que l'institution n'en ait été informée.

Pour consulter la circulaire interministérielle Justice-Éducation nationale : http://www.education.gouv.fr/pid285/bulletin_officiel.html?cid_bo=93304

9- DE LA MASTERISATION AUX ESPE

Créées à la rentrée 2013-2014, les Écoles supérieures du professorat et de l'éducation (ESPE) forment à des masters « Métiers de l'enseignement, de l'éducation et de la formation » (MEEF) dans le cadre d'un cursus de deux années d'études post-licence. La formation repose sur un équilibre entre enseignements et stages en école ou en établissement afin de favoriser une entrée progressive dans le métier.

Cette nouvelle formation est en effet composée à la fois :

– d'enseignements communs à l'ensemble des étudiants du master MEEF, portant notamment sur les méthodes de différenciation pédagogique et de soutien aux élèves en difficulté, la connaissance du socle commun, la prise en compte de la diversité des publics et en particulier du handicap, l'évaluation des élèves, l'enseignement des valeurs de la République,

la lutte contre les discriminations et la culture de l'égalité femme-homme, la conduite de classe et la prévention des violences scolaires, etc.
– d'enseignements disciplinaires et de spécialité qui permettent aux étudiants d'approfondir des questions spécifiques à certaines thématiques ou à certains métiers
– d'enseignements permettant d'acquérir les savoirs, les savoir-faire et les compétences indispensables à une bonne pratique professionnelle (séances permettant de se familiariser aux situations et activités de classe par exemple)
– de stages en école ou en établissement scolaire encadrés par un tuteur

Il s'agit, en première année, de stages d'observation et de pratique accompagnée, en seconde année, les lauréats des concours effectuent un stage en responsabilité équivalant à un mi-temps de service d'enseignement, rémunéré à hauteur d'un temps plein, et auront le statut de fonctionnaires stagiaires.
Un système de tutorat adapté au poste du stagiaire est mis en place. Les tuteurs doivent être suffisamment expérimentés pour pouvoir, tout au long de l'année, apporter conseils et assistance aux stagiaires, analyser avec eux leurs pratiques pédagogiques et leur permettre de consolider leurs savoirs théoriques en les confrontant aux situations concrètes d'enseignement. Dans le premier degré public, les stagiaires sont étroitement accompagnés. Ainsi, dans la plupart des académies, ils travaillent, pendant les deux premiers mois, en binôme avec un tuteur. L'objectif est que cette présence alternée du tuteur dans la classe du stagiaire et du stagiaire dans la classe du tuteur aide le jeune enseignant dans sa prise de poste et facilite le transfert du savoir-faire professionnel. Dans le second degré public, les stagiaires sont en règle générale affectés dans le même établissement que leur tuteur. Ils bénéficieront, à titre transitoire, d'une décharge de service d'au moins trois heures par semaine pour les enseignants stagiaires. Les heures libérées par ces décharges sont utilisées pour organiser leur formation.
La formation prend appui sur l'analyse des besoins des stagiaires. Elle met en particulier l'accent sur la didactique des disciplines, la connaissance des mécanismes d'apprentissage, la conduite de classe, les méthodes de différenciation pédagogique et d'accompagnement des élèves en difficulté et les méthodes d'évaluation dans la classe.

Pour tout savoir sur les ESPE : http://www.espe.education.fr/
Pour trouver l'ESPE de votre région :
http://www.trouver-mon-espe.fr/

Pour une analyse critique des ESPE :
http://skhole.fr/retour-critique-sur-les-espe-et-sur-leur-creation-en-septembre-2013-republicaniser-par-pierre-statius

Lire aussi un rapport des inspections générales un an après la mise en place des ESPE :
http://cache.media.enseignementsup-recherche.gouv.fr/file/2015/42/3/Rapport-n15-081-suivi-mise-en-place-ESPE-2014-2015_496423.pdf

BIBLIOGRAPHIE

Ouvrages généraux

- J.-L. Auduc, *Agir en fonctionnaire de l'État de façon éthique et responsable*, Hachette Éducation, 2011.
- F. Dubet, *Les places et les chances. Repenser la justice sociale*, La République des idées/Seuil, 2010.
- F. Berguin, E. Fernandez, C. Gourbier, *Pratique du code de l'éducation : approche fonctionnelle, interprétation et applications des textes, enjeux et débats*, tome I, éd. Wéka, 2001.
- F. Dubet, *Les Lycéens*, Seuil, 1991.
- G. Felouzis, *L'Efficacité des enseignants*, Puf, 1997.
- L. Ria, *Former les enseignants au* XXIe *siècle*, De Boeck, 2016.
- J.-L. Ubaldi, *Débuter dans l'enseignement*, ESF, 2006.
- SNUipp, *La Responsabilité des enseignants. Sécurité des élèves, protection de l'enfance : pour exercer avec sérénité*, La Découverte, 2002.

Laïcité et école

- D. Borne, J.-O. Delahaye, « La laïcité dans l'enseignement : problématiques et enjeux », *Regards sur l'actualité*, n° 298, février 2004.
- D. Bouzar, *Quelle éducation face au radicalisme religieux ?*, Dunod, 2006.
- L. Corbel, J.-P. Costet, B. Falaize, A. Méricskay, K. Mut, *Entre mémoire et savoir, l'enseignement de la Shoah et des guerres de décolonisation*, INRP, 2003.
- J. Costa-Lascoux, *Les Trois Âges de la laïcité*, Hachette, 1996.

Respect de l'autre et violence à l'école

- R. Casanova, *Face à la violence dans la classe : ces enseignants qui réussissent !*, Matrice, 2004.
- J. Pain, *L'École et ses violences*, Economica, 2006.

Une profession au microscope

- M. Baumard, *Les Nouveaux Profs*, Les petits matins-Arte, 2009.
- M. Fournier, V. Troger, *Les Mutations de l'école. Le regard des sociologues*, éd. Sciences Humaines, 2005.
- P. Rayou, A. Van Zanten, *Enquête sur les nouveaux enseignants. Changeront-ils l'école ?*, Bayard, 2004.
- A. Refalo, *Résister et enseigner de façon éthique et responsable*, Golias, 2011.

Le plaisir d'enseigner

Chapitre IX

On devient enseignant pour transmettre un savoir, développer l'esprit critique, et parfois parce que l'on se sent investi d'une mission, comme aider les élèves en échec à s'en sortir. Enseigner, c'est aussi un plaisir personnel, qui offre de grandes satisfactions : continuer à se cultiver, participer à des programmes de recherche, aider ses élèves à comprendre la complexité du monde... et même, parfois, susciter des vocations !

1- RAYONNER

Les grandes satisfactions du métier : témoignages de terrain

Transmettre : « Dès le début de l'année, vous avez pris le parti de pousser vos élèves vers le haut. D'être un peu plus exigeant que d'habitude. Et là, sans vous y attendre, vous voyez briller les yeux d'un élève qui vient de comprendre un point sur lequel il butait régulièrement. C'est la noblesse de l'acte de transmission. Ces petits moments sont des joies intenses pour l'élève, donc pour vous aussi », affirme Martine Ricouet, enseignante de mathématiques au collège Jean-Baptiste-Corot du Raincy.

Jouer un rôle dans la vie de ses élèves

« Si un instituteur n'avait pas convaincu la grand-mère d'Albert Camus de l'inscrire au collège, il n'est pas certain que cet écrivain aurait eu les moyens de s'exprimer comme il l'a fait », peut-on lire sur le texte de présentation du site « Vive l'école de la République », mis en place par le ministère de l'Éducation nationale.

Ce site décline une campagne de sensibilisation ayant pour slogan : « On doit tous quelque chose à un professeur », destinée à rendre hommage aux professeurs pour leur rôle d'éveilleurs. Dans un clip très sobre, des personnalités du monde intellectuel, du spectacle, du sport et de la politique prononcent simplement le nom de l'enseignant qui les a marquées. Découvreurs de talents, les instituteurs et les professeurs ont pour mission de dénicher la part d'excellence nichée en chaque élève. C'est vrai pour la plupart d'entre nous, « on doit tous quelque chose à un professeur ».

http://www.dailymotion.com/video/x2z81v8

Ouvrir l'esprit critique : « Ma finalité de prof, c'est d'arriver à développer un esprit critique chez mes élèves. Ouvrir toujours plus leur curiosité pour qu'ils se questionnent le plus possible. Mon plaisir consiste aussi à écouter leurs questions que je trouve la plupart du temps bien plus pertinentes que celles des adultes », explique Nawla Kabir, professeur de CE2 à l'école Voltaire dans la Rep de Nanterre.

Susciter des vocations : « Voir un élève découvrir avec passion le continent de la physique, la recherche scientifique et les applications industrielles de la discipline... Apprendre qu'il souhaite en faire son métier, c'est vraiment très gratifiant. On a modestement contribué à son devenir, on a laissé une trace dans sa vie », témoigne Fabrice Renon, professeur de physique au lycée Notre-Dame-Jeanne d'Arc de Cahors.

Être utile : « J'ai des élèves très difficiles, souvent en perdition d'orthographe en quatrième, mais certains d'entre eux comprennent bien que l'école leur offre une meilleure voie que la rue. Avec ceux-là, j'ai le sentiment d'être utile. Je peux me satisfaire de voir un élève acquérir une simple règle d'orthographe, ou être ému devant un autre élève en train de pleurer à la lecture de lettres de poilus de la guerre de 1914 », raconte un professeur de français d'un collège de Rep du XIXe arrondissement de Paris[1].

Briser le déterminisme social : « Mes élèves sont issus de l'enseignement professionnel, et vivent pour la plupart dans des endroits jugés "difficiles", mais je trouve chaque année ma satisfaction quand la plupart réussissent à aller jusqu'au bac pro. Quand on a un peu contribué à déplacer les "fatalités sociologiques" », explique Céline, professeur de français en banlieue parisienne.

Être libre : « Pouvoir expérimenter sans que quiconque ne vous censure à l'avance. Pouvoir travailler par essais-erreurs, en se trompant certes parfois, mais en apportant un plus pédagogique la plupart du temps. C'est cette liberté qui me plaît dans le métier », précise Dominique, professeur des écoles sur la commune d'Anglet.

Se positionner comme guide : « Avec l'expérience, je me suis rendu compte que les élèves appréciaient beaucoup que l'on s'occupe de leur avenir et que ma parole de prof avait beaucoup de poids pour eux. Je considère donc comme un devoir d'être accessible et de les conseiller dans leur orientation, avec

1- Les enseignants sont aussi très « utiles » à leurs propres enfants. Une étude récente vient de confirmer la plus grande réussite des enfants d'enseignants : http://www.insee.fr/fr/ffc/docs_ffc/ES478I.pdf

une plus forte insistance dès la classe de quatrième. Ce statut de "guide" donne beaucoup de satisfaction », note un enseignant d'arts plastiques de Nantes.

Devenir personne-ressource : « Parce que je suis membre du conseil d'administration du lycée et sans doute parce que chaque année j'organise une sortie à l'étranger avec mes élèves de langue, les collègues ont pris l'habitude de venir me demander conseil pour toutes sortes de démarches. Au début, la situation me dérangeait, mais j'ai fini par y prendre goût. Aujourd'hui, je m'étonne moi-même d'avoir réponse à la plupart de leurs questions. Et je suis comme un poisson dans l'eau dans l'établissement ! », remarque cet agrégé d'anglais au lycée de Chalon-sur-Saône.

Les « hussards de la République »

La scène se passe à la fin du XIXe siècle. Dans une formule restée célèbre, l'écrivain Charles Péguy surnomme les apprentis enseignants de l'école normale d'Orléans qui viennent s'entraîner à faire cours dans sa classe, les « hussards noirs » de la République. Derrière la rigueur de l'uniforme, se dessine le combat pour la laïcité. La mission de l'enseignant de l'époque consiste à transmettre un savoir laïque. L'enseignant d'aujourd'hui, lui, ambitionne de faire réussir tous les élèves. Malgré le changement d'époque, la formule reste d'actualité, et voici le texte dont elle est extraite. Une formule intéressante à connaître car elle désigne encore aujourd'hui les enseignants imprégnés de la mission laïque de service public de l'école.
« Sous la direction de notre directeur particulier, le directeur de l'école annexe, de jeunes maîtres de l'école normale venaient chaque semaine nous faire l'école (…) Nos jeunes maîtres étaient beaux comme des hussards noirs. Sveltes ; sévères ; sanglés. Sérieux, et un peu tremblants de leur précoce, de leur soudaine omniprésence. Un long pantalon noir, mais, je pense, avec un liseré violet. Le violet n'est pas seulement la couleur des évêques, il est aussi la couleur de l'enseignement primaire. Un gilet noir. Une longue redingote noire, bien droite, bien tombante, mais deux croisements de palmes violettes aux revers. Une casquette plate, noire, mais un recroisement de palmes violettes au-dessus du front. Cet uniforme civil était une sorte d'uniforme militaire encore plus sévère, encore plus militaire, étant un uniforme civique. Quelque chose, je pense, comme le fameux cadre noir de Saumur. Rien n'est beau comme un bel uniforme noir parmi les uniformes militaires. C'est la ligne elle-même. Et la sévérité. Porté par ces gamins qui étaient vraiment les enfants de la République. Par ces jeunes hussards de la République. Par ces nourrissons de la République. Par ces hussards noirs de la sévérité[1]. »

1- C. Péguy, *L'Argent*, La Table ronde, 2006.

Se cultiver : « Je continue à découvrir tous les jours des connaissances nouvelles en préparant mes cours. Comme si j'étais encore à l'université, c'est un véritable enrichissement intellectuel », confie cette enseignante d'histoire-géographie d'un collège de Créteil.

2- S'ÉPANOUIR

Entretenir sa forme physique

« On ne le dit jamais assez, mais un prof en excellente condition physique est écouté par ses élèves ! » Très théâtral, Claude Arz, professeur de sciences économiques et sociales au lycée Jean-Lurçat à Paris, a bien su adapter le contenu de son cours à sa personnalité et à sa corpulence. L'homme semble en pleine forme, parle fort, circule beaucoup dans une classe toujours disposée en cercle, utilise un niveau de langue large et imagé, prend constamment des exemples dans l'actualité... Il s'agit pour lui d'attirer et de conserver l'attention à 100 %, de forcer la concentration d'une génération adepte du zapping. Et c'est vraiment du sport !

Pour rester en forme : http://www.lecafedufle.fr/2012/12/petit-guide-du-prof-indestructible-7-conseils-pour-triompher-sur-le-champ-de-bataille-fle-professeur/#

Savoir être positif et le rester

Comme en témoignent de nombreux collègues, le plaisir au travail est souvent dans les « toutes petites choses ». Scientifiquement, toute pensée ou toute action créatrice de joie ou de bien-être, chaque moment de rire permettent de sécréter des endorphines ayant des propriétés antalgiques. Il est donc fortement conseillé d'optimiser les situations et les pensées positives. Pour considérer en priorité les avantages d'une situation plutôt que ses inconvénients, la règle la plus élémentaire se résume en trois étapes : éviter de porter des jugements, prendre de la distance, se méfier des interprétations. Au lieu de se répéter mentalement des phrases négatives telles que : « Encore une mauvaise journée qui commence, j'ai les 4eE pendant quatre heures ce matin ! », essayer de les remplacer par des idées plus optimistes telles que : « Allez, ce matin, j'essaye une autre stratégie avec les 4eE, et cela devrait marcher. » D'une manière générale, avant d'aller en cours, on préférera penser à tous les élèves sympathiques d'une classe plutôt qu'aux deux ou trois perturbateurs.

Ce jeu de substitution qui peut paraître dérisoire, dissipe à la longue les sentiments négatifs d'inquiétude, de doute ou de peur, pour finalement tendre à l'apaisement[2].

Cultiver l'estime de soi

En plus de se les rappeler régulièrement à soi-même, les « dix commandements » de l'estime de soi peuvent prendre la forme de petites phrases très saines à afficher dans son espace de travail à domicile. Avoir une bonne estime de soi, c'est :

- S'accepter tel que l'on est ;
- Ne pas se comparer aux autres ;
- Résister aux jugements d'autrui ;
- Comprendre que les critiques des élèves s'adressent plus à la fonction qu'à la personne ;
- Se moquer du paraître ;
- Ne pas se résigner ;
- Considérer comme normal de se tromper ;
- Savoir dire non quand la situation l'exige sans culpabiliser ;
- Pour lutter contre le découragement, penser à ses succès passés ;
- Se dire que la prochaine fois sera la bonne.

Soigner ses blessures narcissiques

S'il cumulent les pressions et les blessures narcissiques reçues ces dernières années de la part de leurs ministres, de leur administration et des parents avec celles en provenance quotidienne des élèves, les profs ont de quoi être en état de grande insécurité intérieure. Pour regagner une confiance en soi perdue ou fragilisée, il ne faut pas hésiter à faire appel à des professionnels qui connaissent le monde enseignant et qui travaillent soit sur la motivation, soit sur l'échange ou l'analyse de pratiques.

Faut-il choisir l'échange ou l'analyse de pratiques ? Il existe des formations, souvent animées par un psychologue clinicien et réunissant une dizaine de personnes, ayant pour « matière première » les expériences professionnelles vécues des enseignants. Dans les groupes d'échanges de pratiques, les témoignages de profs s'en tiennent au champ professionnel et s'intéressent à la résolution de situations problème. Dans les groupes d'analyses de pratiques, les témoignages de profs peuvent faire appel au vécu personnel de l'enseignant et traitent de situations graves. Variante des groupes d'analyses

2- M. Isimat-Mirin, *Guide anti-stress de l'enseignant*, Chronique Sociale, 2006.
N. Allamand, C. Chosalland, *Enseignants dans la tourmente. Comment gérer les situations relationnelles stressantes*, Retz, 2005.

de pratiques, le « groupe Balint » donne un éclairage clinique d'orientation psychanalytique[3].

3- AIMER SON MÉTIER

Avoir du plaisir à enseigner signifie aussi donner du relief à son métier en utilisant toutes ses facettes et toutes les possibilités offertes par l'Éducation nationale.

Ouvrir sa classe à des partenaires extérieurs

Éducation sexuelle et prévention du sida, découverte de la justice ou du secourisme, éducation à la consommation et lutte contre l'obésité, pratiques artistiques dans le cadre des classes à projet d'action culturelle (PAC)... C'est le rôle de l'enseignant d'ouvrir sa classe à des intervenants spécialistes ou à une association sur des contenus profitables à un cours. Notamment parce que, sur des sujets touchant à l'intime, la famille ne sait pas toujours trouver les mots justes. Parce que l'école, lieu d'instruction, demeure une communauté de vie. Et enfin parce qu'en matière de prévention c'est le lieu où l'on peut sensibiliser à grande échelle.

Quelles sont les règles à respecter ?

– Faire intervenir un individu ou une association « en phase » avec la philosophie de l'Éducation nationale, c'est-à-dire respectant les principes de neutralité, laïcité, intérêt général, lien avec les programmes et caractère non lucratif ;

– Exercer sa vigilance en priorité sur la menace des sectes, sur les nombreuses pressions publicitaires et commerciales et sur les associations trop sujettes au prosélytisme (on peut citer l'exemple d'une association prônant le don du sang qui s'est vu refuser son agrément car l'étude de son dossier révélait l'utilisation d'arguments trop tranchés de nature à culpabiliser les élèves ne donnant pas leur sang) ;

3- Sur la motivation et l'échange de pratiques : L'association Acmee propose des formations et des accompagnements à la motivation à destination des enseignants. Elle est animée par Brigitte Prot. On peut joindre la motivatrice sur son mail : brigitte.prot@wanadoo.fr ou se rendre sur son site : http://brigitte-prot.fr/pro_enseignement.php
Sur l'analyse de pratiques et les groupe Balint : Claudine Blanchard-Laville, professeur à l'université de Paris-X-Nanterre pratique l'accompagnement clinique des enseignants dans le cadre de l'approche des groupes Balint.
Le site de Claudine Blanchard-Laville : http://claudineblanchardlaville.com/
Sur les transformations des pratiques enseignantes, un exemple québecois : acelf.ca/c/revue/pdf/EF-41-2-232_GRANGER.pdf

– Demander l'autorisation du chef d'établissement[4].

Participer à des groupes de recherche

L'inspecteur remarque en général les enseignants qui se distinguent par leur investissement dans des expériences pédagogiques, des publications d'articles dans des revues ou sur Internet. Il a besoin de ce dynamisme et peut demander à ces enseignants de participer à un groupe de recherche pour la production de rapports, l'édition de supports pédagogiques, voire la formation de formateurs. S'il est très preneur en temps, ce type de travail s'avère très enrichissant intellectuellement, et permet de mieux appréhender les rouages du système. Ces groupes de recherche sont en effet composés d'équipes pluridisciplinaires, d'enseignants venus d'horizons très différents : universités, laboratoires de recherche, centres de formation, inspection... Travailler ensemble favorise ainsi les échanges d'expérience et la comparaison des parcours. Un tel investissement donne en plus la satisfaction de faire entendre sa voix dans un environnement ressenti parfois comme très anonyme pour les plus impliqués d'entre les profs[5].

S'impliquer dans le soutien scolaire

On le sait aujourd'hui, les établissements appréciés des élèves, notamment issus de milieux populaires, sont ceux où ils sentent l'implication, l'aide et le soutien des acteurs de l'institution. Le soutien scolaire ou l'accompagnement scolaire entrent parfaitement dans ce cadre et sont une mission de service public à part entière. Même si les professeurs qui s'y investissent le font de manière bénévole. Rien de mieux en tout cas pour un enseignant qui souhaite lutter contre la difficulté scolaire. Au sein d'un dispositif de soutien scolaire, on peut plus efficacement apprendre les méthodes de travail et les prérequis qui font tant défaut aux élèves de milieux défavorisés. Dominique Glasman, professeur à l'université de Savoie, précise : « Intermédiaires entre la famille et l'école, ces espaces mettent provisoirement les jeunes à l'écart tant de leurs parents que des enseignants. Dans ces espaces, pourtant fréquentés en raison même de l'enjeu scolaire, ils peuvent se sentir pour un temps à l'abri de l'impatience parentale à la réussite, et à l'abri de

4- Pour le Guide sur le parcours d'éducation artistique et culturelle : http://cache.media.education.gouv.fr/file/12_Decembre/43/1/Guide-parcours-EAC_288431.pdf

5- Quelques grands organismes de recherche s'intéressant à l'éducation : http://ife.ens-lyon.fr/ife/partenariat/presentation

la sanction scolaire. Il leur est possible, là, de ne pas savoir, d'hésiter, de se reprendre, de recommencer, sans que leur soit continuellement asséné le verdict scolaire, sans que tombe sur eux l'impatience ou le désespoir parental. » Voilà pourquoi un enseignant a tout intérêt à intervenir dans ces lieux d'apprentissage scolaire : on peut y expérimenter d'autres approches pédagogiques, on y tisse des liens privilégiés avec ses élèves, on contribue à un meilleur climat dans l'établissement, on remplit à plein sa mission de service public. Ces espaces de soutien et/ou d'accompagnement représentent un des enjeux politiques des années à venir au sein de l'enseignement public : les acteurs du secteur privé ont déjà investi cet espace, creusant ainsi encore plus les écarts d'une école à deux vitesses[6].

! Un service original : l'Assistance scolaire personnalisée de la Maif
Dans le domaine du soutien, la Maif a mis au point un service unique et gratuit à la disposition des enseignants sociétaires pour les aider à venir en aide à leurs élèves en difficulté : l'assistance scolaire personnalisée (ASP). Ce service ne se substitue pas à l'enseignant, il ne cherche pas à rivaliser avec le principe du cours particulier, il intervient en complément du cours de l'enseignant et sur ses recommandations. Le logiciel de l'ASP consultable sur le site de la Maif, a mémorisé l'ensemble des manuels scolaires disponibles en France dans toutes les disciplines et à tous les niveaux scolaires. L'enseignant qui a inscrit ses deux ou trois élèves en difficulté à ce service peut donc leur demander de travailler à la maison, à l'aide de l'ordinateur, sur un exercice fait en classe, ou de chercher une explication sur un point particulier mal compris en cours. Pour cela, l'élève dispose sur le site : d'explications sur tous les exercices de tous les manuels scolaires ; d'une banque de fiches multimédia portant sur chaque notion clé du programme dans chacune des matières étudiées. Ces fiches sont accompagnées de commentaires sonores d'un professeur et de véritables clips pédagogiques ; d'une série de tests interactifs permettant de vérifier ses connaissances[7].

Créer son site, son blog et/ou écrire des articles en ligne

Wikipédia, la « référence » des élèves, est de plus en plus contesté dans le milieu scolaire à cause de sa fiabilité incertaine et surtout de l'absence de validation institutionnelle. On peut, comme de plus en plus de collègues, créer son blog, soit

6- hce.education.fr/gallery_files/site/21/100.pdf

7- Sur l'ASP : se connecter au site maif.fr puis cliquer dans « Espace enseignants », puis dans la fenêtre « assister vos élèves ».

centré sur sa discipline, soit sur un centre d'intérêt plus large. Il existe désormais des sites d'aide à la création de contenus sur Internet sous forme de blogs, sites, banques d'images, cahiers de texte, etc. On peut notamment consulter avec utilité : http://lewebpedagogique.com/ouvrir-un-blog-pedagogique/ »

On peut également participer à l'édition de manuels scolaires, à d'autres médias pédagogiques en ligne ou à des forums de profs en ligne.

4- DEVENIR UN NOUVEAU HUSSARD DE LA RÉPUBLIQUE

Se sentir investi d'une mission

Il faudrait peut-être un Péguy moderne pour décrire les nouveaux hussards de la République que sont devenus certains professeurs. Ils ne comptent pas leurs heures supplémentaires... bénévoles. Ils procèdent par tâtonnements successifs pour trouver la méthode pédagogique la mieux adaptée à chaque classe. Ils montent sans cesse des projets innovants dans leur établissement. Ils suivent des formations pointues pour enrichir leur pratique. Ils croient à la promotion sociale par l'école. Et cherchent comment fabriquer une école juste dans une société injuste. Comment transmettre les valeurs humanistes dans une société dominée par les valeurs de l'argent ? Bref, ces enseignants engagés ne baissent jamais les bras. À l'image d'Alain Jeannaux, professeur de physique au lycée Charlie-Chaplin de Décines-Charpieu, qui déborde d'énergie et se comporte avec ses élèves un peu comme avec les joueurs de l'équipe de basket qu'il entraîne : « La terminale Sciences et technologies industrielles pâtit souvent d'une mauvaise image, alors que ce sont des gamins tout à fait capables. Je veux qu'ils sachent qu'ils sont super. Quand ils réussissent, ça me donne la chair de poule. » Ou encore sur le modèle de Cécile Vigneron, professeur de sport au lycée Robert-Doisneau de Vaulx-en-Velin qui invente des règles farfelues comme se ranger selon la taille ou la couleur des chaussures pour montrer à ses élèves que « la société prescrit des critères de classement contestables, où il y a toujours un exclu ». Ou bien à la manière d'un Xavier de Glowczewski, professeur d'histoire-géographie au lycée Faidherbe de Lille qui exige vouvoiement, levée des élèves en début de cours et leçon faite sur l'estrade. Une méthode qui fait dire à un de ses élèves : « Ce prof est unique. Il ne fait pas de cadeau, il nous met face à nos ignorances. Mais, avec lui, on se rend compte que la culture, ça rend heureux ! » Les nouveaux hussards savent donner l'image d'un adulte auquel on voudrait s'identifier[8].

Le cas des enseignants français ayant une autre culture

Ils envisagent, en grande majorité, d'exercer leur métier en Rep, en grands ensembles, ou dans les quartiers « moyens » et sont, de fait, affectés dans ces zones. Ils sont par exemple surreprésentés en Seine-Saint-Denis. Les jeunes profs français issus de l'immigration connaissent les préjugés existant dans la société française, au sein des familles et dans la communauté enseignante, et préfèrent s'investir en direction de jeunes qui leur ressemblent et qu'ils connaissent. C'est pourquoi, plus encore que les autres, à l'image des instituteurs du XIXe siècle, ils s'apparentent aux nouveaux hussards « noirs » de la République. Jean-Louis Auduc, directeur-adjoint de l'IUFM de l'académie de Créteil, signalait déjà, il y a plus de dix ans, une augmentation constante du nombre de stagiaires « issus de l'immigration » reçus au concours des professeurs du primaire. En 2006, ils représentaient 13 % des nouveaux effectifs pour la Seine-Saint-Denis, le Val-de-Marne et la Seine-et-Marne réunis. Ces jeunes profs, qui sont des femmes pour 80 %, ont bénéficié d'un fort soutien du milieu familial et se sont beaucoup impliqués dans les activités socio-éducatives (animateur de centre aéré, d'association sportive ou culturelle, surveillant ou aide-éducateur) qui les ont mis en contact avec le milieu éducatif, éveillant ainsi leur vocation.

Ces enseignants issus de l'immigration adoptent souvent de bonnes pratiques :

Ils s'attendent en général à des questions des élèves dès le premier cours : « Êtes-vous arabe ? », « Êtes-vous pratiquant ? », etc. Ils ne nient pas la réalité de leur différence, assument leurs racines, et ne se dérobent pas à leur appartenance multiculturelle afin de la situer à sa juste place : en tant que Français issus de l'immigration. Ils l'utilisent comme une richesse. Mais ils savent aussi taire ce qui appartient à leur vie privée : par exemple les enseignants qui observent le ramadan ne le font de préférence pas savoir en classe.

Ils n'hésitent pas à adhérer fortement aux valeurs universalistes d'égalité : refuser les exceptions au règlement scolaire, ne pas porter d'attention spécifique aux élèves selon leurs origines

8- Exemples extraits de « Qu'est-ce qu'un bon prof ? », *Le Nouvel Observateur*, n° 2213 du 5 au 11 avril 2007 et de « Des profs formidables », *L'Express*, n° 2811, du 16/05/05.

et agir pour maintenir la religion hors de l'école. En toutes circonstances, ils se considèrent très bien placés pour donner des conseils avisés tels que confirmer à une élève de confession musulmane qu'elle peut se rendre à la piscine durant le ramadan, aider un collègue à faire la distinction entre arabe et berbère, bambara et toucouleur… (Lire Annexe en page 296)

Ils assument leur implication volontariste auprès des jeunes de milieux populaires dont ils se sentent proches : ils ont sans doute connu les mêmes conditions sociales et ont été scolarisés en Zep. Impossible d'être « piégé » par les élèves sur ce contexte. Ils peuvent donc travailler dans de bonnes conditions et favoriser des succès. Leur propre réussite professionnelle est porteuse d'exemplarité.

L'autorité nécessaire peut se révéler difficile à affirmer s'ils se montrent trop proches. Ils savent refuser le nivellement par le bas dont les élèves se rendent victimes eux-mêmes quand ils traitent un bon élève de « bouffon », quand ils ne font aucun effort, quand ils utilisent la langue de la cité dans la classe. Ils n'hésitent pas dans ce cas à les stopper net par des répliques qui leur parlent : « Arrête de faire ta racaille ! Oublie ta cité », comme le lance cette jeune prof[9].

Ils font connaître aux adultes, à chaque fois que l'occasion se présente, leur sensibilité à la question des discriminations au sein de l'établissement. Ils aident progressivement les autres enseignants à prendre conscience de la lenteur de l'institution scolaire face à la mise en place d'une meilleure représentation de la diversité culturelle. Et se préparent à être soumis à de solides réticences et concurrences de la part de certains collègues. Ils essayent de trouver le ton juste pour échanger avec les autres sur un sujet difficile qui soulève souvent agressivité, procès d'intention et discours radicaux.

Ils tentent de ne pas rester cantonnés à leur quartier d'origine. Un enseignant doit pouvoir professer sur l'ensemble du territoire et enrichir sa pratique de toutes ces situations nouvelles ainsi découvertes grâce au jeu des mutations.

9- M.-J. Gros, « Profs de nouvelle génération », *Libération* du 05/11/04.

5- AIDER SES ÉLÈVES À DÉCRYPTER LA COMPLEXITÉ DU MONDE

Voir briller la petite étincelle de la compréhension dans les yeux d'un élève représente sans doute une des plus belles satisfactions du métier. À l'unanimité, les enseignants considèrent avoir rempli leur rôle quand les élèves ont compris le cours. Mieux encore, quand ils l'ont intégré au point de se l'approprier. À ce moment-là, ils ont franchi une étape dans la compréhension du monde complexe dans lequel ils vivent. L'enseignant s'est vraiment rendu utile.

Savoir répondre aux questions les plus délicates

En cours, il y a des moments où il est difficile de répondre à certaines questions d'élèves. Il arrive même que l'enseignant ne connaisse tout simplement pas la réponse. Loin d'être embarrassants, ces deux moments recèlent de véritables trésors pédagogiques :

– ils montrent aux élèves que le prof n'a pas la science infuse et donc que le savoir est en perpétuelle évolution ;

– ils permettent au prof de consacrer, en fin de mois ou en fin de trimestre, une séance entière à différentes questions difficiles et ainsi à problématiser certaines parties de cours (en ayant pris soin de les noter sur un carnet à part) ;

– ils donnent l'occasion au prof de répondre d'une autre manière à une question qui détourne le sens du cours. Il peut notamment choisir d'exprimer ce savoir complexe demandé par l'élève sous forme de représentation graphique, au lieu de l'oral, de l'écrit ou d'un document. Il existe même aujourd'hui des logiciels d'édition graphique sophistiqués capables de créer, avec facilité pour l'enseignant et devant les élèves, des graphes représentant les divers types de connaissances[10].

Permettre aux élèves de développer leur esprit critique face aux médias

Il est essentiel pour l'enseignant de créer pour les élèves un cadre naturel d'apprentissage critique. Un cadre dans lequel ils devront faire face à des problèmes déconcertants, réviser leurs hypothèses, reconsidérer leur perception mentale de la réalité. Les élèves sont abreuvés d'informations et saturés d'images. Depuis les petites dérives journalistiques et sémantiques au quotidien (français), en passant par le « temps de cerveau

---

10- Le blog de Diane Mercier, une spécialiste québécoise des représentations graphiques de connaissances » : http://dianemercier.quebec/

humain disponible » (philosophie), l'information marchandise (économie), les statistiques tronquées du chômage (mathématiques), jusqu'à la fabrication de notre opinion (sciences), il n'est pas un événement de l'actualité médiatique qui ne puisse être « récupéré » par les enseignants pour en faire un sujet de cours. Quelle que soit sa discipline, on peut trouver plusieurs avantages à travailler sur l'information :

– Les élèves sont en général très concernés par l'actualité, ce qui garantit une importante motivation au cours ;

Cinq principes pour affronter le monde selon Edgar Morin

Le philosophe et sociologue Edgar Morin met en avant les cinq principes qui devraient selon lui réformer le système éducatif et guider les enseignants de demain quelle que soit leur discipline.

Premier principe : « Mieux vaut une tête bien faite qu'une tête bien pleine ». Ce principe nous vient de Montaigne et donne la préférence « à une tête qui sait organiser la connaissance » plutôt qu'à une tête qui l'accumule ;

Deuxième principe : « Je vais lui enseigner la condition humaine » (Rousseau, *Émile*). Faire converger les différentes connaissances scientifiques, humanistes, artistiques pour éclairer la condition humaine » ;

Troisième principe : « Il faut lui apprendre à vivre » (Rousseau, *Émile*). « Les arts, la poésie, le roman sont de merveilleuses écoles de la vie » ;

Quatrième principe : « Apprendre à être citoyen, ce qui entre autre doit passer par la connaissance de l'Histoire, de la philosophie politique ou des sciences juridiques ». Ces connaissances devraient permettre aux élèves de se construire une représentation concernant « l'histoire de l'humanité où l'on découvre d'autres identités collectives, d'autres points de vue » ;

Cinquième principe : « Apprendre à affronter l'incertitude. Aujourd'hui, nous ne pouvons pas dire si le progrès continuera, nous sommes confrontés à l'incertitude et cela doit être une des finalités de l'éducation que de préparer les individus à s'attendre à l'inattendu. C'est peut-être ce principe qui manque le plus à notre enseignement », selon Edgar Morin[1].

1- D'après M. Fournier, J.-C. Ruano-Borbalan, « Affronter l'incertitude. Entretien avec E. Morin », *Sciences Humaines*, Hors-Série n° 24, mars/avril 1999. E.Morin, *Les Sept Savoirs nécessaires à l'éducation du futur*, Seuil, 2000.

– L'enseignant montre son intérêt pour les « affaires du monde » et se rapproche de l'univers de ses élèves ;
– En posant des questions clés : Les médias suscitent-ils des comportements violents ? Conditionnent-ils notre niveau d'anxiété ? Influencent-ils notre vie quotidienne ? Disent-ils la vérité ? En leur montrant les manipulations possibles de l'image photographique ou télévisuelle et ses conséquences sur les idées et les comportements, on fait comprendre un phénomène aux élèves, mais on les fait surtout avancer dans leur vie.
Pour trouver des sites de références alternatifs et critiques des mainstream médias :
http://rezo.net/sources

Pénombre
Sur l'utilisation détournée des chiffres, nombres et autres statistiques dans les médias, le site de l'association Pénombre fait par un collectif d'enseignants du second degré, d'universitaires et de chercheurs, espace de réflexion et d'échange, est très utile pour toutes les disciplines : penombre.org

Réagir face aux théories du complot

Par son attachement à la connaissance et aux vérités scientifiques, l'école ne peut éluder le phénomène, allant croissant chez les élèves, d'adhésion aux théories du complot. A la croisée de l'enseignement de l'histoire, de l'instruction civique, de l'éducation aux médias et de la transmission des valeurs de la République, tous les enseignants sont confrontés dans leurs classes à cette pensée et ces réflexions conspirationnistes.

Pour un document complet pour réagir aux théories du complot : http://cache.media.education.gouv.fr/file/02_-_fevrier/58/0/DP_theories_complot_web_535580.pdf

Pour un outil de travail audiovisuel consistant à piéger les complotistes :
http://cache.media.education.gouv.fr/file/02_-_fevrier/59/4/Dossier_Conspi_Hunter_-_Comment_nous_avons_piege_les_complotistes_535594.pdf

6- TRAVAILLER EN ÉQUIPE

Les compétences requises pour le travail en équipe

Le travail en équipe représente un formidable levier pour un enseignant. Si chacun tient, à juste titre, à sa liberté pédagogique, il ne doit pas avoir peur de travailler avec d'autres professeurs. Car la formule ne porte jamais atteinte à son indépendance. Groupe de profs autour d'une classe dirigé par le professeur principal, groupe de profs d'une même discipline, ou groupe constitué autour d'un projet, il est toujours souhaitable d'apprendre à travailler ensemble sans renoncer à ses prérogatives. L'esprit d'équipe sous-entend bien sûr quelques réflexes de base :

- une attention portée aux fonctionnements démocratiques ;
- une capacité à faire des compromis ;
- une aptitude à déléguer sa responsabilité ;
- accepter d'être dirigé par un coordinateur ;
- accepter de devenir éventuellement le coordinateur en cas de projet pédagogique ponctuel, et d'en assumer les fonctions (gestion du calendrier des réunions, prise en charge de la circulation de l'information, rappel des objectifs, etc.).

Mais, comme le souligne le sociologue de l'université de Genève, Philippe Perrenoud : « Savoir travailler en équipe, c'est aussi, paradoxalement, savoir ne pas travailler en équipe lorsque le jeu n'en vaut pas la chandelle. La coopération est un moyen qui doit présenter plus d'avantages que d'inconvénients. Il ne faut pas s'y accrocher si, par exemple, le temps de concertation et l'énergie psychique requis pour atteindre un consensus sont disproportionnés en regard des bénéfices attendus[11]. »

Les bienfaits de l'interdisciplinarité

Les dispositifs. Il existe quatre dispositifs faisant appel à un travail commun entre plusieurs disciplines. Au collège, il s'agit des Itinéraires de découverte (IDD). Au lycée, il s'agit des Travaux personnels encadrés (TPE) et de l'éducation civique, juridique et sociale (ECJS). Au lycée professionnel, il s'agit des Projets pluridisciplinaires à caractère professionnel (PPCP). Les sorties et voyages pédagogiques associent aussi souvent plusieurs disciplines.

Les fonctions. Permettre aux élèves de prendre la mesure de la complexité d'un problème en leur montrant la multitude des

11- P. Perrenoud, *Dix nouvelles compétences pour enseigner*, ESF, 1999.

approches possibles et donc des différentes disciplines concernées pour le résoudre ; leur montrer qu'ils ont souvent résolu auparavant dans une autre discipline un problème équivalent ; construire des ponts entre les disciplines à travers ce qu'elles ont en commun : aspects du programme, compétences transversales, modes de raisonnement, etc. ; faire comprendre qu'il n'existe pas de vérité absolue mais des fragments de connaissance que chaque discipline contribue à assembler.

Le point à surveiller. Le seul risque pour une équipe pluridisciplinaire consiste en une forme d'instrumentalisation d'une discipline sur les autres, liée parfois simplement au leadership d'un prof ou au manque de préparation du projet. Dans ce cas, on ne peut plus parler ni de vision ni de compétences transversales. L'interdisciplinarité est tronquée. Il faut donc dès le départ mettre en place un projet qui équilibre la place accordée à chacune des disciplines.

L'avenir. Avec le pédagogue Philippe Meirieu, on peut s'interroger sur l'articulation des champs disciplinaires dans un avenir proche : « Ne faut-il pas donner une place beaucoup plus grande à la technologie en y intégrant une partie des programmes de physique et de mathématiques ? Ne faut-il pas penser une configuration disciplinaire nouvelle autour de l'éducation à la santé, à l'environnement et au développement durable, en mettant en cohérence la biologie, la géographie et l'économie ? Ne faut-il pas relier très fortement le français et l'histoire pour pallier ce manque de repères culturels que beaucoup dénoncent[12] ? »

À quoi sert la mutualisation ?

Le travail en équipe s'effectue dans l'établissement, mais il peut aussi prendre une forme plus virtuelle par la mutualisation de ressources sur des sites Internet d'enseignants. Chaque enseignant peut en effet intervenir sur un site dédié en général à une discipline, en son nom propre ou au nom d'une équipe de profs, pour publier des documents qu'il a produits ou adaptés. La philosophie de la mutualisation renvoie à une communauté d'utilisateurs qui alimentent un site dans lequel chacun pioche gratuitement selon ses besoins pour exploiter pédagogiquement ces contenus à l'échelle de sa classe. Les animateurs du site sont la plupart du temps bénévoles et travaillent à plein

12- M. Fournier, Entretien avec Philippe Meirieu, « Modifier le rapport au savoir », *Sciences Humaines*, Hors Série spécial n° 5, octobre/novembre 2006.

temps dans leur établissement. Quels sont les avantages non négligeables de la mutualisation ? :

L'enseignant y trouve une diversité d'informations qu'il ne trouverait pas rassemblées ailleurs (cours, séquences, travaux de toutes sortes, annuaires des autres sites disciplinaires, annuaires des sites d'autres profs et de spécialistes, groupes de travail sur un sujet précis, listes de diffusion, audioconférences, logiciels et tutoriels pour fabriquer ses propres cours, etc.) ;

Venu chercher tel type d'information, l'enseignant est à même de découvrir bien d'autres façons de voir le métier et bien d'autres méthodes pédagogiques que celle qu'il a l'habitude de pratiquer ;

À côté des illustrations de pratiques professionnelles déjà irremplaçables parce que reflet direct du terrain, l'enseignant peut aussi y trouver le retour des interrogations, des doutes et parfois des impasses dans lesquels sont plongés les confrères.

La qualité des contenus de ces sites associatifs de profs est en quelque sorte validée deux fois. Une première fois par les comités internes de ces sites composés de profs chargés de vérifier le contenu et de le valider notamment selon sa qualité éditoriale. Une seconde fois par les internautes eux-mêmes qui par leur fréquentation du site lui décernent un label d'excellence.

Sur les sites de mutualisation d'enseignants

école

- Pour les classes maternelles : ageem.fr
- cartables.net/index1024.html

collège / lycée

- en histoire-géographie : http://www.clionautes.org/index.php aphg.fr
- en lettres : weblettres.net afef.org/blog/
- en philosophie : http://www.appep.net/
- en langues modernes : aplv-languesmodernes.org http://www.cyber-langues.fr/
- en langues anciennes : http://www.cnarela.fr/
- en économie : apses.org http://www.apeg.info/
- en mathématiques : http://www.apmep.fr/
- en SVT : apbg.org
- en physique : udppc.asso.fr/national
- en technologie : aeat.fr assetec.net
- en éducation physique et sportive : site.aeeps.org pepsteam.com
- en éducation musicale : http://apemu.fr/

Les documents de sites associatifs sont souvent protégés par un mot de passe, afin de les rendre inaccessibles aux élèves

7- CONNAÎTRE LA VALEUR ET L'HISTOIRE DE SON MÉTIER

Savoir répondre à la « nostalgie des origines »

Le plaisir d'enseigner, n'est-ce pas aussi celui de pouvoir expliquer la différence entre l'enseignement d'aujourd'hui et celui d'hier ? Les enseignants passent la plupart de leur temps professionnel à répondre à des questions. Mais si les questions des élèves portent sur la discipline enseignée, les questions des parents, grands-parents et plus généralement des personnes extérieures à l'école, portent sur le système et le métier. Ces questions prennent souvent la forme d'affirmations définitives et elles véhiculent une certaine nostalgie des origines : celle de l'école des années 1950. « De mon temps, on filait droit, l'école marchait bien mieux ! », « À mon époque, au moins on apprenait à lire ! ». Or, comme l'explique l'essayiste Hervé Hamon : « des chercheurs ont demandé à des Français qui avaient été élevés dans les années 1950 de parler de leur copie de seconde. À les écouter, ils ne faisaient pas de fautes, savaient ordonner leurs idées... La confrontation de leurs souvenirs avec leurs copies s'est avérée violente ! » Connaître quelques éléments de l'histoire du système éducatif, c'est donc faire tomber les idées reçues sur l'école et contribuer à la défense de son métier.

Le mirage de l'âge d'or de l'école républicaine

Rappel de quelques évidences historiques pour faire tomber les idées reçues de certains interlocuteurs :

Avant la Seconde Guerre mondiale, l'objectif de l'école consistait à hisser, péniblement, 50 % d'une classe d'âge au niveau du certificat d'études. Aujourd'hui, il s'agit de ne laisser aucun élève sans diplôme ;

Dans les années 1950, le niveau général de l'école était faible (le nombre de bacheliers ne dépassait pas les 60 000, aujourd'hui il est de plus de 617 900 soit un taux de réussite au baccalauréat de 87,8% et une proportion de 77,2% de bacheliers dans une génération). En plein *baby-boom*, le recrutement des enseignants était souvent improvisé, et dans le primaire en particulier on dénombrait beaucoup de contractuels titulaires d'un faible bagage universitaire. Aujourd'hui, les enseignants sont recrutés à bac + 5 ;

Dans les années 1960, 350 000 jeunes quittaient chaque année le système éducatif sans diplôme ni qualification. Aujourd'hui, ce chiffre est passé à environ 140 000, même si c'est encore beaucoup trop. Comme le précise Hervé Hamon, « elle était assurément tenue, cette école d'antan. Les classes dangereuses en étaient promptement écartées, les moutons noirs sortaient vite du circuit. La nostalgie de cette période est la nostalgie d'une école homogène où une élite enfermée dans un monastère studieux profitait de soins dont les autres étaient exclus[13]. » En matière de niveau, les études montrent que les élèves sont meilleurs qu'il y a cinquante ans.

Quelques chiffres pour garder en mémoire les progrès accomplis

Pour répondre aux arguments des détracteurs de l'Éducation nationale, il faut connaître le saut qualitatif apporté à l'éducation par les générations de professeurs précédentes :

Le système éducatif français s'est fortement développé entre 1960 et 1990.
La scolarisation en maternelle a vivement progressé pour atteindre quasi 100 % à l'âge de trois ans.
L'accès à l'enseignement secondaire s'est généralisé aux cours des années 1960 et 1970; la quasi-totalité des générations parvient aujourd'hui au terme du collège.
En 2012, 78 % d'une génération de filles et 70 % d'une génération de garçons possèdent le baccalauréat, et filles et garçons confondus: 75,7% accèdent au niveau du baccalauréat, 77 % sont bacheliers, 42 % obtiennent un diplôme de l'enseignement supérieur.
En l'espace d'une décennie, les chances de devenir étudiant ont plus que doublé, et elles ont triplé pour les enfants d'ouvriers dont le handicap relatif tend à diminuer ; la proportion de diplômés du supérieur a plus que doublé parmi les jeunes générations avec 38 % parmi les 25-34 ans contre 14 % parmi les 55-64 ans.

Sources : « L'état de l'École. De la maternelle à l'enseignement supérieur. 30 indicateurs sur le système éducatif français », DEPP/MENESR, n° 16, octobre 2006.
Données sociales. La société française. Édition 2006, Insee, 2006.
V. Troger (coord.), *Une histoire de l'éducation et de la formation*, éd. Sciences Humaines, 2006.

Le fantasme simpliste du « déclin » de l'orthographe

Les travaux de Danièle Manesse, professeur de sciences du langage à la Sorbonne nouvelle, ont montré que l'on peut parler d'une sorte d'apogée de la maîtrise orthographique par les générations des années 1930. La baisse régulière de la maîtrise depuis cette époque pouvant être imputée à plusieurs facteurs : elle n'est plus une discipline reine mais secondaire, les programmes sont trop exigeants pour les enseignants de fran-

13- H. Hamon, *Tant qu'il y aura des élèves*, Seuil, 2004.

çais en collège, la société de l'image a remplacé la société de l'écrit, une mauvaise articulation entre programmes de l'école et du collège, etc. La chercheuse confirme que pour remédier à ces problèmes orthographiques, il faut à la fois comprendre comment la langue fonctionne, mais il faut aussi consacrer des moments spécifiques à l'enseignement de l'orthographe et de la grammaire. « Il faut des moments de solfège et de gammes », explique-t-elle. Jean-Pierre Jaffré, linguiste au CNRS, déplace le curseur de l'analyse : « L'idée selon laquelle il existerait un déclin orthographique, les hommes d'aujourd'hui étant des usagers plus médiocres de l'orthographe, me semble très exagérée... Difficile en effet de comparer des situations scolaires éloignées dans le temps et qui appartiennent à des sociétés dans lesquelles la demande orthographique, et toutes les représentations qui vont avec, a changé. À mon avis, c'est là une des causes majeures du déclin indiqué par les chiffre ». Même s'il reste important de pouvoir maîtriser l'orthographe officielle, Jean-Pierre Jaffré considère que nous avons moins affaire à un déclin orthographique qu'à une mutation orthographique s'autorisant la variation selon le but et le statut social du texte concerné. À l'avenir, il nous faudra peut-être apprendre à raisonner et réagir avec des orthographes multiples pour des situations de communication différentes.

8- L'ENSEIGNANT VU PAR LES ÉCRIVAINS

Lettre d'Albert Camus à son instituteur Louis Germain, lue lors de la réception du prix Nobel (19 novembre 1957)

« Cher Monsieur Germain,

J'ai laissé s'éteindre un peu le bruit qui m'a entouré tous ces jours-ci avant de venir vous parler de tout mon cœur. On vient de me faire un bien trop grand honneur, que je n'ai ni recherché ni sollicité. Mais quand j'ai appris la nouvelle, ma première pensée, après ma mère, a été pour vous. Sans vous, sans cette main affectueuse que vous avez tendue au petit enfant pauvre que j'étais, sans votre enseignement, et votre exemple, rien de tout cela ne me serait arrivé. Je ne me fais pas un monde de cette sorte d'honneur. Mais celui-là est du moins une occasion pour vous dire ce que vous avez été, et êtes toujours pour moi, et pour vous assurer que vos efforts, votre travail et le cœur généreux que vous y mettiez sont toujours vivants chez un de vos petits écoliers qui, malgré l'âge, n'a pas cessé d'être votre reconnaissant élève. Je vous embrasse de toutes mes forces. »

Reconnaissance envers les maîtres

Correspondance de Voltaire, 1746

« J'ai été élevé pendant sept ans chez des hommes qui se donnent des peines gratuites et infatigables à former les esprits et les mœurs de la jeunesse. Depuis quand veut-on que l'on soit sans reconnaissance pour ses maîtres ?
Rien n'effacera dans mon cœur la mémoire du Père Porée qui est également cher à tous ceux qui ont étudié sous lui. Jamais homme ne rendit les études et la vertu plus aimables. Les heures de ses leçons étaient pour nous des heures délicieuses et j'aurais voulu qu'il eût été établi dans Paris comme dans Athènes, qu'on pût assister à tout âge à de telles leçons : je serais souvent revenu les entendre. J'ai eu le bonheur d'être formé par plus d'un jésuite du caractère du Père Porée et je sais qu'il a des successeurs dignes de lui (...). Assurez-les de mon attachement inviolable pour eux, je le leur dois, ils m'ont élevé, c'est être un monstre que de ne pas reconnaître ceux qui ont cultivé notre âme. »

« L'amour » du maître Clanricard pour ses élèves

Les Hommes de bonne volonté de Jules Romains, 1932

« Clanricard regarde sa classe. Il la renifle aussi. Cinquante-quatre enfants du peuple font une odeur, qui n'est pas l'odeur chaleureuse et presque gaie de l'étable, qui est plutôt le fumet d'une ménagerie de petites bêtes tristes, surettes, musquées. L'air ne se renouvelle que par deux vasistas haut placés. Ce matin-ci est déjà trop vif pour qu'on ouvre les fenêtres toutes grandes. Aucun de ces pauvres gosses ne se plaindrait peut-être. Mais on en verrait qui pâliraient un peu plus. Ils sont déjà bien assez pâles. D'autres ramèneraient leurs genoux nus sous leur tablier. Cet autre, au premier banc, qui a de si beaux yeux bleus, et si graves, se tournerait vers la fenêtre, et avec une toux légère qui serre le cœur, regarderait le dehors, non pour se plaindre d'être exposé au froid, mais comme pour s'excuser d'être faible et frileux. Clanricard se demande, avec angoisse, s'il aime son métier. En tout cas, il aime ces enfants. Pourquoi les aime-t-il ? Parce que beaucoup sont malheureux. Parce qu'ils l'aiment, eux aussi. Parce que, sans être meilleurs que les hommes, ils ne sont pas encore incurables. Et leur monde, le monde des enfants, n'est pas condamné (...). Clanricard est sûr, s'il s'en donne la peine, de faire comprendre à sa classe n'importe quoi – n'importe quoi d'essentiel. Il possède sa classe à tout moment ; et même déjà celle-ci, qu'il ne manie que depuis cinq jours. Il est capable d'en suivre les réactions les plus fugitives, sans aucun retard, et de se régler là-dessus. Si Clanricard pense une chose pour sa classe, pour qu'elle passe dans sa classe, et s'installe immédiatement dans la cinquantaine de petites têtes ébouriffées, il n'a qu'à vouloir, et aussitôt il lui vient des mots, un ton de voix, un tour de phrases tels que personne ne bronche plus, et que la classe, visiblement, pense cette chose qu'il veut. »

La liberté de pensée de l'enseignant

Jean Barois de Roger Martin du Gard, 1913

« Voici la quatrième année que je suis chargé par vous d'enseigner les sciences naturelles à des jeunes gens de dix-sept et de dix-huit ans. Je n'ai pas voulu me contenter d'un cours uniquement pratique, car il y a, pour le maître, une obligation supérieure à celle de préparer strictement les matières d'un examen : c'est de porter à un degré plus élevé l'éducation générale de ses élèves, et de donner des motifs d'exaltation à leurs personnalités naissantes (...). Votre blâme m'a donné l'occasion d'apercevoir que, en matière d'enseignement scientifique, un homme sincère ne peut s'engager à professer selon certaines règles convenues. Un jour ou l'autre, en effet, il est amené à conclure ; et, ce jour-là, toute sa vie intellectuelle tend à s'exprimer : s'il a quelque dignité, comment apporterait-il à ceux qui l'écoutent, autre chose que le résultat de ses propres réflexions, de sa propre expérience ? »

La passion du savoir communiquée par l'enseignant

Souvenirs d'Ernest Lavisse, 1912

« M. Delettre, régent de cinquième, rural et chasseur, nous parlait de son village et de ses chasses. Membre de la Société d'Histoire de France, il nous racontait quelquefois des anecdotes tirées de vieilles chroniques qu'il venait de lire. Il aimait le grec avec passion. Nous fîmes de grands progrès dans l'étude de cette langue, que nous avions commencée l'année d'avant. M. Delettre nous expliquait un chapitre de l'*Anabase* de Xénophon, et nous faisait répéter son explication sans s'arrêter aux difficultés grammaticales. Sa passion sincère, il me la communiqua ; ce que voyant, il prit de moi un soin particulier. À la fin de l'année, il me dicta une version tirée des Annales du Concours général ; après lecture de ma copie, il me déclara que, si j'allais jamais dans un lycée de Paris, j'aurais certainement des prix de grec au Concours ; il fut ce jour-là bon prophète. »

La joie de faire ce métier

Le Plaisir d'enseigner de Bernard Defrance (Quai Voltaire, 2006)

« Je ne suis pas encore une seule fois entré en classe sans éprouver simultanément peur et joie, trac et excitation (...). Le plaisir, oui. Profond. Intellectuel bien sûr, et aussi, vraiment, corporel. Et la peur... Une peur que j'aime bien. Se trouvera-t-il un jour quelqu'un pour conseiller aux jeunes débutants d'apprendre à aimer leur peur ? D'accepter de ne pas vouloir s'en défendre ? Pas seulement la colère, donc. En ce qui me concerne, quand j'éprouve quelques plaisirs, il se trouve que j'ai envie de les partager : je suppose que c'est une attitude assez répandue (...). Cela fait vingt ans que j'enseigne. Vingt-six ans que je suis dans l'Éducation nationale, ayant été, pendant mes études, maître d'internat. Je n'ai jamais quitté l'école, et j'en suis toujours plus heureux : j'ai l'intention de continuer. »

La confiance du maître en la capacité de l'élève

Le Maître ignorant de Jacques Rancière, 1987 (Fayard, 2004) :

« Cette expérience pédagogique ouvrait ainsi sur une rupture avec la logique de toutes les pédagogies. La pratique des pédagogues s'appuie sur l'opposition de la science et de l'ignorance. Ils se distinguent par les moyens choisis pour rendre savant l'ignorant : méthodes dures ou douces, traditionnelles ou modernes, passives ou actives, dont on peut comparer le rendement. De ce point de vue, on pourrait, en première approche, comparer la rapidité des élèves de Jacotot avec la lenteur des méthodes traditionnelles. Mais en réalité, il n'y avait rien à comparer. La confrontation des méthodes suppose l'accord minimal sur les fins de l'acte pédagogique : transmettre les connaissances du maître à l'élève. Or Jacotot n'avait rien transmis. Il n'avait fait usage d'aucune méthode. La méthode était purement celle de l'élève. »

BIBLIOGRAPHIE

Aimer son métier

- F. Bégaudeau, *Entre les murs*, Verticales, Gallimard, 2006.
- L. Cédelle, *Un plaisir de collège*, Seuil, 2008.
- F. de Closets, *Le Bonheur d'apprendre*, Seuil, 1996.
- D. Deconinck, *Le Bonheur à l'école. Journal d'une instit*, Iconoclaste, 2013.
- C. Desmurger, *Des plumes et du goudron*, Fayard, 2013.
- J.-Y. Langanay, C. Rebaud, *L'Établissement scolaire : un jeu collectif*, Hachette Éducation, 2006.
- É. Martini, *Notre école a-t-elle encore un cœur ?*, Bayard Culture, 2011.
- D. Meuret, *Pour une école qui aime le monde. Les leçons d'une comparaison France-Québec (1960-2012)*, Presses Universitaires de Rennes, 2013.
- C. Nordmann, *La Fabrique de l'impuissance 2. L'École entre domination et émancipation*, Éditions Amsterdam, 2007.
- (Coll.), *Je me souviens… de mes débuts d'enseignant. Recueil de témoignages (1947-1992)*, CRDP Créteil, 2003.
- (Coll.), *Si l'on parlait du plaisir d'enseigner l'éducation physique*, éd. Afraps, 2004.

L'estime de soi

Pour les enseignants :

- G. Duclos, *L'Estime de soi, un passeport pour la vie*, Éditions de l'Hôpital Sainte-Justine, Montréal, 2004.
- M.-J. Chalvin, *L'Estime de soi. Apprendre à s'aimer avec ou sans les autres*, Éditions d'Organisation, 2005.

Pour les élèves :

- D. Meram, D. Fontaine, G. Eyraud, A. Oelsner, *Favoriser l'estime de soi à l'école. Enjeux, démarches, outils*, Chronique Sociale, 2006.

Sur la motivation et l'échange de pratiques

- C. Blanchard-Laville, *Au risque d'enseigner*, Puf, 2013.
- C. Blanchard-Laville, *Les Enseignants entre plaisir et souffrance*, Puf, 2001.

- C. Blanchard-Laville, *Une séance de cours ordinaire*, L'Harmattan, 2003.
- F. Giust-Desprairies, *Analyser ses pratiques professionnelles en formation*, CRDP Académie de Créteil, 2005.
- F. Imbert, *L'Impossible métier de pédagogue*, ESF, 2000.
- B. Prot, *Profession : motivatrice. Réveiller le désir d'apprendre*, Noêsis, 1997.

Les enseignants issus des immigrations

- F. Charles, F. Legendre, *Les Enseignants issus des immigrations, modalités d'accès au groupe professionnel, représentations du métier et de l'école*, Sudel/Unsa-éducation, 2006.
- F. Charles, « L'enseignement, une chance de mobilité sociale pour les jeunes issus des immigrations ? », *Formation Emploi, Cereq*, n° 94, 2006.
- S. Berard, *Les Hussards « noirs » de la Ve République*, mémoire de DEA, 2002.
- M. Cros, B. Califano, *Les Nouveaux Hussards de la République*, documentaire de 52 minutes, France 5, Production Point Doc, 2006.

Aider ses élèves à décrypter la complexité du monde

- M. Gazsi, *Les Dessous de l'info*, La Martinière Jeunesse, 2005.
- L. Gervereau, *Inventer l'actualité*, La Découverte, 2004.
- P. Godard, *On ne vous dit pas tout*, La Martinière Jeunesse, 2006.
- S. Halimi, *Les Nouveaux Chiens de garde*, Liber-raisons d'agir, 2005.
- M. Lejoyeux, *Overdose d'info : guérir des névroses médiatiques*, Seuil, 2006.
- S. Tisseron, *Enfants sous influence*, Fayard, 2003.
- P. Moreira, *Les Nouvelles Censures. Dans les coulisses de la manipulation de l'information*, Robert Laffont, 2007.
- « L'actualité du monde et la classe », *Cahiers pédagogiques*, n° 434, juin 2005.

Filmographie

- *Manufacturing Consent*, de Mark Achbar et Peter Wintonick. Un documentaire/portrait sur les idées de Noam Chomsky qui montre comment les médias mondiaux fabriquent non seulement notre opinion mais aussi notre consentement.
- *Pas vu, pas pris*, de Pierre Carles. Un documentaire montrant la collusion entre pouvoir médiatique et pouvoir politico-économique.
- *Le journal commence à 20 heures*, William Karel, 1999.

L'enseignant vu par les écrivains

- D. Pennac, *Chagrin d'école*, Gallimard, 2009.
- C. Thélot, *Les Écrivains français racontent l'école. 100 textes essentiels*, Delagrave/Maisonneuve & Larose, 2001.

À PROPOS DE LA RÉFORME DU COLLÈGE

La réforme du collège, opérationnelle à la rentrée 2016-2017, concerne simultanément les programmes, les pratiques d'enseignement et l'organisation pédagogique. Elle part du constat que le collège aggrave la difficulté scolaire et renforce les inégalités sociales.

Les programmes

(lire le détail développé page 85). En plus des apprentissages disciplinaires, les collégiens acquièrent les valeurs, les repères et l'esprit critique d'une nouvelle culture numérique. Ils développent leurs connaissances et leurs compétences en algorithmique et en informatique. Ces nouveaux savoirs sont intégrés aux programmes (lire page 104, le Plan numérique pour l'éducation).

Les pratiques d'enseignement

Les équipes pédagogiques disposent d'une plus grande marge de manœuvre dans l'utilisation de la dotation correspondant aux marges heures professeurs, mais aussi pour l'organisation de l'accompagnement personnalisé et des enseignements pratiques interdisciplinaires. En donnant aux équipes une nouvelle souplesse de 20 % du temps d'enseignement (entre 4 et 5 heures par semaine), dans le respect des horaires disciplinaires. Un temps dédié à un apprentissage différent des savoirs fondamentaux, par le **travail en petits groupes, des enseignements pratiques interdisciplinaires** (EPI) ou un **accompagnement individuel particulièrement renforcé en 6e** (avec 3 heures hebdomadaires). Dans ce cadre, certains enseignants peuvent bénéficier d'indemnités de mission particulière pouvant aller jusqu'à 3 750 euros par an.

L'organisation pédagogique

Faire du collège un lieu d'épanouissement et de construction de la citoyenneté, une communauté où l'expérience individuelle et l'activité collective sont privilégiées à l'aide notamment d'un emploi du temps construit autour des élèves (1 h 30 de pause méridienne), la systématisation de moments forts dans l'établissement (promotions des valeurs de la République, commémorations patriotiques, semaines spécifiques comme la Semaine de l'engagement, cérémonie de remise de diplômes, etc.) et le renforcement de la démocratie collégienne (éducation aux médias, création de médias collégiens, accent mis sur les conseils de délégués, etc.).

Pour faire tomber quelques idées reçues sur la réforme :
http://www.najat-vallaud-belkacem.com/2015/05/03/desintox-la-reforme-du-college/

Les enseignements pratiques interdisciplinaires (EPI)

Il s'agit d'une nouvelle pratique pédagogique pour que les élèves de 5e, 4e et 3e s'approprient mieux les connaissances et maîtrisent mieux les savoirs abstraits. Les EPI permettent aux élèves de comprendre le sens de leurs apprentissages en les croisant, en les contextualisant et en les utilisant pour réaliser des projets collectifs concrets. Ils ont aussi pour objectif de leur apprendre le travail en équipe, de s'exprimer à l'oral, de conduire un projet. Ces projets s'inscrivent dans l'un des huit nouveaux thèmes de travail correspondant aux enjeux du monde actuel: développement durable/ sciences et société/ corps, santé et sécurité/ information, communication, citoyenneté/ culture et création artistiques/ monde économique et professionnel/ langues et cultures de l'Antiquité/ langues et cultures régionales et étrangères. Ce sont des moments privilégiés pour mettre en œuvre de nouvelles façons d'apprendre et de travailler pour les élèves. Ils développent ainsi l'expression orale, l'esprit créatif et la participation. Les projets sont pris en charge par les enseignants de toutes les matières qu'ils sollicitent, ceux-ci définissent en équipe les contenus des cours. Une nouvelle organisation qui, au départ, demande de nombreuses plages de réunion de préparation aux enseignants qui ne sont pas prévues dans leur enveloppe horaire.

À PROPOS DE LA RÉFORME DU LYCÉE

Le nouveau lycée est entré en vigueur à la rentrée 2010 pour la classe de seconde, en septembre 2011 pour la classe de première et en septembre 2012 pour la classe de terminale. Les trois principaux axes de cette réforme sont la découverte de nouvelles disciplines en seconde, la réorientation facilitée en première et le rééquilibrage des séries en général.

La nouvelle seconde

À côté des enseignements obligatoires, la classe de seconde générale et technologique comprend : des enseignements d'exploration pour aider l'élève à se familiariser avec de nouvelles disciplines et se déterminer sur le choix d'une série de première ainsi qu'un accompagnement personnalisé. Pour les élèves volontaires, la réforme prévoit un dispositif de tutorat pour les aider à définir leur projet de formation et d'orientation, des stages de remise à niveau et des stages passerelles pour rendre l'orientation moins irréversible et limiter les redoublements. Ces stages se déroulent au cours de l'année scolaire ou pendant les vacances.

Les nouvelles classes de première générale

Les classes de première des trois séries générales ES, L et S comprennent des enseignements communs aux trois séries (60 % du total de l'horaire) qui donnent une culture générale indispensable à la compréhension du monde moderne, des enseignements spécifiques par série permettant d'amorcer une spécialisation qui sera plus fortement marquée en classe terminale dans la perspective d'études supérieures. Sont aussi créées de nouvelles séries Sciences et technologies de l'industrie et du développement durable (STI2D) et Sciences et technologies de laboratoire (STL) avec des contenus rénovés pour mieux préparer à la poursuite d'études supérieures. Ces cursus comprennent un tronc commun important comme en séries générales, des enseignements technologiques transversaux qui favorisent la polyvalence et un enseignement technologique spécifique qui permet à chaque élève d'approfondir un domaine de son choix. Dès la rentrée 2013, l'histoire-géographie redevient obligatoire sur les deux années du cycle terminal pour les élèves de classe scientifique (2 h 30 en première, 2 h en Terminale).

L'accompagnement

Selon ses détracteurs, la réforme du lycée en proposant comme facultatifs les nouveaux enseignements d'exploration en seconde ainsi que les stages passerelles en première, ne va pas assez loin et se donne peu de chances de changer vraiment la donne. Par ailleurs, les passages effectifs ou réorientation d'une filière à une autre en première semblent limités du fait de la conception même des séries, conservant les vieilles hiérarchies. La seule filière susceptible d'accueillir avec souplesse un élève venant d'ailleurs est la série L. Mais cette même série L semble rester la parente pauvre et la série S, la série dominante par la variété des spécialités proposées.

CE QUE DIT ET NE DIT PAS LE CORAN À L'USAGE DES PROFS EN CLASSE

Pour faire tomber certaines confusions qui demeurent trop souvent, pour permettre aux profs de ne pas être pris au dépourvu en face des fréquentes interpellations d'élèves, il est essentiel de distinguer ce qui relève d'un côté de la religion et, de l'autre, de la tradition dans l'islam. Dounia Bouzar, anthropologue du fait religieux, est spécialiste de la déradicalisation et ancienne personnalité qualifiée du Conseil français du culte musulman. Elle donne ici des éclairages instructifs.

La religion musulmane est-elle la plus ancienne ?

C'est au contraire la plus récente et la troisième religion monothéiste du monde, révélée après la religion juive et la religion chrétienne, au VIIe siècle après Jésus-Christ. L'islam en reprend de nombreux principes, comme le respect dû aux parents, l'interdiction de tuer, de voler, de mentir, etc. La religion musulmane reprend aussi toute l'histoire des prophètes et considère Jésus comme un prophète essentiel.

Les musulmans ne se réfèrent-ils qu'au seul coran ?

Le musulman a deux livres pour l'aider à suivre sa religion : le Coran, dans lequel est rapportée la parole de Dieu, dit « Allah » en arabe, et la Sunna, ou la tradition, dans lequel sont rapportées les paroles et attitudes du Prophète Mohammed. On dit que le Coran explique « que faire ? » et la Sunna « comment faire ? » Le premier principe que l'islam pose, c'est le respect des lois de l'endroit où l'on vit. Lorsque le musulman décide de vivre dans un pays non musulman, il doit en accepter les règles et s'y soumettre. Mais attention, une religion ne pose jamais de lois, elle édicte des principes. Ce sont les savants qui ensuite, s'appuient sur certains principes pour les transformer en lois. Les lois sont toujours des productions humaines, jamais divines. Dieu n'est pas un super législateur !

Situer la religion dans l'histoire

Plutôt que de parler du contenu des dogmes, l'école laïque devrait enseigner l'histoire des dogmes. Les élèves peuvent ainsi mieux faire la distinction entre ce qui relève du sacré et ce qui relève de l'humain et de l'histoire. Cela peut être l'occasion de rappeler toutes les découvertes scientifiques réalisées aux premiers temps de l'islam et la participation des sociétés arabo-musulmanes dans l'évolution qui a mené aux Lumières. Combattre l'ignorance paraît fondamental pour lutter contre le radicalisme.

Peut-on manquer le collège ou le lycée le jour de l'Aïd ?

La plupart des établissements acceptent que leurs élèves musulmans restent en famille en ce jour fondamental pour eux, justement par respect de la laïcité française, qui garantit la liberté de culte de tous les Français. De nombreux jeunes souhaiteraient que l'Aïd devienne un jour férié pour tous, et non pas uniquement pour les musulmans, afin de partager l'Aïd comme on partage Noël, comme une sorte de culture commune. Pour effacer le caractère communautariste de l'absence de quelques-uns ce jour-là.

Note de l'auteur : dans les faits, tous les élèves musulmans peuvent légalement manquer un jour d'école pour la fête de l'Aïd.

Les jeunes musulmans ont-ils le droit de manger du porc, notamment à la cantine ?

Dans l'islam, la viande de porc est prohibée pour plusieurs raisons : le porc mange tout, y compris d'autres animaux, or un musulman ne peut manger aucun animal carnivore, puisque la viande non halal (halal = vidée de son sang) lui est déconseillée ; le porc vit dans ses déchets et les mange ensuite, ce qui est contraire à la notion de pureté de l'islam (tout ce qui provient de l'intérieur du corps est impur) ; enfin la tradition musulmane considère que la chair du porc ressemble à celle de l'être humain. L'école doit à la fois respecter cet interdit alimentaire et apprendre aux musulmans à se mélanger avec les jeunes non musulmans qui eux, mangent du cochon. Il faut donc un repas de substitution mais ne pas supprimer le porc des cantines publiques. C'est ça l'apprentissage du vivre ensemble et de la laïcité.

Note de l'auteur : dans les faits, plusieurs solutions coexistent : certaines cantines scolaires suppriment la viande de porc, d'autres servent de la viande halal, ou encore ont installé un self-service. Enfin certaines structures proposent un deuxième plat végétarien agréé par l'Institut Pasteur pour tous ceux qui ne peuvent pas manger la viande proposée (musulmans et juifs pratiquants, végétariens, malades, etc.).

La pratique du Ramadan est-elle incompatible avec la scolarité ?

Le jeûne du mois de ramadan n'implique en aucun cas l'interruption de la scolarité. Il est important de rappeler que le ramadan ne doit rien changer à la vie quotidienne. Il s'agit de se mettre à la place de quelqu'un qui n'a rien, et d'apprendre la frustration. Hors de question, donc, de rester au lit ! Le ramadan compterait alors « pour du beurre ».

Le Coran impose-t-il aux femmes et aux filles de porter un foulard ?

Le texte recommande aux femmes de cacher leurs atouts dans le but de les protéger des éventuels agresseurs. Mais nul ne peut dire si le Coran rend le foulard sur les cheveux obligatoire et si cette façon de se couvrir est sacrée. Certaines filles ne portent pas le foulard, considérant qu'elles n'ont plus besoin d'une telle protection pour ne pas être en danger. D'autres, le portent, pour des raisons qui les regardent, différentes selon leur situation. Un point sur lequel tous les penseurs musulmans sont d'accord : personne ne peut ni ne doit obliger une fille à porter le voile, c'est contraire à l'islam.

Une jeune musulmane peut-elle être dispensée d'éducation physique ou de piscine ?

C'est important de manger ensemble, comme c'est important de nager ensemble, sinon on ne peut pas vivre ensemble avec des religions différentes. Dans une société où l'on a le droit d'avoir des croyances différentes ou de ne pas croire du tout, il faut « faire ensemble ». En revanche, personne n'oblige les musulmanes à nager en bikini. Si, pour préserver leur notion de pudeur, elles veulent inventer une mode de maillot de bain un peu plus couvrante, pourquoi pas ?

Note de l'auteur : dans les faits, tous les élèves ont obligation d'assiduité scolaire pour tous les cours, y compris la piscine, mais certains établissements accordent des dispenses ou procèdent à des cours de piscine non mixtes.

Pour en savoir plus : bouzar-expertises.fr

COMMENCER UN NOUVEAU POSTE ET FAIRE ÉVOLUER SA CARRIÈRE

Il faut d'abord faire le diagnostic du lieu où l'on met les pieds pour être en mesure d'adapter son comportement et son enseignement. Il est ainsi fortement recommandé d'effectuer une visite du « territoire » sur lequel est implanté l'école, le collège ou le lycée que l'on intègre. Il est aussi intéressant de s'informer sur les principales activités et sources de revenus de la commune, pour avoir une idée des catégories socioprofessionnelles des familles.
Projet d'établissement, indicateurs IPES (indicateurs pour le pilotage des établissements du second degré) et aussi études sur le climat scolaire en collège et lycée... les analyses et les chiffres ne manquent pas pour se faire une idée de la réalité, de l'histoire et de la culture du lieu où l'on va travailler. De quoi, bien souvent, faire tomber ses idées reçues. En matière de performance des lycées, par exemple, les indicateurs IPES ont changé la donne et offrent une photographie bien différente des palmarès publiés dans la presse.

Pour vous aider dans vos échanges avec le ministère de l'Éducation nationale et trouver le bon interlocuteur :
http://www.education.gouv.fr/pid33441/nous-contacter.html

Prise de poste : les quatre indicateurs clés

L'attractivité de l'établissement. Est-il attractif ou répulsif ? Connaît-il une forte désectorisation (contournement de la carte scolaire) ? Existe-t-il des établissements privés exerçant une vive concurrence à l'intérieur de la commune ? Bref, l'établissement subit-il ou non des stratégies d'évitement ?

La liaison de l'établissement avec un réseau de transport. Surtout au niveau du secondaire, les transports sont un déterminant du climat d'un établissement (plus ou moins éloigné d'un centre urbain, isolé ou non etc.).

Le nombre d'élèves inscrits à la cantine. Moins il y a d'élèves inscrits à la cantine, moins la socialisation entre pairs peut s'effectuer à l'heure du déjeuner, et s'exerce donc en cours et en intercours. Dans ce cas, les cours sont plus souvent sujets à des questions de discipline.

Le turn-over des enseignants. Un taux de rotation élevé des enseignants indique en général que l'établissement connaît un climat délétère.

Sur les indicateurs de pilotage des lycées :
http://www.education.gouv.fr/cid51125/indicateurs-resultats-des-lycees-glossaire.html
Sur le climat des établissements dans le primaire
http://cache.media.eduscol.education.fr/file/Action_sanitaire_et_sociale/69/6/GUIDE_CLIMAT_SCOLAIRE_PREMIER_DEGRE_269696.pdf

S'installer dans une nouvelle commune, une priorité : le logement

Prendre un nouveau poste, c'est aussi arriver dans une nouvelle commune et avoir toute une série de démarches administratives à effectuer, à commencer par celles relatives au logement. Les premiers gestes, à faire le plus tôt possible, consistent à :

s'inscrire en mairie pour essayer d'obtenir un logement dans le parc municipal ou de type HLM. En tant que fonctionnaires, les enseignants ont le droit d'accéder au « contingent préfecture », un certain nombre de logements que les préfectures peuvent attribuer aux fonctionnaires de leur choix. Mais ces logements sont très peu nombreux et la procédure peut se révéler très longue ;

demander au chef d'établissement s'il dispose d'un logement de fonction vacant (en moyenne 2 ou 3 par structure) ;

en cas de remplacement, il peut être judicieux de contacter, par l'intermédiaire de l'établissement, le collègue partant pour savoir si l'on peut récupérer son logement ;

en cas d'affectation dans un établissement à internat, certaines chambres sont souvent disponibles. Il faut s'adresser au chef d'établissement ;

on peut aussi demander une prime d'installation auprès de l'Inspection académique ;

dans le cas d'un premier emploi, on peut prétendre à l'Allocation de logement à caractère social (ALS), car les revenus pris en compte sont ceux de la déclaration de revenus antérieure (se renseigner sur le site de la Caisse d'allocations familiales : caf.fr/aides-et-services/s-informer-sur-les-aides/logement-et-cadre-de-vie/les-aides-au-logement-0).

Deux univers bien distincts : l'administratif et le pédagogique

Durant toute sa carrière, un enseignant est en liaison avec deux voies bien distinctes :

La voie administrative, représentée par le chef d'établissement, l'inspecteur d'académie et le recteur, qui ont pour mission la gestion individuelle, administrative et financière des enseignants. En général, une Division des personnels enseignants (DPE) ou des ressources humaines est située au rectorat et prend en charge traitement, prestations sociales et sécurité sociale.

La voie pédagogique, représentée par l'inspecteur général, l'inspecteur pédagogique régional (IPR) et les conseillers pédagogiques, qui ont pour mission le conseil, l'évaluation et les grandes orientations pédagogiques dans chaque discipline.

Salaire et rémunération

La rémunération nette annuelle des enseignants est inférieure de 35 % à celle d'un cadre non enseignant de la fonction publique, essentiellement en raison d'un niveau de primes plus faible. Par ailleurs, les enseignants français gagnent entre 15 et 20 % de moins que leurs homologues des États membres de l'Union européenne et des pays membres de l'OCDE.

La grille des salaires des enseignants a été actualisée au 1er janvier 2016. Alors que les professeurs des écoles sont recrutés depuis 1990 au même niveau de diplôme que les professeurs certifiés, cette actualisation se traduit par une baisse de leurs traitements. Les principales raisons tiennent d'une part à la décision du gouvernement de geler, pour la sixième année consécutive, le point d'indice de la fonction publique. D'autre part l'augmentation du prélèvement pour pension civile passe de 9,54 % à 9,94 % au 1er janvier 2016. Comme le montrent le bilan social 2011-2012 du ministère de l'Éducation nationale et le rapport de la Cour des comptes de mai 2013, l'inégalité se traduit par :

- L'indice moyen de rémunération qui varie de 575 pour les professeurs certifiés à 523 pour les professeurs des écoles, soit un écart de 240 € brut par mois en défaveur de ces derniers
- L'indemnité de suivi et d'accompagnement des élèves (ISAE), versée pour la première fois en décembre 2013, s'élève à 400 € par an pour les professeurs des écoles alors que l'ISOE varie de 1 231 € à 1 609 € pour les enseignants du second degré selon la part variable allouée
- La rémunération globale intègre d'autres éléments, incluant notamment les primes et les heures supplémentaires. Or, les professeurs des écoles ne bénéficient pas du même accès à ces rémunérations annexes que les autres enseignants.

Au 1er janvier 2016, le salaire mensuel moyen d'un professeur du primaire est de 2 208 € nets et celui d'un enseignant du secondaire de 2 637 € nets (source : DEPP, 2015). Le plus bas salaire net mensuel pour un professeur des écoles débutant est de 1 096,17 €. Et le plus bas salaire net mensuel pour un professeur du secondaire débutant est de 1 286,80 €.

Le rapport de la Cour des comptes sur le métier enseignant :
http://www.ccomptes.fr/Publications/Publications/Gerer-les-enseignants-autrement
Rémi Boyer, *Enseignants et mobilité professionnelle. Conseils et outils pour choisir la vôtre*, Les savoirs inédits, 2011.

Pour l'enquête de la DEPP :
http://cache.media.education.gouv.fr/file/2015/61/1/depp-ni-2015-31-remuneration-enseignants-2013_477611.pdf

Bien gérer sa carrière

Les échelons. La carrière d'un enseignant consiste à gravir les échelons sur une grille d'avancement prévue par l'administration. Professeur des écoles, professeur certifié, professeur agrégé, chacun appartient à un corps. Et chaque corps comprend en règle générale deux grades : la classe normale et la hors-classe. La classe normale est subdivisée en onze échelons que l'on atteint dans le meilleur des cas au bout de vingt années d'ancienneté. À l'issue du onzième échelon, le passage à la hors-classe consiste en la suite de sa progression dans une grille nouvelle avec de nouveaux échelons (entre cinq et sept). La grande majorité des enseignants traverse sa carrière en restant à la classe normale, seule une petite minorité parvient à dépasser le onzième échelon. L'ensemble de ces passages d'échelons a pour principal intérêt une meilleure rémunération.

La vitesse de promotion. De plus, le franchissement d'un échelon s'effectue à des rythmes différents d'un enseignant à l'autre selon son niveau de notation. La masse salariale des personnels de l'Éducation nationale étant votée chaque année et limitée par le budget de l'État, on ne peut donc pas faire évoluer les salaires de l'ensemble des enseignants. La vitesse de promotion est alors répartie en trois groupes : chaque année 30 % des profs qui ont obtenu les meilleures notes sont promus au rythme le plus rapide (appelé « grand choix »), 50 % des profs dont les notations suivent celles de leurs collègues sont promus au rythme moyen (appelé « petit choix »), et 20 % des profs sont promus au rythme le plus lent (appelé « ancienneté »). Il existe quand même douze ans d'écart d'indice, c'est-à-dire une différence de niveau de salaire, entre un enseignant qui n'avancerait qu'à l'ancienneté et un autre qui progresserait toujours au grand choix !

Sur les promotions et les avancements

http://www.education.gouv.fr/cid268/s-informer-sur-les-promotions-notes-de-service-textes-de-reference-contacts.html

Les demandes de mutations

Les professeurs des écoles sont gérés au niveau départemental : pour changer d'affectation dans son département, sont pris en compte la notation, la situation familiale et l'ancienneté. Pour être muté en dehors de son département, il faut franchir une procédure en trois étapes : La permutation consiste en un remplacement mutuel d'enseignant chacun dans leur département. L'inscription se fait par Internet en novembre avec résultat fin mars. Si la permutation n'a pas fonctionné, on effectue une demande de mutation classique gérée au niveau national. Si la mutation n'a pas non plus fonctionné, il reste le mouvement manuel : demande manuscrite d'autorisation de sortie (appelée « *exeat* ») à l'inspecteur d'académie de son département d'origine et demande d'autorisation d'entrée à l'inspecteur d'académie du département d'accueil (appelée « *ineat* »). Les deux documents sont à envoyer à l'inspecteur d'académie du département d'origine.

Sur les demandes de mutation

Pour le premier degré :
education.gouv.fr/cid53746/mutation-des-personnels-enseignants-du-premier-degre.html
Pour le second degré :
education.gouv.fr/pid62/mutation-des-personnels-enseignants-du-second-degre-siam-phase-interacademique.html

La gestion des mutations est nationale

Soit on souhaite changer d'académie (mouvement interacadémique) et l'on formule des vœux strictement académiques sans pouvoir choisir un établissement ou une commune (de 1 à 31 vœux en décembre, réponse en mars) ; Soit on souhaite rester dans son académie (mouvement intra-académique) de départ et l'on peut formuler des vœux à l'échelle d'un établissement, d'une commune, d'un groupe de communes, d'une zone de remplacement, d'un département (de 1 à 20 vœux en mars, réponse en août). Avec la possibilité de demander une mutation groupée, un enseignant soudé à une petite équipe travaillant en bonne intelligence peut obtenir plus facilement sa mutation, mais attention, vers des établissements classés Rep. S'il s'engage à y exercer durant au moins cinq ans, l'enseignant bénéficiera de bonifications conséquentes.

Les demandes de rapprochement de conjoint

En 2015, plus de 30% des demandes de mutation ont été formulées pour rapprochement de conjoints. Douze mille couples sont chaque année concernés par cette séparation géographique et en 2015, près de 9 couples sur 10 obtenaient satisfaction. L'objectif du ministère consiste à rapprocher

ces familles en privilégiant notamment les couples avec enfants. L'enseignant qui demande une mutation dans l'académie où réside son conjoint bénéficie de 500 points supplémentaires en une fois à partir de la deuxième année de séparation.
À consulter : education.gouv.fr/cid4175/rapprochement-de-conjoints.html

Comment les profs sont-ils évalués ?

Comme tous les fonctionnaires, les enseignants sont évalués et notés. Les inspecteurs pédagogiques ont cette lourde responsabilité qui détermine pour une bonne part l'accession aux échelons supérieurs, et donc le déroulement de la carrière.

Préparation à l'inspection

Pour faire tomber le stress et l'appréhension naturelle précédant une inspection, il est sain de garder en mémoire que :
l'inspection est normale, tout fonctionnaire doit rendre compte de son action ; les professeurs des écoles titulaires ne sont pas inspectés durant leur première année d'enseignement ; la visite de l'inspecteur est toujours annoncée (environ 10 jours à l'avance) ; les critères d'évaluation et les exigences requises par l'inspection ne sont pas connus des enseignants, mais l'on peut s'attendre à être jugé sur les fondamentaux : travail de préparation réalisé par l'enseignant, niveaux et progrès des élèves, cahiers et classeurs des élèves, évaluation des élèves et exploitation, continuité des apprentissages, lien entre action de l'enseignant et projet d'école/d'établissement, conduite de la classe. Le délai moyen entre deux inspections est de 3 ans dans le premier degré et de 7 ans dans le second degré ; environ 12 % de la profession n'a pas connu d'inspection depuis plus de 12 ans.

Demander à être inspecté

Ne pas hésiter, surtout en début de carrière à être inspecté le plus tôt possible. On peut en faire la demande directement à l'inspection académique. Plus vite on est évalué, plus vite on a de chance d'accéder à une promotion. Ensuite, tout au long de sa carrière, réclamer régulièrement une inspection, selon un rythme de tous les trois ans, pour se donner le maximum de chance d'améliorer sa rémunération et d'accélérer ses demandes de mutation. En cas de baisse de note, une nouvelle inspection peut avoir lieu dans un délai rapproché, mais il faut la solliciter.

Du bon usage de l'entretien avec l'inspecteur et du rapport d'inspection

Après la séquence de cours inspectée, l'entretien a pour fonction de faire le point sur les intentions de l'enseignant durant l'heure de cours et aussi de le conseiller sur son efficacité.
L'inspecteur a un rôle de conseil et il peut à juste titre recommander des améliorations ou des changements de pratique pédagogique. Il faut donc à la fois se montrer réceptif à ses prescriptions, et ne pas hésiter à défendre ses choix si nécessaire.
À l'issue de l'entretien, un rapport d'inspection est rédigé, il prend en compte les activités de l'enseignant en classe. Il s'agit d'une appréciation pédagogique, de conseils de nature pédagogique ou relationnelle, la note, elle, peut intervenir plus tard. Elle fait l'objet de calculs et de comparaison au niveau académique. Le rapport est porté à la connaissance de l'enseignant dans un délai d'un mois après la visite d'inspection. L'intéressé peut

alors y ajouter des observations qui seront intégrées dans son dossier d'inspection, comme par exemple, justifier un choix pédagogique qui n'aurait pas été, selon l'enseignant, compris par l'inspecteur.

Comment s'établit la note pédagogique ?

L'attribution de la note pédagogique intervient plus tard après harmonisations nationale, académique ou départementale. La note pédagogique ne peut être contestée. Mais quand on est inspecté, on a plus de chance de voir sa note augmenter que le contraire. Les professeurs des écoles reçoivent une seule note pédagogique sur 20. Ils ne sont pas évalués par le directeur d'école et n'ont donc pas de note administrative. Les enseignants du secondaire sont évalués par deux notes. Une note pédagogique sur 60 points attribuée par l'inspecteur et une note administrative sur 40 points attribué par le chef d'établissement.

Pour télécharger le rapport d'Yves Chassard et Christian Jeanbrau sur la manière dont les enseignants souhaiteraient être évalués :
http://www.hce.education.fr/gallery_files/site/21/91.pdf

La note administrative

Accompagnée d'une appréciation, la note administrative évalue l'implication de l'enseignant dans la vie du collège ou du lycée appelé « rayonnement », ainsi que son autorité vis-à-vis des élèves, son activité, son efficacité, sa ponctualité et son assiduité. Elle n'évalue absolument pas le champ pédagogique. Ajoutées ensemble, la note administrative et la note pédagogique donnent une note sur 100 qui influence directement l'avancement de carrière.

Contester sa note

Si un enseignant s'estime lésé par sa note, il devra demander à rencontrer son supérieur hiérarchique pour lui donner des éclairages. Le chef d'établissement peut alors soit décider de modifier sa note, soit de la maintenir. Dans ce second cas, l'enseignant peut encore faire appel de cette décision auprès du recteur, à qui il faut alors transmettre par la voie hiérarchique une lettre argumentée demandant la révision de la note. Faire appel consiste à se faire respecter, à s'affirmer dans sa carrière. Cela ne peut nuire. Il est conseillé à ce moment de se faire assister d'un syndicat enseignant.

Le site I-profs

Mis en place par le ministère de l'Éducation nationale, le site I-profs permet à tout enseignant de consulter son dossier administratif de façon sécurisée. Appelé Numen, un code lui est attribué confidentiellement et automatiquement par son rectorat dès le procès-verbal d'affectation enregistré. On y trouve toutes les informations concernant sa carrière (corps, grade, échelon), son affectation actuelle et l'historique de ses postes. On peut y saisir ses vœux de mutation, concourir à une promotion, signaler toute anomalie constatée et questionner son gestionnaire sur des points précis.
education.gouv.fr/cid2674/i-prof-l-assistant-carriere.html

Déchiffrer et optimiser son salaire

L'indice. Le salaire des enseignants dépend de l'échelle indiciaire de la fonction publique (catégorie A). Sur la grille de rémunération des enseignants, à chaque échelon correspond un indice lié à son corps (professeur des écoles, certifié, agrégé, etc.) et à son grade (classe normale et hors classe). Le salaire brut d'un enseignant s'obtient en multipliant l'indice correspondant à l'échelon détenu dans le corps d'appartenance par la valeur indiciaire du point. En 2016, la base indiciaire fixe la valeur annuelle brute du point d'indice majoré à 55,56 € (inchangée depuis juillet 2010). C'est toujours la Trésorerie Générale (TG) du département qui assure le paiement des salaires de tous les enseignants. Mais dans chaque académie, c'est au service chargé des traitements (salaires) qu'il faut adresser une éventuelle réclamation. Ce service transmet alors votre requête à la Trésorerie Générale.

Comment décrypter le bulletin de paye ?

En début de carrière, au salaire net, il faut selon son statut, son poste et ses attributs, ajouter :

Une prime spéciale d'installation pour première affectation en région Ile-de-France et région lilloise (hors agrégés).

Une indemnité de résidence allant de 3 % du salaire brut pour les enseignants nommés en zone urbaine parisienne, à 1 % du salaire brut pour les enseignants nommés en zone urbaine de province.

Une indemnité de sujétion spéciale Rep.

Une rémunération d'études dirigées.

Une rémunération pour activités péri-éducatives (sportives, artistiques, culturelles, scientifiques, techniques...).

Une indemnité de sujétion spéciale de remplacement (ISSR) dont le montant est fonction de la distance du domicile de l'enseignant remplaçant.

Le supplément familial de traitement (SFT) en fonction du nombre d'enfants à charge.

À cela s'ajoutent d'autres indemnités, le cas échéant : pour les directeurs d'école ; pour les HSE (HSE, heures supplémentaires effectuées ponctuellement à l'occasion de l'absence d'un collègue) ; pour les Heures supplémentaires-année (HSA, heures supplémentaires effectuées régulièrement durant toute l'année scolaire) ; pour le professeur principal (dans le secondaire)...

Depuis l'été 2012, les heures supplémentaires des enseignants ne sont plus défiscalisées, c'est-à-dire qu'elles sont à nouveau soumises à l'impôt sur le revenu et aux charges sociales.

Comment accumuler des points ?

Multiplier les points pour favoriser sa mutation dans l'académie de son choix passe par l'ancienneté de poste, c'est-à-dire essayer de rester le plus longtemps possible dans chaque poste ; les types d'affectation difficiles comme les Rep, ou les fonctions spécifiques occupées comme directeur d'école dans le primaire ou directeur d'école primaire en Rep ; la situation familiale, comme le rapprochement de conjoint marié ou pacsé, ou encore, comme le nombre d'enfant mineur à charge.

Lors d'une mutation, et même dès sa première affectation, un enseignant peut demander un poste de « titulaire sur zone de remplacement » (TZR). Il effectuera alors des remplacements de courte durée ou à l'année. Celà lui assurera des points supplémentaires pour une future mutation.

Ne jamais cesser de se former

« Aide à la gestion de classe », « actualisation des connaissances », « utilisation des technologies de l'information et de la communication », « continuité école/collège », « faire face à la violence en milieu scolaire ». L'offre de stages est immense et vient combler un véritable manque sur des thèmes peu abordés lors de la formation initiale. Pour se former tout au long de leur vie professionnelle, les enseignants du premier degré ont droit à 36 semaines de formation continue sur le temps de travail global exercé à l'Éducation nationale. De leur côté, les enseignants du second degré, ont droit à 5 à 7 jours de formation continue par an. Les formations sont de plusieurs sortes : elles peuvent être imposées dans le cadre de l'accompagnement à l'entrée dans le métier ou encore lors d'un changement de programmes ou d'une réforme d'envergure nationale ; elles peuvent aussi être demandées par chacun au titre de la formation individuelle. Le Plan académique de formation (PAF) publie à chaque rentrée un catalogue des stages individuels offerts aux enseignants. Si nécessaire, il faut aussi oser demander des stages ne figurant pas dans le catalogue du PAF.
Accéder au catalogue du PAF de son académie :
http://eduscol.education.fr/cid46777/carte-des-plans-academiques-de-formation.html
Contacter le responsable académique de la formation continue de son académie : http://eduscol.education.fr/pid23435/liste-des-greta.html

Envisager une reconversion

Au sein de l'Éducation nationale, il ne faut compter sur aucune véritable gestion des ressources humaines. Personne ne viendra faire le point sur vos compétences et vos possibilités d'évolution. Chacun doit donc se prendre en main. Alors quelles sont les ouvertures possibles quand on veut bouger ?

Rester au sein de l'Éducation nationale

- Devenir enseignant dans un autre degré (passer du premier au second degré, passer du second au premier degré, passer du second degré au supérieur, devenir maître formateur)
  education.gouv.fr/cid58087/mobilite-enseigner-dans-un-autre-degre.html
- Devenir professeur spécialisé auprès des enfants handicapés
  http://eduscol.education.fr/pid23284-cid46956/formation-2ca-sh-second-degre.html
- Devenir professeur à l'étranger
  education.gouv.fr/cid284/etre-detache-a-l-etranger.html
- Devenir psychologue scolaire
  education.gouv.fr/cid1067/conseiller-d-orientation-psychologue-cop.htm
- Devenir enseignant en section européenne
  education.gouv.fr/cid1857/poste-dans-les-ecoles-europeennes.html
- Devenir enseignant en établissement pénitentiaire pour mineurs (EPM)
  http://www.metiers.justice.gouv.fr/educateur-12672/les-autres-metiers-de-la-pjj-12706/professeur-technique-27115.html
- Devenir conseiller en formation continue
  http://eduscol.education.fr/cid48290/devenir-formateur.html
- Devenir chef d'établissement
  education.gouv.fr/pid159/les-personnels-de-direction.html

- Devenir inspecteur
  education.gouv.fr/pid65/les-personnels-d-inspection.html

Partir sans quitter l'Éducation nationale

Le congé de formation professionnelle permet de s'arrêter notamment pour préparer un concours interne et de continuer à percevoir 85 % de son salaire. Après trois ans maximum, l'enseignant prend son nouvel emploi en cas de réussite au concours, ou réintègre son poste d'origine en cas d'échec (il faut avoir trois ans de service révolus).

Le congé de mise en disponibilité permet d'essayer une nouvelle voie professionnelle sans trop prendre de risque, car à l'issue de ce congé, l'enseignant réintègre son poste d'origine. En revanche, il ne perçoit pas de salaire et interrompt son avancement et ses cotisations retraites.

La mise à disposition permet de travailler pour un autre employeur que l'Éducation nationale tout en continuant à être rémunéré par elle avec un salaire équivalent et les mêmes conditions de carrière. À l'issue de son emploi dans le secteur parapublic, pour une autre administration, une organisation internationale... l'enseignant réintègre son poste d'origine au bout de trois ans maximum.

Le détachement permet de travailler pour et d'être rémunéré par un nouvel employeur trouvé par ses soins, en continuant de bénéficier des conditions de carrière de l'Éducation nationale. On peut être détaché auprès d'un ministère, d'une entreprise, d'un élu... La gamme des organismes susceptibles d'accueillir un prof détaché est plus variée que dans le cas de la mise à disposition. A l'issue d'une période de six mois à cinq ans, l'enseignant réintègre son corps d'origine.

Comment prévoir une seconde carrière

Mis en place depuis 2006, le dispositif « seconde carrière » permet à tout enseignant du premier ou du second degré totalisant quinze années d'enseignement de changer de carrière vers des emplois des administrations de l'État, des collectivités locales et des établissements publics administratifs ainsi que des établissements hospitaliers. Il s'agit d'un détachement d'un ou deux ans sur un emploi de niveau équivalent aux précédentes fonctions, rémunéré au minimum à la hauteur du précédent emploi. Une fois l'aptitude vérifiée, l'ancien enseignant peut intégrer son nouveau corps. Il n'est donc pas inutile de penser dès maintenant à valoriser et à conserver tous les documents atestant des compétences acquises au long de son parcours pour qu'elles soient « monnayables » plus tard.

Pour en savoir plus :
education.gouv.fr/pid24372/le-portail-mobilite-des-enseignants.html

Pour obtenir le contact de son académie :
http://www.education.gouv.fr/cid23346/preparer-sa-mobilite.html

Pour accéder à la Bourse aux emplois dans la fonction publique :
biep.fonction-publique.gouv.fr/common/jobSearch

Pour obtenir des conseils dans le cadre d'une reconversion :
http://www.apresprof.org/

Les évolutions futures de la profession enseignante

Le ministère réfléchit à une refondation du métier d'enseignant avec réécriture du décret de 1950 qui définit le métier de professeur du secondaire par le nombre d'heures à assurer devant les élèves. Or, sur le terrain, les enseignants ne se sont pas forcément acclimatés à l'idée de réformer ce texte qui ne correspond certes plus à leurs pratiques mais est encore perçu comme une protection. L'enjeu consiste à intégrer dans la mission des enseignants la reconnaissance de tâches comme le travail en équipe, le temps de préparation des copies ou de réunion avec les parents, sans pour autant toucher à leurs 18 heures ou 15 heures hebdomadaires ».

Pour en savoir plus, le rapport de Jean-Louis Auduc :
http://tnova.fr/notes/gerer-les-enseignants-autrement-un-diagnostic-rude-des-pistes-de-travail-a-ouvrir

L'interview de Josette Théophile, ancienne DGRH de l'Éducation nationale :
http://www.aideauxprofs.org/index.asp?affiche=News_display.asp&rub=Leurs_points_de_vue&ArticleID=3094

Le dossier de 2014 du ministère sur la modernisation du métier enseignant :
http://cache.media.education.gouv.fr/file/11_Novembre/20/0/DP-Modernisation-des-metiers-de-l-education-nationale_366200.pdf

Vous souhaitez écrire à votre ministre de l'Éducation nationale.
Vous pouvez désormais le faire sur le site du ministère :
http://www.education.gouv.fr/pid33441/nous-contacter.html#ministre

Pour contacter l'auteur, merci de le faire à l'adresse suivante :
hervieu.fabrice@gmail.com

Index

Imprimé en France par CPI
en septembre 2017

Dépôt légal : septembre 2017
N° d'impression : 2032146